福田 充 著

テロとインテリジェンス

覇権国家アメリカのジレンマ

慶應義塾大学出版会

目次

序章

アメリカ合衆国はその建国以来、数多くの戦争を経験してきた。そもそもその建国さえ、宗主国大英帝国と独立戦争（Revolutionary War）を戦い、勝ち取ったものであった。その戦争の英雄こそが、後の初代大統領ジョージ・ワシントンである。戦勝によって建国したアメリカ合衆国は、その後も国内では先住民族インディアンを迫害し、アブラハム・リンカーン大統領の下では国家を二分した南北戦争（Civil War）が発生し、その権力の求心力を高めながら国外では限定戦争の時代にメキシコと衝突し、スペインと戦った。アメリカの独立と繁栄はそれら戦争の勝利によって確立されたものである。遅れて第一次世界大戦にも参戦し、第二次世界大戦では、太平洋戦争で日本と戦い、ノルマンディ上陸作戦の後にヨーロッパ戦線をナチス・ドイツと戦って、総力戦とも呼ばれる全体戦争にともに勝利した。その後、戦勝国によって国際連合が設立されたが、そのもとでソ連を中心とした共産主義陣営との間で東西冷戦構造の発生した時期に、第二次大戦の英雄、ドワイト・D・アイゼンハワー大統領が就任した。冷戦時代には、朝鮮戦争やベトナム戦争など数多くの代理戦争に軍事介入し、対ゲリラ戦も経験した。一九六〇年代のジョン・F・ケネディ大統領時代に幕を開けた宇宙開発、ロケット競争は、一九八〇年代のロナルド・レーガン大統領の下でスター・ウォーズ計画とも呼ばれる戦略防衛構想（SDI）にまで進化し、頂点に達した軍拡競争の末に、大国ソ連は崩壊、冷戦構造に終止符が打たれた。

その後、超大国アメリカは一国覇権主義の下で新しい時代に突入する。国連と覇権主義国家のパワーバランスの中で懲罰戦争という概念が生まれ、ジョージ・H・W・ブッシュ大統領はイラクのサダム・フセイン大統領と湾岸戦争を戦い、ビル・クリントン大統領はコソボ紛争やボスニア紛争、ソマリアなどに人道的介入という名の軍事介入を行った。こうした国際環境の変容の中で到来したのがテロリズムの時代である。反アメリカニズム、反グローバリズムの潮流の中で覇権国家アメリカを対象にしたテロは年々増加し、アメリカにとって戦う相手は国家ではないテロ組織、テロ・ネットワークへと変化した。覇権国家対非国家組織という対決図式の中で、戦争は低強度紛争という現象に変容し、戦いの場は世界中に拡散した。こうした国際環境の文脈の中で発生したのが、二〇〇一年のアメリカ同時多発テロ事件、いわゆる九・一一テロ（以下、九・一一と表記）である。

ジョージ・W・ブッシュ大統領は「テロとの戦い」「対テロ戦争」の名のもとに、オサマ・ビンラディンを中心としたアルカイダとの戦いを宣言し、アルカイダをかくまっているとされたタリバン政権とアフガニスタン戦争を戦った。こうした流れの中で、ブッシュ・ドクトリンが誕生し、さらには、フセイン大統領がアルカイダと裏でつながり、大量破壊兵器（WMD）を隠し持っているとして、イラク戦争によってフセイン政権を崩壊させた。イラクへの戦争は、まさに予防戦争の名のもとにブッシュ・ドクトリンの先制攻撃主義が実践されたものである。さらに戦後も、米軍はイラクに駐留を続け、中東地域では反米テロが拡大し続けている。九・一一直後には八〇％前後あったブッシュ大統領への支持率は、これらの戦争と中東地域の混乱、テロとの戦いにまつわる不祥事の連続により急降下し、ついに二〇〇九年一月、第四四代目としてバラク・オバマ大統領が就任した。

オバマ大統領は、イラクからの米軍撤退を宣言し、タリバンが復活しつつあるアフガニスタンへ増派する戦略を進め、テロとの戦いの主戦場は、アフガニスタンとその隣国パキスタンへと移った。そもそも現在、オバマ大統領が行っているアフガニスタンの戦闘は、「アフガニスタン戦争」とは呼ばない。あくまでも「アフガニスタン軍事作戦」である。この戦いが「戦争（war）」ではなく、「軍事作戦（military operation）」であるのは、アメリカが戦っているのは、アフガニスタンの国家、政権ではなく、タリバンという一武装組織に過ぎないからである。ブッシュ大統領が戦った対テロ戦争は、アフガニスタンにおいても相手は政権を持っていた頃のタリバンであり、イラクにおいても相手はフセイン政権とイラク国軍であった。そのためそれらは戦争行為となる。しかし、すでに政権を追われたタリバンを壊滅させること、テロ・ネットワークであるアルカイダを壊滅させることは、論理上戦争ではなく、軍事作戦となる。しかしながら、米兵やイギリス軍の兵士など、ＮＡＴＯ軍の死傷者は急激な増加傾向にあり、戦場で行われている軍事作戦の面でも、または一般市民が巻き込まれて死亡している現実を見ても、これを戦争と呼ぶか軍事作戦と呼ぶかは言葉遊びのように見えるかも知れない。しかしながら、これが「テロとの戦い」の特徴でもあり、難しい側面でもある。

アメリカはこうして歴史上、世界で戦ってきた。その一つの結果として、現在はアメリカを中心とした世界市場が拡大し、アメリカ文化は世界に広がっている。アメリカは自由主義市場と民主主義の理念を広げ、それらを守るために戦い続けねばならない運命にあるかのようである。アメリカは国外的には戦争や軍事作戦によってそれを遂行してきたが、それと同時に、移民国家であるアメリカ国内が世界中の民族を抱える人種のるつぼと化したことにより、アメリカが世界中に展開しながら、アメリカ国内が世界化するという入れ子構造が発生している。これが、アメリカを中心とした政治、経済、文化を巻き込んだグローバリズムの結果ともいえる。南北戦争以後、第一次世界大戦、第二次世界大戦、そして戦後を通じて、アメリカ本土が戦場になることはなかった。しかしながら、もはや国家対国家の戦いではないテロリズムの時代において、平時と戦時の区別はなく、平和と有事の区別もない。アメリカにおいては、テロリズムの危険は、国外も国内も区別できない時代へと移行した。その契機となったのが、九・一一であった。

二〇〇九年九月一一日、九・一一から八周年の追悼式典に、オバマ大統領が就任後初めて大統領という立場で出席した。オバマ大統領はワシントンＤＣで、旅客機激突の被害にあった国防総省（ペンタゴン）で追悼式典に臨席し、ここで亡くなった乗客や職員などの犠牲者、そしてその遺族に対し、「あなたたちの心の痛みはどんな言葉を費やしても癒されない」と述べ、このテロリズムに関わった国際テロ組織アルカイダやイスラム過激派掃討への決意を示した。「我々は絶対にくじけない」とオバマ政権がテロとの戦いを継続することを強調した。

筆者はこの原稿を執筆中の二〇〇八年四月から二〇一〇年三月までの二年間、コロンビア大学国際公共政策大学院（School of International Public Affairs：SIPA）の中にある「ザルツマン戦争と平和研究所」（Arnold

A. Saltzman Institute of War and Peace Studies：SIWPS）の客員研究員としてニューヨークに赴任していた。二年にわたりアメリカのテロ対策の実態を調査し、テロ対策関連省庁やメディアへのヒアリングやインタビュー調査、情報収集を重ねてきた。[1] そこで二〇〇八年と二〇〇九年の九月一一日に、ニューヨーク、マンハッタンのワールド・トレード・センター（WTC）ビル跡地で開催されるアメリカ同時多発テロ事件の追悼式典も取材した。この「グラウンド・ゼロ」では、当時二、七五二人の方が亡くなっている。この追悼式典には、九・一一の被害者の遺族や、救出活動中に命を落とした消防員や警察官などの関係者ら、たくさんの人々が参列した。二〇〇九年の八周年追悼式典では、ジョン・バイデン副大統領の他、このテロ事件の対策を指示したジュリアーニ元ニューヨーク市長や、ブルームバーグ現NY市長、デイヴィッド・パターソンNY州知事らが弔辞を述べ、犠牲者をしのんだ。この日、追悼式典の様子はアメリカのNBCやCBS、ABC、FOXなど主要テレビネットで全米、世界に中継された。イベントやメディアを通じて多くのアメリカ国民がこの日を悼んだように、アメリカにおいて、九・一一の傷は未だ癒えてはいないのである。

アメリカを代表する調査会社のひとつ、オピニオン・リサーチ社がCNNと共同で二〇〇九年八月に実施したアンケート調査によると、アメリカの国内が狙われるテロ事件が、「今後数週間以内に発生する可能性がある」という不安を抱く国民が三四％いることが明らかとなった。この数字は、三年前の二〇〇六年段階での同じ調査と比べると約二〇％減少している。さらには、九・一一が発生した直後の二〇〇一年の同調査の数字と比較すれば、約半分に減少した。このことは、アメリカ国民の中で九・一一への意識が風化してきたことを意味するのか、それとも、二〇〇一年以降のブッシュ政権におけるテロ対策、インテリジェンス活動、そして国土安全保障政策によって、アメリカの国内が安全になり、その後大きなテロは全く発生しなくなったことが反映されたものなのか、その原因はまだわからない。しかしながら、ブッシュ政権による徹底したテロ対策とインテリジェンス活動の強化によって、その後、アメリカ国内では大規模なテロ事件は発生せず、ほぼすべての事件計画を未然に防いでいることも事実である。

ブッシュ大統領は、九・一一以後、アメリカ国内外でどのようなテロ対策を実施したのだろうか。九・一一によって露呈したアメリカのテロ対策やインテリジェンス活動の失敗をどのように反省し、どう改革したのか。そして、オバマ大統領はそのテロ対策やインテリジェンス活動をどのように引き継ぎ、変革していくのだろうか。本書では、アメリカにおけるテロ対策や国土安全保障政策の実態、インテリジェンス活動の実態の現在を明らかにする。

本書の構成は、テロ対策におけるサイクルともいえる①「諜報」(intelligence)、②「監視」(surveillance)、③「警報」(alert)、④「対応」(response)の時間軸の順番に論を進めている。筆者はこの四つの要素からなる循環を、テロ対策サイクルと考えている。テロを未然に防ぐために、諜報機関は常に国外、国内で活動している。外国における秘密工作や諜報活動を実施し、そこから得られた情報を分析しているのが中央情報局(Central Intelligence Agency:CIA)を中心としたインテリジェンス・コミュニティである。国土安全保障(homeland security)の名のもとに国内でのテロ事件の発生を未然に防ぐために、国土安全保障省(Department of Homeland Security:DHS)を中心とした監視体制が構築されている。これらの努力により、未然に防がれたテロは多い。これが第一段階(フェイズⅠ)のテロ対策である。しかし、テロ事件が発生する可能性が高まった場合、またはテロ事件の発生が予見できた場合には、幅広く国民に対して、または地域住民に対して政府はテロに関する警報を発することになる。アメリカはテロリズムに関する警報のシステム

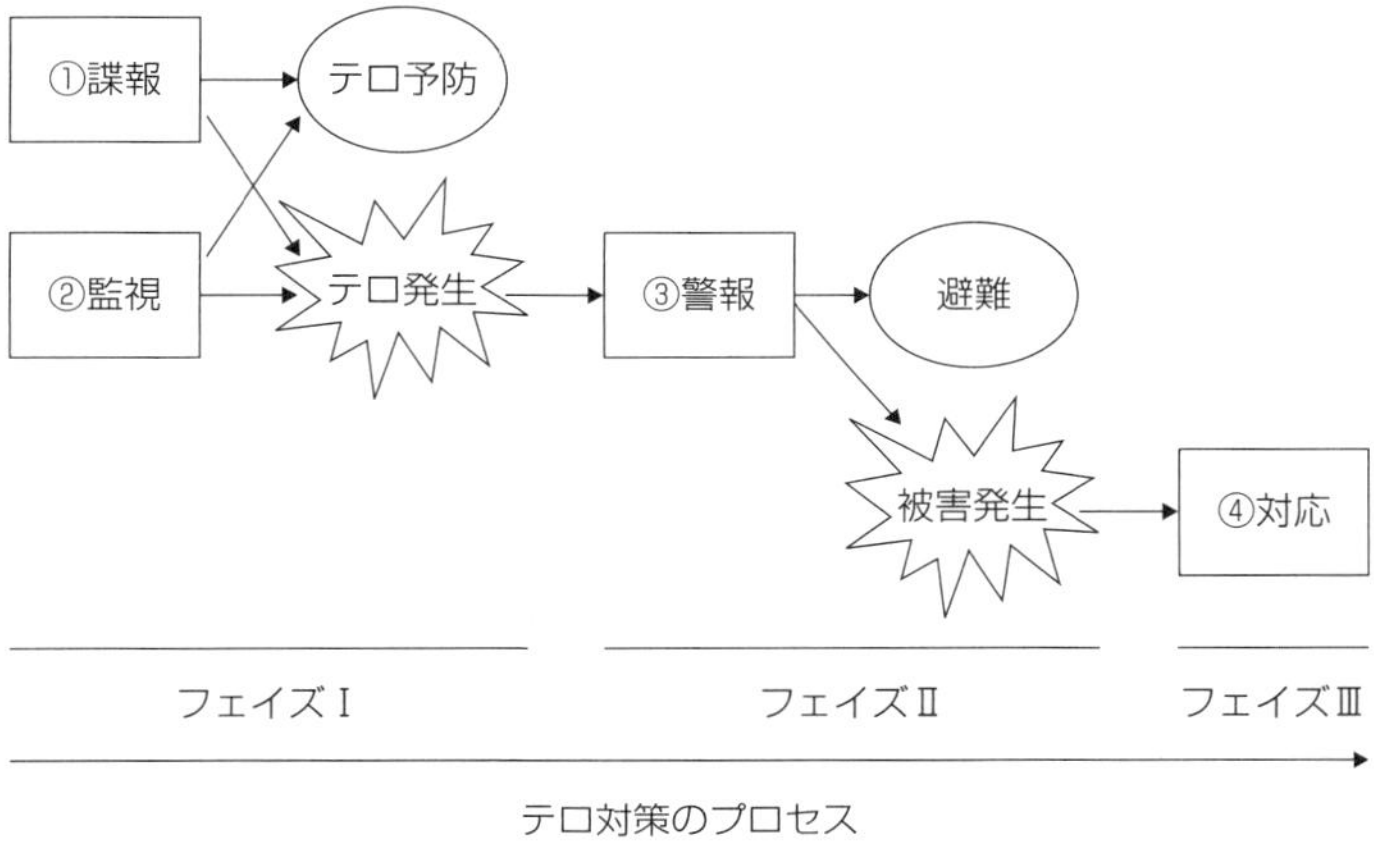

図表1　テロ対策プロセス・モデル

を構築している。こうしてテロ警報が国民に事前に周知され、住民が事前に避難することができれば、被害を最小限に食い止めることができる。これが第二段階（フェイズⅡ）のテロ対策である。

しかしながら、テロの事前情報もなく、警報も発せられなかった場合には、テロは政府にとっても、国民にとっても突然発生することになる。こうした場合は、発生したテロ事件に対する事後的な対応によって被害を最小限にしなければならない。警察や、消防、救急隊などのファースト・レスポンダー（初動対応者）が、テロ事件の現場に急行して、住民を避難させ、被害を最小限に食い止める努力を行う。アメリカではテロ事件に対する対応システムも構築されている。これが、第三段階（フェイズⅢ）のテロ対策である。そしてこれらのテロ対策の流れを支えているものがメディアとその⑤「報道」（report）である。このメディアはテロに関する情報を流すことによって被害を食い止めることも、また反対にテロリストに利用されることもある。こうしたテロリズムとメディア報道の問題を最後に考察する。これは筆者の考えるテロ対策のプロセスを示すモデルであるが、決して単線的で一方向的なモデルではなく、むしろすべてが同時並行的に重なりあい、またこの①課報、②監視、③警報、④対応という流れは再び円の形をなし、課報につながるテロ対策サイクルとして機能している。これが筆者の考える理想的なテロ対策サイクルである（図表1）。

本書ではこのテロ対策サイクルに準じて、まずアメリカの課報機関について二章で考察し、監視体制を三章で、警報体制を四章で考察する。テロ事件が発生した後の事後対応体制について五章で考察し、こうしたテロリズムの全体に関わるメディアと報道の問題を六章で検討する。こうした世界最高レベルのテロ対策システムをもつアメリカの制度を具体的に考察することで、わが国日本のテロ対策の構築に資するのが本書の最終目標である。そして日本のテロ対策の現状と将来について、終章で検討したい。日本では歴史的事情により、テロ対策をはじめとする危機管理体制の整備は後れをとってきた。二一世紀に入ってようやく国民保護法制の整備は進められてきたが、その計画と運用はさまざまな側面において今も発展途上である。とくに日本では課報活動を取り仕切るインテリジェンス・コミュニティを明確な形で保持、運営していない。そのことの弊害はさまざまな形で現れ、すでに多くの専門家からも指摘されているとおりである。日本のテロ対策とインテリジェンスはどうあるべきか。そのことを検討する一つの比較軸としてアメリカの事例を省察することが、本書の目的である。

アメリカは連邦国家である。まさに多様な州が連合して成立した連邦制国家である。そのため、州によって法律や文化が異なるように、テロ対策や危機管理制度についても、州レベルで異なる次元が存在する。連邦レベル、州レベル、地方レベルの三つの階層性が存在するため、本書では連邦政府レベルでのテロ対策を中心に議論しながら、各所で特徴のある州レベルの制度、地方レベルでの制度を織り交ぜて紹介する。

それでは、現代のアメリカ合衆国という国家のあり方に根本的な打撃と影響を与えた世紀の大事件であった、九・一一テロ事件が発生した二〇〇一年九月一一日に時間を戻して、そこから本書の考察を始めたい。

（1）本書の考察は、二〇〇八年から〇九年にかけてDHSやFEMAなどのテロ対策機関や、NCTC、FBIなどのインテリジェンス機関を訪問し、最前線の担当者に直接実施したインタビュー、ヒアリング調査から得られた情報や資料をもとにしている。米国務省による「International Visitor Leadership Program（IVLP）」への研修参加やアメリカ大使館による協力、日本大学長期海外派遣制度によるコロンビア大学客員研究員としての米国派遣によるところが大きい。本書がそれらすべての成果であることを確認し、ここで関係機関への謝辞を表したい。

一章　九・一一の衝撃——ブッシュ政権、テロ対策の時代へ

一　九・一一アメリカ同時多発テロ事件

「われわれは数機の旅客機を手に入れた。静かにしていれば、大丈夫だ。空港へ引き返すところだ。誰も動くな。そうすれば、すべてうまくいく。もし動いたら、あなたたちの安全は保証されない。飛行機も危険な状態になる。静かにしろ。」(2)

これは、二〇〇一年九月一一日午前八時二四分（現地時間）、ハイジャックされたアメリカン航空一一便のコックピットから機内放送しようとしたものが、間違って管制塔へ伝わったハイジャッカーの第一声である。

九・一一独立調査委員会のレポートによれば、二〇〇一年九月一一日に発生したアメリカ同時多発テロの犠牲者数は二、九七三人にのぼった。ハイジャックされた四機の旅客機の乗客乗員が二四六人、ワシントンDCの国防総省（ペンタゴン）での犠牲者が一二五人、ニューヨークのワールド・トレード・センター（WTC）での犠牲者が二、六〇二人で、二四人の行方不明者、崩壊したセンタービルの残骸の中に埋もれたまま発見できず確認できない犠牲者が約一、一〇〇人も残っている状態である。これら犠牲者の中には、WTCで救助にたずさわったニューヨーク市警（NYPD）の二三人、ニューヨーク市消防局（FDNY）の三四三人、ニューヨーク港湾警察の三七人が殉職者として含まれている。

これは一つのテロとしては史上最大規模であり、同時にアメリカ本土が受けた最大の攻撃であった。この世紀のテロでは、後に米政府によって公表された一九人の容疑者によって乗っ取られた四機の旅客機が使用された。(3)

①アメリカン航空一一便：　モハメド・アッタ、アブドル・アジズ・アル・オマリ、ワイル・アル・シェヒリ、ワリード・アル・シェヒリ、サタム・アル・カスミ

②ユナイテッド航空一七五便：　マルワン・アル・シェヒ、ファイズ・アフメド、アフメド・アル・ガムディ、ハムザ・アル・ガムディ、モハメド・アル・シェヒリ

③アメリカン航空七七便：　ハニ・ハンジュル、ハリド・アル・ミダル、ナワワ・アル・ハズミ、サレム・アル・ハズミ、マジド・モキード

④ユナイテッド航空九三便：　ジアド・ジャラ、アフメド・アル・ハズナウィ、アフメド・アル・ナミ、

サイード・アル・ガムディ

ボストン八時〇〇分発ロサンゼルス行きのアメリカン航空一一便は、八時四七分にワールド・トレード・センター北棟に激突した。同じくボストン八時一四分発ロサンゼルス行きのユナイテッド航空一七五便は、九時三分ワールド・トレード・センター南棟に激突した。ワシントン八時二〇分発ロサンゼルス行きのアメリカン航空七七便は、九時三八分ペンタゴンに激突、ニューアーク八時四二分発サンフランシスコ行きのユナイテッド航空九三便は、一〇時六分ペンシルバニア州南部のシャンクスヴィルに墜落した。いずれも朝八時台の離陸で、最初の衝突から約一時間の中で起こった出来事である。

このテロ事件の発生はすぐさまテレビによって世界に放映された。ニューヨークの旅行客が撮影していたビデオによって、旅客機がWTCビルに激突する瞬間が録画され、その映像は何度も繰り返しテレビニュースで流された。さらにテレビカメラが現地に到着した後も、刻々と被害の状況が伝えられ、テレビカメラの前でWTCは二棟とも崩壊した。世界に生中継されたテロリズムの惨劇であった。独立調査委員会の報告によると、連邦職員のほとんどが、その情報をCNNのテレビ中継で知ったという。全世界の視聴者がこの二〇〇一年九月一一日のアメリカ同時多発テロ（以後九・一一と呼ぶ）の発生と経過をテレビを通じて注視した。テレビ中継、メディア報道がこの九・一一を放送したことで、世界的規模でテロリズムが議題設定（agenda setting）されたのである。

こうしたテロ事件においては、初動対応こそが命である。政府にどのようにして情報伝達され、どのような対応行動がなされるか。また同時に現場でファースト・レスポンダーがどのような現場指揮をとるかによって、被害の規模は大きく異なってくる。

そのとき、ブッシュ大統領はフロリダ州サラソタの小学校教室で本を朗読し、教育について話をしていた。ホワイトハウスに大統領はいなかったのである。大統領不在のホワイトハウスでは、ディック・チェイニー副大統領を中心に対応を協議しはじめた。九時二五分には、ホワイトハウスと国防総省（Department of Defense：DOD）、連邦航空局（Federal Aviation Administration：FAA）の間で緊急テレビ電話会議が始まったとされている。他にも、国務省（Department of State：DOS）、司法省（Department of Justice：DOJ）、中央情報局（Central Intelligence Agency：CIA）、連邦捜査局（Federal Bureau of Investigation：FBI）、大統領危機管理センターが参加していた。離れた場所にいる大統領と副大統領は電話で連絡を取り合い、ワシントンDCへ戻りたがっているブッシュ大統領を危険回避のため引き留めている。そしてそのときまだ行方のわからないユナイテッド九三便に対して、チェイニー副大統領は出撃したF－一五戦闘機イーグルのパイロットに向かって撃墜命令を出した。指揮系統の混乱の中でスクランブル発進したものの結局NORADは何もできなかったため、実際にユナイテッド九三便は撃墜されず、テロリストたちに立ち向かった乗客の反乱によって墜落したのであった。

九・一一独立調査委員会の報告書によると、WTCの北棟に衝突したアメリカン航空一一便の衝撃で、ビルの九三階から九九階が切り裂かれた状態となった。ビル保安部の防火隊長代理が、ビル全館放送システムを使用して全館退避命令を放送した。これはコンピュータによって制御された自動警報である。しかし、ビルのシステムが衝突による損傷で機能せず、ビル内の多くの場所で退避命令の放送が伝わらなかった。消防訓練で使用が推奨されていた緊急インターフォンも使用することができなかったという。指示を待たずして、ビル内にいた多くの民間人が階段を使って自主的に避難を開始した。その避難は秩序ある冷静なものであり、決してパニック状態は発生しなかったという。実際にビルに突入したニューヨーク市消防局のリチャード・ピッチョート大隊司令官がその著書『九月一一日の英雄たち』で証言している（Picciotto, 2002）。しかしながら、九九階以上で分断されて地上への避難ができなくなった被災者の多くは、屋上をめざしたり、暑さに耐えきれず地上へ飛び降りる人が続出した。

そのとき、消防や警察などのファースト・レスポンダーはどのような活動を行ったのであろうか。ニューヨーク市は、九三年のＷＴＣ爆破テロ事件の後、ルドルフ・ジュリアーニが市長に就任し、さまざまなテロに対応できるような訓練を実施してきた。そして、ＷＴＣの第七ビル二三階に緊急指揮センターを設置し、大規模なテロ事件が発生した場合、ここにあらゆるファースト・レスポンダーが集結し、共同して対処する枠組みが構築されていた。ジュリアーニ市長は九・一一の朝、ペニンシュラ・ホテルで会合中の八時四五分頃、電話でこの事件の第一報を聞き、すぐに緊急指揮センターへと向かった。

九・一一直後、ニューヨーク市警は実際に現場の周辺にいた警官から数多くの報告を瞬時に受けた。ニューヨーク市警のバーナード・ケリック本部長はマンハッタンの市警本部に出勤後、八時四五分頃に「飛行機がトレード・センターにぶつかった」という第一報の無線を聞いたという。市警本部ビルからワールド・トレード・センターから出る煙を目視した後、すぐにジュリアーニ市長に電話連絡を入れ、現場すぐ近くの緊急指揮センターでの集合体制をしいた。ニューヨーク市警警視総監は動員レベルを「４」に引き上げ、九時に現場に到着。その結果、八〇〇人体制の警官、二〇名の警部補が動員された。約三〇人の捜査官も、統合テロリズム・タスクフォース（Joint Terrorism Task Force：JTTF）として現場に派遣されている。状況偵察のために市警航空班が二機のヘリコプターを上空に飛ばした。警官の主な任務は、安全な誘導路を確保し、現場で避難する被災者を誘導することであった。そして、周辺の交通整理、封鎖である。

ニューヨークの緊急管理局（Office for Emergency Management：OEM）の本部はまさにWTCの第七ビル二三階にあった。OEM局員はニューヨーク市警、ニューヨーク消防局、保健省、米国病院協会に連絡し、応急対策センターを稼働させた。しかしながら、ここに問題が発生した。このWTC第七ビルがテロ事件の現場に近すぎたため、緊急指揮センターとして使用するのに適さなかったのである。ジュリアーニ市長がこの九・一一の発生直後において優先事項としたことの二点は、このように臨時の緊急指揮センターを設置することと、市民への情報提供、連絡手段の確保であったという。市長は通信室長サニー・ミンデルに命じて、チャーチ・ストリートの交差点にメディアの報道陣を集めさせた。このように、危機管理においては対策本部の安全確保と、市民への情報提供、メディア対応が重要な課題となる。そして市長はさらにワシントンDCと連絡し合い、チェイニー副大統領と連絡をとる。その直後、南タワーが崩壊した。タワー崩壊の混乱の中、市長は歩きながら電話で地元ニュースチャンネルのNY1に最初のメッセージを伝えたという。

「みなさんの身を心より案じています。このような大惨事は見たことがありません。発生直後に現場に駆けつけると、世界貿易センターから人々が飛び降りていました。恐ろしく、悲惨な状況であり、今はひとりでも多くの人を救助できるよう全力を尽くしているとしか申し上げられません。最終的には、すさまじい人命が失われるでしょう。被害の全貌はわかりませんが、とにかく今は、ひとりでも多くの命を救うことだけを考えなくてはなりません(4)」。

紆余曲折を経て、ケリック本部長によってニューヨーク警察学校が臨時の緊急指揮センターとなった。その後、ジュリアーニ市長による最初の正式な記者会見が行われたが、それは臨時の緊急指揮センターの警察学校からであった。市長は自分がやるべきことを三つにまとめたという。一つ目は市民への情報提供と安全な避難の実施、二つ目は病院での負傷者の受け入れ体制の確保、救急搬送体制の確立、三つ目は次に何が起きるか、後発するテロに対する対応であった。

一方で、ニューヨーク消防局の参集体制は機敏であった。消防総監をはじめ上級幹部の多くがブルックリン本部に参集した。最高レベルの危機事態を示す第五警報として、消防車隊二一隊、はしご車隊九隊、レスキュー部隊四隊、危険物処理部隊（HASMAT Team）が、九時には現場に急行した。規定の事案指揮システム（Incident Command System：ICS）によって、現場にいた消防指令長が現場のニューヨーク指揮本部長となった。ニューヨーク消防局幹部は、八時五七分までに南タワー全体にも避難要請を出した。現場周辺の医療活動のための四カ所のトリアージが開設され、緊急医療班（Emergency Medical Service：EMS）が従事した。九時七分には、消防隊が防護服をつけ、重い装備を持ってビル内に突入、消防士たちは一六階までは動いたエレベーターやそれ以外の階段を使って、各階を捜索、民間人が残っていないかを確認する作業を行った。旅客機が激突した階より下の比較的安全な階に残っていた民間人約二万五、〇〇〇人を避難させることに成功した。

その後、北タワーが崩壊、南タワーも崩壊したことで、ビル内に残された多くの民間人、そして救助、誘導にあたっていたニューヨーク消防局員、ニューヨーク市警警官らが死亡した。

これだけ大規模なテロが世界一の大都市を襲った事例として、この九・一一から私たちが学ぶべき点は多い。被害者や警察官、消防士の遺体処理、葬儀の問題も発生した。被害者の安否確認とその安否情報をメディアで合法的に公表する方法、遺族支援センター設立による遺族対応の問題、WTC被害現場のビル残骸・ゴミの片づけの問題、企業ボランティアによる物的・人的支援の活用やツインタワー基金という義捐金設立など、ここからニューヨークという都市の災害復興モデルを見ることができる。これらは、市の建設局、保健局、衛生局、雇用局など多くの部署が共闘する一大プロジェクトであった。では次に、この九・一一はどのような経緯で発生したのか、さらにさかのぼって考察したい。

二　アメリカの新しい脅威――アルカイダとオサマ・ビンラディン

(1) 九・一一の基礎を固めた三人の重要人物

九・一一の起源はアルカイダの「飛行機作戦」であるとされている。[5] この飛行機作戦の最高責任者は、ハリード・シェイク・モハメド（KSM）である。クウェート出身のハリードは、九三年のワールド・トレード・センター爆破テロ事件の容疑者、ラムジ・ヨセフの叔父にあたる。ハリードは一六歳でムスリム同胞団に参加した後、アメリカに留学しノースカロライナ州立農工大学を卒業している。その後、アフガニスタンで対ソ連のアフガン聖戦で戦い、ボスニア紛争にも参加、九六年以降、アフガニスタンでオサマ・ビンラディンに会い、アルカイダと行動を共にするようになった。

ハリードが立てた計画は、一〇機の旅客機をハイジャックし、WTCとペンタゴンの他、CIAやFBI、原子力発電所などに衝突させ、残る一機で空港に着陸、アメリカの中東政策に対する非難声明を発表するというものだった。その後、この計画はビンラディンの指示や話し合いによって、攻撃対象もホワイトハウス、アメリカ国会議事堂、ペンタゴン、WTCなどへ変化しながら練り上げられていった。これらの作戦を決行するのは、当初アルカイダのメンバーが検討されていたが、それには多くの障壁があった。アメリカ国内で生活し、飛行機教習学校に通い、旅客機操縦技術を身につけることと、高度な英語力が必要である。そのパイロット・ハイジャッカーをリクルートするために、アルカイダが目を付けたのが、「ハンブルク・セル」とも呼ばれるアッタたちであった。

エジプト出身のモハメド・アッタ、イエメン出身のラムジ・ビナルシブ、アラブ首長国連邦（UAE）出身のマルワン・アル・シェヒ、レバノン出身のジアド・ジャラの四人は、それぞれが留学していた九〇年代中盤のドイツで出会い、ハンブルクのモスクを中心に交流を深め、イスラム原理主義に傾倒した。九九年に彼らはチェチェン紛争に参加してロシアと戦うことを決意したが、紆余曲折を経てアフガニスタンに渡り、ビンラディンと会い、軍事訓練を受け、アルカイダと連携するようになった。

ハンブルク・グループは、二〇〇〇年にアメリカに入国、飛行機教習学校に入学し、飛行訓練を受けた。さらに、四人目のパイロット・ハイジャッカーとして、アルカイダとも関連があったサウジアラビア出身のハニ・ハンジュルがリクルートされた。彼はこの飛行機作戦にリクルートされる前に、すでにアメリカの教習学校で飛行訓練を受けていた。

その後、ハイジャックには欠かせない乗客、乗員を脅す役割のマッスル・ハイジャッカーたちがリクルートされている。KSMなどの供述によれば、彼らの中には、聖戦に参加するためにチェチェンをめざしたものの入れず、アフガニスタンに向かいアルカイダに参加したものが多い。その後、アメリカ入国に成功した一九人のハイジャッカーは、連絡を取り合い、会合を重ねながら、テロ計画の準備を進めた。通常、こうしたテロ事件が計画される際には、戦術的に見れば「第一細胞」(first cell) として情報収集や偵察担当、ロジスティクス担当が現地に入り時間をかけて準備を行う。その後、実行犯となる「第二細胞」(second cell) が現地に入りテロを実行する。この一九人のハイジャッカーの中にも、パイロット担当、ロジスティクス担当、実行役の三つの役割が割り当てられていることがわかる。

この一九人の九・一一実行犯は、短期間にアメリカ国内で拠点を作り上げたわけではない。彼らを育て、支援したものがアメリカの内外にたくさん存在する。一九八〇年代頃から、イスラム過激派は、アメリカ国内に少しずつ時間をかけて浸透し、ネットワークを構築していたのである。九・一一へとつながる、アメリカ国内でのテロ事件の基礎を構築してきた重要人物に、アリ・モハメドと、オマル・アブデル・ラーマンがいる。この二人について考察するためには、一九八一年のエジプトに時間を戻さねばならない。このエジプト・コネクションが重要なポイントとなる。

一九八一年、エジプト軍観閲式中に、エジプト陸軍兵士によってサダト大統領が暗殺された。親米派でイスラエルを承認したサダト大統領は、アラブのイスラム原理主義グループによって暗殺されたのである。エジプトでイスラム原理主義者たちにジハードを訴えていた盲目の指導者アブデル・ラーマンが逮捕されたが、その後釈放された。その後、アフガニスタンでの対ソ連の聖戦では、アブデル・ラーマンは多くのムジャヒディンをリクルートし、そのことで当時のCIAは対ソ連の文脈でアブデル・ラーマンと協力関係にあったといわれている。その後、再びエジプトで逮捕、釈放が繰り返されたアブデル・ラーマンは一九九〇年にアメリカに入国している。同年の一一月にニューヨークでユダヤ教ラビ射殺事件が発生し、容疑者がアブデル・ラーマンの信徒であることが判明したが、FBIはアブデル・ラーマンを見逃している。そして九三年二月二六日に発生したのが、WTC爆破テロ事件である。六人が死亡、負傷者は千人を超えた。この事件の容疑者の一人として逮捕されたモハメド・サラメが通っていたのが、ジャージー・シティにあるモスク「マスジット・アル・サラーム」であった。ここで説教をしていたのがアブデル・ラーマンであり、ここがアメリカ東部でのイスラム原理主義者の活動拠点だったことが判明した。このテロのもう一人の容疑者、ラムジ・ヨセフは、ハリード・シェイク・モハメド（KSM）の甥にあたる。こうして、九〇年代に入り、イスラム過激派はアメリカ国内で拠点を構築し始めていた。後に、ラムジ・ヨセフがフィリピンのマニラで残したパソコンから、アメリカの旅客機一二機を同時爆破する「ボジンカ計画」も発覚した。

アメリカ国内で、イスラム原理主義の活動に貢献したものの一人にアリ・モハメドがいる。(6) 彼は元エジプト陸軍将校で、敬虔なイスラム教徒であった。エジプト軍では優秀な能力を発揮したが、「イスラム聖戦同盟」に入りイスラム原理主義に傾倒した。その後彼は使命を帯びてアメリカに潜入し、アメリカ人女性と結婚、米軍特殊部隊に入隊する。対テロ作戦を学び、上官の禁止を無視して休暇中にアフガニスタンへ行き、ムジャヒディンとして対ソ連の聖戦に参加している。その後、アリ・モハメドは、オサマ・ビンラディンに会い、アルカイダのテロ訓練キャンプで教官として、テロリスト養成の教育に関わっている。彼は、主に爆破や射撃、偵察行動の訓練を担当したという。さらに、彼は、二重スパイを演じてFBIに潜入、FBIのスパイとして行動し、逆に重要情報をアルカイダやイスラム原理主義者に流していた。CIAとも関係を構築し、手玉にとっている。その後、ケニア大使館爆破テロ事件など九〇年代に発生した対米テロ計画の多くに関係し、作戦の計画、偵察、実行に関わった。彼は、一九九八年にアメリカで逮捕され、聴取によってアルカイダの作戦について情報を断片的に米政府にもたらしたが、九・一一の予見にはつながらなかった。このアリ・モハメドの活動については、ジャーナリストのピーター・ランス『トリプル・クロス』に詳しい（Lance, 2007）。アリ・モハメドは、ビンラディンが最も信頼した腹心、右腕の一人であり、その彼がアメリカで生活し、米軍やＦＢＩ、ＣＩＡに深く浸透していたのである。

（2）アルカイダとビンラディン

こうしたイスラム過激派のテロリストを操っていた国際テロ・ネットワークであるアルカイダについて考察しなければならない。オサマ・ビンラディンがアルカイダを結成したのは、一九八九年である。ソ連のアフガニスタン侵攻に対してジハード（聖戦）を戦うため、イスラム世界の各地からムジャヒディンたちがアフガンに集結していた。ジハードによりソ連からアフガンを解放したムジャヒディンたちは、次の使命を必要としていた。その後、アルカイダが結成され、すぐにビンラディンはそのトップである司令官（アミール）となった。司令官はその下部組織である「軍事委員会」「ビジネス委員会」、「メディア委員会」、「シューラ委員会」を統括する最高指導者である。シューラ委員会のもとで、ビンラディンは世界中のイスラム原理主義者に対して、ファトワ（イスラム法判定）を発した。[7] その後、政府がアルカイダを保護してくれるスーダンへ拠点を移したが、その頃、湾岸戦争が勃発、戦後もサウジアラビアなどに米軍が駐留したため、サウジアラビア出身のビンラディンは、覇権国家アメリカとの戦いにシフトしていく。

もともとアフガニスタンでのソ連とのジハードでは、冷戦構造の中で、ビンラディンをはじめとするムジヤヒディンたちは、アメリカのとくにＣＩＡからの武器援助、資金援助を受けていた。そして、中東のイスラム各国、またはイスラム系企業から多くの物的、人的援助を受けたことによって、対ソ連戦を勝利することができたのである。ここでムジャヒディンたちはゲリラ戦を経験し、多くの訓練と実践から実力をつけた。しかしながら、その支援を受けていたアメリカこそをイスラム社会を内部から崩壊させる次なる敵とみなし、ビンラディンはアメリカとの新しい戦いを宣言、そのアメリカと友好関係にある祖国サウジアラビアやエジプトとも決別することになった。覇権国家アメリカと戦う手段として、ビンラディン率いるアルカイダが選んだ戦法が、テロリズムである。テロリズムには、ムジャヒディンが得意とするゲリラ戦術と親和性がある。そして、ビンラディンはアルカイダを強化するため、イスラム原理主義者の富豪たちと共同で北イスラム銀行を創設し、「兄弟グループ」という金融法人やたくさんのイスラム系慈善団体を利用して、イスラム過激派による金融ネットワークを構築し、世界中の支援者からテロ資金を集めた。その際には、イスラム世界特有の「ハワラ」が使用された。ハワラとはイスラムで伝統的な裏送金システムで、記録が残らないため書類上、電子データ上で追跡することができない。そのため、ビンラディンのテロ資金に対する捜査は難航したといわれる（小川原、二〇〇六）。

九二年にビンラディンは、ソマリア内戦に人道的介入をした米軍と戦うことを求めるファトワを出した。内戦を監視しソマリアの飢餓を救うために駐留していた国連平和維持部隊のサポートが米軍の任務であったが、そこで起きたモガディシオでの米軍への徹底抗戦こそアルカイダが支援したものであり、その結果、映画『ブラックホーク・ダウン』で描かれた惨劇が生まれた。米軍は作戦の失敗で一八名の死者を出し、ソマリアから撤退した。その後、九三年のＷＴＣビル爆破テロ事件、九八年のケニア・タンザニア米大使館爆破テロ事件、二〇〇〇年のイエメン米駆逐艦コール爆破テロ事件など、大規模な対米テロ事件のほぼすべてにアルカイダとビンラディンが関与しているとされている。九六年にはアルカイダは再びスーダンからアフガニスタンへ戻った。九八年にはアイマン・アル・ザワヒリが率いるアル・ジハードがアルカイダに合流し、ザワヒリはアルカイダのナンバー2となった。ザワヒリはサダト大統領暗殺容疑者の一人で釈放後、アフガニスタンで戦い、ビンラディンと連携していた。

マーク・セイジマンや板橋功らのテロリズム研究者が以前から指摘しているように、アルカイダを、個別のテロ組織としてイメージしてはならない。世界中に点在する過激なイスラム原理主義者たちが、またはその集団がゆるやかにネットワークを構築している状況全体を指すというべきである。確かに、その中心にオサマ・ビンラディンが君臨し、実際にアフガニスタンやパキスタン北部に軍事訓練キャンプを持っていた。逆に言うと、世界中に散在するイスラム過激派がこのキャンプを訪れて軍事訓練や、イスラム原理主義に関する思想訓練を受け、テロを実行する作戦行動を学び、世界各地へ戻っていくという役割を担っていた。その訓練キャンプの修了時に、「バヤットの誓い」を立ててビンラディンに忠誠を誓ったものすべてがアルカイダであり、彼らが世界中に散らばって、緩やかにつながりながら独自の活動を行うのである。

アメリカがアルカイダと対決していく上で、イスラム・テロ・ネットワークへの関心は高まった。にもかかわらず、九・一一は防げなかった。その結果、イスラム・テロ・ネットワークへの監視が強化された。それまでイスラムへの関心、注意が慢性的に弱かったアメリカのインテリジェンス・コミュニティや、大学、シンクタンクなど研究機関において、九・一一以降、イスラム研究の需要が急速に高まったのである。

その中でも注目されているのが、マーク・セイジマン博士である。イスラム・テロ・ネットワークを研究した『*Understanding Terror Network*』（2004）や『*Leaderless Jihad*』（2008）などのベストセラーで世界的に有名な研究者である。セイジマンは、イスラム教の宗教的な分析やジハードの概念の分析だけでなく、実際の中東社会のテロ組織にフィールドワーク調査を実施し、「グローバル・サラフィ・ジハード」がどのようなネットワーク構造を持っているか、ネットワーク分析を行っている。さらにそのフィールドワークから、このようなテロ組織構成員が実際にどのような社会階層や学歴、職業を持っているかについて、社会学的なデータ分析を実施し考察している。さらにセイジマンは、イスラム・テロ・ネットワークがグローバル化したことによって、その中心やリーダーシップを欠いているにもかかわらず、ゆるやかに連帯し、つながりながら全体が主体的に活動するネットワークによるテロの脅威を分析している。まさに「リーダーなき、ジハードの時代」である。(8)

アメリカはこうした敵と戦っている。その戦いはすでに一九七〇年代頃から始まっていたが、安全保障の第一の課題として顕在化したきっかけが九・一一だったのである。

三　九・一一の反省点

二〇〇二年一一月二七日、アメリカ議会において一〇人の議員（共和党五人、民主党五人）からなる「同時多発テロに関する独立調査委員会」が設置された。その目的は、九・一一の発生した原因、それを防げなかった原因、そしてその事件の経過と責任を明らかにすることであった。この調査は一年八カ月にもおよび、二〇〇四年七月二二日に独立調査委員会報告書が提出されている。

（1）テロ以前──諜報活動の問題

ＣＩＡのジョージ・テネット長官は、毎日ブッシュ大統領と会い、大統領日例報告（ＰＤＢ）を提出して、諜報活動による世界情勢の情報を提供していた。独立調査委員会の報告書によると、二〇〇一年に入ってから九・一一発生まで、このＰＤＢにビンラディンに関する情報が四〇件以上含まれていたという。大統領にビンラディンの情報は随時提供されていたのである。

同年四月には、テロ脅威レベルが急激に上昇して最高レベルに達した。ＦＢＩは現場の捜査官向けにこのテロ脅威報告の要約を配布した。さらに五月にはブッシュ大統領をはじめ、政府高官に、海外でビンラディンがテロ作戦を計画中と報告されたが、六月にはさらに高レベルのテロ脅威報告が出され、中東に展開するアメリカ中央軍は防護レベルを最高水準に引き上げた。七月五日にはＣＩＡがジョン・アシュクロフト司法長官にアルカイダの攻撃の可能性を警告、七月三一日の段階で、連邦航空局（Federal Aviation Agency：FAA）は各航空会社に対して、テロ攻撃の可能性についての報告を配布している。八月六日のＰＤＢでは、ビンラディンはアメリカを襲うことを決定と題し、アメリカ本土が狙われることを示唆していた。テネット長官は、この頃の状況について「システムは赤に点灯していた」と述べている。

このように、テロ計画に関する情報と警告は、ＣＩＡを通じてすでに政府に入っていたのである。インテリジェンスで重要な５Ｗ１Ｈの中で、誰が（ＷＨＯ）というのはビンラディン率いるアルカイダと想定されていたものの、それがいつ（ＷＨＥＮ）、どこで（ＷＨＥＲＥ）、そしてどのように（ＨＯＷ）実行されるかという確たる情報はなかった。これはＣＩＡを中心としたインテリジェンス・コミュニティにおける諜報活動の失敗である。

また、九・一一への警告は、捜査の現場からも上がっていた。二〇〇一年七月に、アリゾナ州フェニックス地方局のFBI捜査官ケネス・ウィリアムズが、アメリカの民間航空学校でアラブ系外国人数名が生徒として飛行訓練を受けていることを報告するメモをワシントンDCのFBI本部に送った。これがいわゆる「フェニックス・メモ」と呼ばれるものである。このFBI捜査官は、民間航空学校をリストアップし、学校と連絡体制を構築し、ビンラディンに関して諜報機関と情報を共有し、学校の志願者のビザ情報を確認することを求めていた。しかしながら、これらがFBI本部で実行されることはなかった。

他方で、ミネソタ州ミネアポリスのパンナム航空学校の教官ジョン・ローゼングレンがボーイング七四七型機の訓練をしたがる不審なアラブ系生徒の存在を、FBI特別捜査官レイ・モロウに通報したことにより、五人目のパイロット・ハイジャッカーだったザカリア・ムサウィが移民法違反容疑で逮捕された。九・一一の直前、八月一七日のことである。この逮捕、尋問からもテロ事件を未然に防ぐことはできなかった。

九・一一主犯格のモハメド・アッタは、テロ実行の直前の四月と七月に二度も交通違反で警察に捕まっている。ここで、アッタが拘束されていれば、後のテロ事件の発生は防げたかもしれない。二〇〇一年に九・一一が発生するまでは、ブッシュ政権にとってテロ対策は最重要課題ではなかった。テロの脅威はあったものの、政策の優先順位は低かったのである。そのため、多くのことが見過ごされ、見逃されてしまった。

(2) 犯行直前――監視システムの問題

当時、航空機を使ったハイジャック、テロ事件などを防ぐため、特別に警戒を必要とする乗客を識別するために、搭乗者事前自動識別システム(Computer Assisted Passenger Prescreening System:CAPPS)がアメリカで導入されていた。

アッタが午前六時ポートランド発ローガン国際航空行きの便に搭乗する際、搭乗者事前自動識別システム（CAPPS）のチェックに引っかかったにもかかわらず、当時のCAPPSには、問題が発覚した搭乗者がいても機内預けの手荷物を旅客機の貨物室に積むことを遅らせる対応しかできなかった。他にも、スカミ、ワイル・アル・シェヒリ、ワリード・アル・シェヒリの三人もボストンでCAPPSによってチェックされていた。ワシントン発のアメリカン航空七七便でも、ハニ・ハンジュル、ハリド・アル・ミダル、マジド・モキードの三人がCAPPSに捕捉された。ニューアーク発ユナイテッド航空九三便では、ハズナウィがCAPPSにひっかかった。しかも、空港のセキュリティチェックの金属探知機等で彼らのうち数人に警報が鳴ったにもかかわらず、簡単な検査だけで検査官が通過を認めてしまっていた。独立調査委員会報告書は、検査官が警報の原因を徹底的に検査すべきだったと結論している。

この小さな時間差で発生したハイジャックは防ぐことができたのだろうか。最初の一機がハイジャックされたとき、そのハイジャック情報が管制塔に伝えられ、それが的確に処理されて他の旅客機に情報伝達されていれば、コックピットへの侵入を防ぐ対応もとれたかもしれない。実際、ユナイテッド航空では航空管制員のエド・バリンガーが「コックピットへの侵入に注意、二機の旅客機がWTCに衝突した」という警告を九時一九分頃発している。しかしながら、それ以前もその後も、どの社も有効な情報を発信することができなかった。なぜなら、連邦航空局（FAA）は、同時多発ハイジャックを想定していなかったのである。過去の航空史上でそのような事例はなかったからである。ハイジャックされた旅客機以外の航空機に対して、管制がハイジャックの注意・指示を与える事態は想定されていなかった。そのため、二機目のハイジャックが発生したとき、いったい今後何機がハイジャックされるのか、これからどういう対応をとるべきか、管制からの情報や指示が混乱したことが、独立調査委員会によって明らかにされている。

(3)テロ対応――事後対応の問題

テロや自然災害などの危機事態において事後対応でよく問題となるのは、現場の作戦を取り仕切る①通信の混乱と、②現場の指揮系統の混乱である。

九・一一の直後、アメリカの緊急電話番号911システムには通報が殺到した。そのため通信回線の輻輳が発生し、電話はつながりにくくなった。またつながったとしても、たらい回しにされたり、現場にとどまるようにという間違った指示を受けたケースが多かったという。これは、緊急番号体制の問題である。現場で事後対応にたずさわったニューヨーク消防局においても、通信の問題が発生した。消防局は、対策本部と現場をつなぐ通信手段を確保することを優先したが、現場の混乱や操作ミス、勘違いの連鎖で本来危機発生時に使用されるべき中継システムの使用を断念、別回路のチャンネルを使用した。(9)

あまりにも大がかりなテロ事件であったためその被害も大きく、そのため、現場にいる隊員たちは全体像をつかむことができなかった。現場には情報が入らず、衝突箇所の断定やそれ以上の階の被災者の救助、脱出ルートの確保などで意志決定ができなかった。情報伝達の信頼性に欠け、北タワー一〇五階に約一〇〇名が閉じこめられているという911システムからの通報も、消防局通信指令係から指揮通信車までは伝わったものの、北タワーのロビー、さらには突入した消防隊員たちには全く伝わらなかった。反対に、どの消防員がどの階でどのような作業をしているかも、対策本部では把握できなかった。これらは、ファースト・レスポンダーの命綱ともいえる通信上の混乱である。

二点目の指揮系統の混乱も発生した。本部にいる消防局長と現場のロビーにいる司令官の両者の間でほとんど有効な情報交換がなされず、そのため全体像が把握できない現場では場当たり的な対応が発生することになった。

またさらに高レベルの全体の指揮系統の問題に関しては、致命的な混乱が発生している。そもそも、事件後最も重要な対策本部の場所が二転三転している。その原因は先にも触れたように、対策本部として機能するはずのニューヨークの緊急指揮センターがＷＴＣの第七ビル二三階に設置されていたことである。テロ事件が起こりうる地帯の内部に、またはその近隣に危機管理の対策本部を設置するのは危機管理上間違った選択であった。そのため、事件後の混乱の中で、使える臨時の対策本部を設置するためだけに多くの時間と労力が割かれてしまった。これにより、高次のレベルの対策本部と、現場の指揮所の間のコミュニケーションも疎かになったのである。

九・一一独立調査委員会の報告書を詳細に読めば、九・一一発生時のアメリカのテロ対策、危機管理体制にたくさんの穴があったことがわかる。超大国アメリカの死角を、九・一一実行犯たちは突いたのである。いったいアメリカのテロ対策、インテリジェンス、危機管理のどこに穴があり、それがどのように攻撃されたのか。そしてその反省に立って、ブッシュ政権においてどのようにテロ対策、インテリジェンス体制を再構築したのだろうか。それを解明するのが本書の狙いである。

四 「テロとの戦い」——テロに対する国際的取り組み

ブッシュ政権は九・一一後、テロリズムに関する政策を、大きく二つのベクトルを持つ方針に転換した。一つ目のベクトルはアメリカを狙う国際テロリズムの問題の根源を絶つための、「対テロ戦争（War on Terror）」の実行である。国際テロ・ネットワークの中心的存在であるアルカイダと深い関係を持つタリバンを壊滅させるための二〇〇一年のアフガニスタン戦争で勝利し、さらにはブッシュ・ドクトリンによってこの対テロ戦争を拡大解釈させた二〇〇三年のイラク戦争も実行した。イラクの復興、治安回復を完全な形で実現できないまま二〇〇九年に発足したオバマ政権がイラク撤退を表明し、アフガニスタンへの増派を決定した現在からみれば、ブッシュ政権における対テロ戦争は決して成功ではなかったというのが現段階での定説である。こうした、対テロ戦争、外交などの対外的政策は「対外的テロ対策（external counterterrorism）」と呼ぶことができる。

また二つ目のベクトルは、アメリカ国内の「国土安全保障（Homeland Security）」の確立である。これは、アメリカ国内でテロ事件を起こすテロリストの活動を阻止するためのあらゆる法制度の整備や諜報活動、監視活動、警報システム、事後対応などを確立することを目的とする。これは「対内的テロ対策（internal counterterrorism）」と呼ぶことができる。

（1）テロとの戦いを支える国家戦略

テロとの戦いを支えるのが政治的リーダーシップであり、それを支える戦略である。闇雲に戦うのではなく、テロと対峙するためには理念や戦略がなければならない。ブッシュ政権は二〇〇三年二月に『テロと戦う国家戦略』(*National Strategy For Combating Terrorism*)を発表したが、この中で有名なのが「テロと戦うための4D戦略」である。①テロリスト・テロ組織を打ち負かす(Defeat)、②テロリストへの支持、支援、協力を否定する(Deny)、③テロリズムを生み出す貧困などの社会環境をなくす(Diminish)、④国内外で米国民とその権益を防護する(Defense)の四点である。

また、国務省がテロリズムに関する報告書において九・一一以前から示していた「国際テロ対策の四原則」には、アメリカのテロリズムに対する姿勢が凝縮されている。

①テロリストに譲歩しない、取り引きしない、②テロリストの犯罪を法廷で裁く、③テロ支援国家の行動を変えさせるために、その国を孤立させ、圧力をかける、④アメリカと協力する国、また支援を要請してくる国の対テロ能力を向上させる、という四原則である。宮坂直史が述べるように、これら①非譲歩・非取引原則、②司法的解決原則、③テロ支援国家対策、④包括的協力国支援の四点には、ブッシュ子政権までの国際テロ対策に関するアメリカの態度が明確に表現されている。そして、この四原則がアメリカの主導する国際的取り組みの体制作りに色濃く反映されていることがわかる。その背景には、アメリカが歴史的に持つ「反テロリズム思想」がある(宮坂、二〇〇二)。

その後、こうしたテロとの戦いの理念は、ブッシュ・ドクトリン(Bush Doctrine)へと結実していくことになる。ブッシュ大統領は、イラン、イラク、北朝鮮を「悪の枢軸」と名指しし、国連を介さないアメリカの単独行動主義に傾いていった。

（2）テロに対する国際的取り組み

このような状況だからこそ、対テロ戦争などのハード・パワー（hard power）だけではなく、ソフト・パワー（soft power）としてのテロリズムに対する国際協力体制の構築の必要性が、近年増加している。しかしこのテロに対する国際的取り組みが九・一一以後、突然始まったわけではない。それは、八〇年代、九〇年代を通じてアメリカがリーダーシップをとりながら国際的に時間をかけて構築してきたものである。

例えばその一例がテロ支援国家指定である。これは、テロリストやテロ組織を支援する国家に制裁を科すことによって、テロ組織を弱体化させようとする取り組みである。アメリカは、一九七九年の輸出管理法（Export Administration Act of 1979）によりテロ支援国家の指定を開始した。国務長官の権限により、指定国に対して経済制裁などさまざまな制裁を科すことができる。さらに一九八九年反テロおよび武器輸出修正法（Antiterrorism and Arms Export Amendments Act of 1989）によって、テロ支援国家指定の条件や手続きが詳細に明記された。テロ支援国家に指定されたのは、一九九三年以降は九〇年代を通じてキューバ、イラン、イラク、シリア、リビア、スーダン、北朝鮮の七カ国であったが、その後、二〇〇三年のイラク戦争後、二〇〇四年にイラクが解除され、二〇〇六年の国交正常化にともなってリビアが解除、日本でも物議を醸した二〇〇八年の北朝鮮解除により、二〇〇九年現在ではキューバ、イラン、シリア、スーダンの四カ国となっている。

しかしながら、現代は、国家を超えた国際的ネットワークを通じて、テロ組織がグローバルな活動を行う時代となった。その中でアメリカは、国家を指定して間接的にテロ組織を弱体化させるのではなく、テロ組織を直接指定して制裁措置をとるアプローチを構築した。それが、国務省による「海外テロ組織」（Foreign

Terrorist Organizations：FTO）指定である。指定された海外テロ組織には、米国への入国禁止、国外退去、米国内の資産凍結などが科せられた。その根拠法が、一九九六年の反テロ効果的死刑法（Antiterrorism and Effective Death Penalty Act of 1996）である（宮坂、二〇〇三）。これらは、アメリカが世界のテロリスト、テロ支援国家と対決するための取り組みである。

　このような取り組みにもかかわらず、九・一一は発生した。その後、この国際的な流れはさらに強化されることになった。これらの国際的取り組みが、各国の法執行活動（law enforcement）に組み込まれ、河本志朗が指摘しているとおり、米国内でもテロの未然防止のため、入国管理が強化され、危険物持ち込みの規制が強化された（河本、二〇〇六）。入国管理の面でアメリカは二〇〇四年一月からビザ対象者に指紋採取と顔の画像撮影を行い、同年九月からはテロの要注意人物監視リストと照合して審査するシステム、米国訪問者・移民身分表示技術（Visitor and Immigrant Status Indicator Technology：US-VISIT）プログラムを開始した。また危険物持ち込みの規制に関しては、アメリカは二〇〇二年から海上コンテナ安全対策（Container Security Initiative：CSI）などの取り組みを開始している。さまざまな法執行活動により、テロリズムに対する法制度が整備され、テロリズムに関連する行為を犯罪化するための努力がなされている。一九八三年からすでに国務省によって実施されている反テロリズム支援プログラム（Anti-Terrorism Assistance Program：ATA）などのように、テロ資金対策、空港安全管理、人質救出などの訓練を協力国に支援する二国間アプローチ（bilateral approach）や、中東地域の大部分（一四カ国とパレスチナ自治区）を対象とした国務省による「中東パートナーシップ構想（Middle East Partnership Initiative：MEPI）のような多国間アプローチ（multilateral approach）が存在する。

こうしたテロ対策は各国の法制度の下で法執行活動として整備されるものであるが、アメリカ一国だけで実施してもテロの実行を阻止することは難しい。つまり、どんなにアメリカがテロリストの入国を入口で阻止しようとしても、世界中の国からの出口が自由であれば未然防止は困難である。また、テロリストにとっての逃げ場（セイフヘブン）や抜け道（ループホール）が世界のどこかで存在している限り、テロの脅威はなくならないのである。これが現代の国際テロリズムの問題であり、テロリズムがグローバル化することによって、テロ対策もグローバル化が求められることになる。こうして先進的なアメリカの取り組みが、国際的取り組みの中で自然とグローバル・スタンダードとして世界に普及していく構造がある。その中で、テロ対策能力の向上を国際的に支援するキャパシティ・ビルディングも国際的な協力体制の中で進んできた。

九・一一後の二〇〇二年六月の先進主要八カ国会議（G８）では、テロ対策のため、各国の出入国管理や、情報共有の強化が指摘された。また、G８におけるテロ対策も二〇〇三年のエビアン・サミットで創設された「テロ対策行動グループ」（Counterterrorism Action Group：CTAG）のように、国連テロ対策委員会の活動を支援する取り組みをはじめとして多様な国際テロ対策の実行に寄与している。

また、「テロリストによる爆弾使用の防止に関する条約」（International Convention for the Suppression of Terrorist Bombing）や、「テロリズムに対する資金供与の防止に関する国際条約」（International Convention for the Suppression of the Financing of Terrorism）、「核によるテロリズムの行為防止に関する国際条約」（International Convention for the Suppression of Acts of Nuclear Terrorism）など、国連とその安全保障理事会がこれまで行ってきたテロ対策への取り組みこそ、最も重要な国際的取り組みの一つである。こうした体制を運営するため、国連安全保障理事会によって構成されるテロ対策委員会（Counterterrorism

Committee）が設置され、さまざまなテロ対策の国際的協力体制が構築されている（坂本：二〇〇六）。こうした国際的協力体制の中でも、宮坂が指摘するようにテロ対策版の「トランス・ガバメンタリズム（trans-governmentalism）」的なアプローチの有効性が認められつつある。

アメリカではこの「War on Terror」という概念は、狭い意味での「対テロ戦争」と、幅広い意味での包括的な「テロとの戦い」という概念で混同されながら使用されてきた。「テロとの戦い」という用語は、本来「Combating Terrorism」という幅広い概念を示すものであったが、これがブッシュ政権における巧妙な使い分けによって、両者が概念的にも物理的にも相互作用しながら、テロ対策が進んできたといえる。

（2）青木冨貴子（二〇〇二）『FBIはなぜテロリストに敗北したのか』新潮社。一八頁より引用。

（3）本章での九・一一の詳細は主に独立調査委員会の報告書に負うところが大きい。The 9/11 Commission (2004), *The 9/11 Commission Report : Final Report of The National Commission on Terrorist Attacks upon The United States*, W.W.Norton & Company, Inc.（同時多発テロに関する独立調査委員会（二〇〇八）『九／一一委員会レポートダイジェスト―同時多発テロに関する独立調査委員会報告書、その衝撃の事実』松本利秋・ステファン丹沢・永田喜文訳、WAVE出版。）

（4）九・一一におけるジュリアーニ市長の対応については、以下の書に詳しい。GiuLiani, R.W. (2002), *Leadership*, Miramax Books.（ルドルフ・ジュリアーニ（二〇〇三）『リーダーシップ』楡井浩一訳、講談社。）三九頁より引用。

（5）The 9/11 Commission (2004) 前掲書より。

（6）アリ・モハメドのテロ活動については、Lance (2007) に詳しい。Lance, P. (2007), *Triple Cross*, REGAN/Harper Collins. を参照のこと。

（7）オサマ・ビンラディンやアルカイダの活動については、Cooley (1999) や Landau (2001) を参照のこと。Cooley, J.K. (1999), *Unholy Wars*, Pluto Press（ジョン・K・クーリー（二〇〇一）『非聖戦』平山健太郎監訳、筑摩書房。）,

Landau, E. (2001), *Osama bin Laden : A War Against the West*, Susan Schulman Literary Agency, Inc.（エレーン・ランドー（二〇〇一）『オサマ・ビンラディン』松本利秋監訳、大野悟訳、竹書房。）

（8）セイジマンがこのように多様なアプローチからイスラム・テロを研究できるのは、彼のこれまでの多様な経歴、キャリア・コースによるところが大きい。彼は医者という立場から、精神分析的手法、心理学的手法を扱うことができ、また、CIAで働くことでインテリジェンス活動を実践した経験を持ち、社会調査やフィールドワークなど社会学的手法を学んできた、これら人生のすべての経験がミックスされて、現在の彼のアプローチに活かされている。このように、テロリズム研究には、非常に多様な視点、手法が必要になる。セイジマンについては、以下の二冊の書を参照のこと。

Sageman M. (2004), *Understanding Terror Network*, University of Pennsylvania Press.

Sageman M. (2008), *Leaderless Jihad : Terror Network in The Twenty-First Century*, University of Pennsylvania Press.

（9）九・一一における消防士の活動については、ピッチョート&ペイズナー（二〇〇二）に詳しい。Picciotto, R. with Paisner, D. (2002), *Last Man Down*, Trident Media Group（L.L.C.. リチャード・ピッチョート&ダニエル・ペイズナー（二〇〇二）『九月一一日の英雄たち—世界貿易センタービルに最後まで残った消防士の手記』、春日井晶子訳、早川書房。）

二章　諜報――インテリジェンス改革

一　九・一一の予防失敗とインテリジェンス研究からの批判

二〇〇一年の九・一一以降、アメリカのテロ対策の再構築は、「なぜアメリカはこの九・一一を防げなかったのか」という問いから始まった。イスラム過激派によるテロ攻撃は七〇年代から発生し、オサマ・ビンラディン率いるアルカイダによるテロも九〇年代以降頻繁に発生し、アメリカ政府はインテリジェンス・コミュニティに対して、アルカイダを監視させていたのである。にもかかわらず、この九・一一を未然に防げなかったインテリジェンスのあり方が、根本的に問われることになった。

テロ対策のサイクルのスタート地点であり最も重要な問題が、この諜報＝インテリジェンスの問題である。本書でいう「インテリジェンス（Intelligence）」とは、政府などの組織によって実施される諜報活動、情報収集活動、防諜活動であり、それを実行する諜報機関は国家の中でもさまざまな部局に存在し、それらの総称をインテリジェンス・コミュニティ（Intelligence Community：IC）と呼ぶ。アメリカ合衆国法典の第五〇編「戦争と国防（War and National Deffense）」に第一五章「国家安全保障（National Security）」という章があり、その中に米国のインテリジェンスとそのコミュニティが定義されている。インテリジェンス研究者のジェフリー・リチェルソンは、インテリジェンスを、「自国の政策立案のために必要となる諸外国に関するすべての入手可能な情報収集と処理、統合、分析、評価、解釈からなる産物」と定義している（Richelson, 2008）。このように政府などの政策立案、計画のために要求が出され、それに対する情報収集から、処理、統合、分析、評価、解釈され政策化される過程をインテリジェンス・サイクルと呼ぶ。これが主なインテリジェンス・コミュニティの任務である。ローエンサールなどの欧米のインテリジェンス研究の中でも紹介される、孫子の代表的な言葉「敵を知り、己を知れば、百戦危うからず」こそ、インテリジェンスの神髄である。そして、世界中にバラバラに分散して存在している一見無関係のように見える事実をつなぎあわせ、因果関係や関連性を持たせながら解釈して、その背景にある筋書きや意図を解明するのがインテリジェンスの仕事である。

九・一一の独立調査委員会は、ＣＩＡが過去にアルカイダのテロ計画情報を何度も具体的に把握していたこと、航空機を使ったテロ事件の可能性を検討していたことなどを明らかにしている。これによってＣＩＡは批判の矢面に立った。ＣＩＡがアルカイダ対策を最初に提言したのは九三年で、八六年にすでに発足していたテロ対策センター（Counterterrorism Center：CTC）には九六年の段階でオサマ・ビンラディン専門チームが設置されている（落合、二〇〇五）。こうした責任は議会で徹底的に追及された。

この問いは、アメリカのインテリジェンス研究においても問題となった。国際学会であるＩＳＡ

(International Studies Association) 等の学会でのインテリジェンス研究も増加し、ジョンソンの『戦略的インテリジェンス』のようなインテリジェンス研究シリーズ本なども発刊された (Johnson, 2007)。インテリジェンス研究からの批判のきっかけとなったのは、学術誌『フォーリン・アフェアーズ (*Foreign Affairs*)』(二〇〇二年一・二月号) で発表された、コロンビア大学のリチャード・ベッツ教授の論文「Fixing Intelligence」であった。ベッツは、なぜアメリカのインテリジェンス・コミュニティが九・一一を防げなかったのか、そして、アメリカのインテリジェンスに具体的にどのような問題があったのかを考察し、アメリカにおけるインテリジェンスの失敗とその改善策を論じている (Betts, 2002)。ベッツの議論を中心に、さまざまな研究者から出されたアメリカのインテリジェンスの問題点を整理すると、以下の五点に集約される。

(1) 国際関係的要因——冷戦構造の終焉

CIAを中心としたインテリジェンス・コミュニティが整備されるきっかけとなったのは、米ソ冷戦構造という国際関係的要因である。冷戦期においてインテリジェンスの対象は超大国ソ連を中心とした東側諸国に集中し、その関係は数十年にわたって安定していた。さらに、その対象の中心は国家という単位であった。しかしながら、九〇年代前半のソ連崩壊により冷戦構造は終焉し、アメリカによる一国覇権主義の時代の到来により、危機は世界中の国家に拡散した。さらに、テロリズムの時代の到来により、その対象は国家だけでなく、テロ組織という非国家的単位もカバーすることになった。ベッツはこれまでのアメリカのインテリジェンス・コミュニティが、現代的なテロ・ネットワークの監視に対応し切れていなかったことも指摘している。アルカイダのようなテロ・ネットワークは、国家の軍隊や従来の大規模なテロ組織とは異なり、よく訓練されているにもかかわらず、小さい規模で、外国人同士によって形成され、世界中に点在するものが、緩やかにネットワーク化されているため、活動を捕捉しにくいのである。これは、CIAなどがこれまで構築してきた、外国のインテリジェンス機関との協力関係だけではカバーしきれなくなったことを示している。

(2) 人材的要因——外国語分析能力の問題

さらには、インターネットや電子メール、携帯電話などへのシギント（SIGINT）や、新聞や学術誌などのオシント（OSINT）、スパイ活動によるヒューミント（HUMINT）[10]などの諜報活動によって収集される膨大な海外の情報を分析するのに必要な、外国語を使える人材が、アメリカのインテリジェンス・コミュニティに欠乏していたことが指摘されている。これは、ベッツやグッドマンなど、多くの研究者が共通して指摘する点である（Goodman, 2003）。とくに、アメリカのインテリジェンスには、それまで、アラビア語を十分に扱えるスタッフが絶対的に不足していて、イスラム世界に関して分析しきれない情報量を抱えていたこと、また誤訳や言語の不理解によって情報分析や評価に失敗していたことが指摘されている。これは、インテリジェンスを担う人材の能力低下の問題である。ベッツは他国や異文化を理解し、専門知識を有する人材の教育と育成こそが重要であると指摘している。

(3) 組織構造的要因——情報共有の問題

さらにベッツが強調したのは、インテリジェンス・コミュニティの構造的欠陥であった（Betts, 2002）。

一九四七年国家安全保障法（National Security Act of 1947）によって構築された戦後のインテリジェンス・コミュニティ体制は、ＣＩＡやＦＢＩなどの機関が、中央情報長官（Director of Central Intelligence：DCI）を中心にネットワーク化されたものであったが、国防総省（ＤＯＤ）などの干渉により機能せず、各部局が独自に情報を収集し、分析したものがバラバラに政府に上げられることによって、インテリジェンス・コミュニティの中で情報収集や分析、評価の過程が共有されていなかった。このインテリジェンスのセクショナリズムが、これまでのインテリジェンスの失敗の根源であるという指摘である。これまで発生したインテリジェンス活動の失敗には、情報が収集されても、集約されず、分析されず、報告されず、という一連の失敗の連鎖のプロセスがある。太平洋戦争における真珠湾攻撃においても、アメリカは暗号解読などで察知可能な情報を持っていたにもかかわらず、対応できなかったという失敗を経験したが、この問題は九・一一の失敗と全く同じ失敗の構造を抱えている。ＣＩＡの持つアルカイダの情報や、ＦＢＩが持っていた航空機教習所での容疑者の情報など数多くの手がかりがあったにもかかわらず、あくまでも断片のまま放置され、一点に集約されて結びつくことはなかったのである。ハーマンもこの問題を指摘している（Herman, 2003）。

土屋大洋は、この問題をガバメント型組織とガバナンス型組織のギャップとして説明している。拘束力を持つ法制度による権利と義務の関係に基づき、組織の一貫性を維持しながら意志決定、合意形成されるガバメント型組織ではなく、現代のインテリジェンスには、主体性、自発性に基づき関与する行為者自身が目的意識を持って行う意志決定・合意形成システムであるガバナンス型組織が求められている（土屋、二〇〇七）。

（4）技術的要因――技術偏重によるヒューミント能力の低下

科学技術の進化に伴って、情報衛星による画像情報などのイミント（IMINT：主に国家偵察局＝ＮＲＯが担当）、「エシュロン」などのネットワーク網によるシギント（SIGINT：主に国家安全保障局＝ＮＳＡが担当）など、テキント（TECHINT）の側面でインテリジェンス技術が進化した。その結果、これらの技術情報に依存する傾向が強まる。もともと第二次世界大戦において米軍が行った日本やドイツに対する暗号解読作戦「マジック（MAGIC）」や「ウルトラ（ULTRA）」もシギントに属するものであり（Lowenthal, 2006）、その点では戦時におけるインテリジェンス活動の中心はシギントやイミントに偏るという傾向がある。さらに、クリントン政権下でＣＩＡの長官を務めた、ジェームス・ウルジー長官、ジョン・ドィッチェ長官はともに、情報衛星やネットワーク技術の諜報的利用によるシギントやイミントの強化にばかり力を入れ、その結果、実際の世界的な規模のテロ組織を対象としたヒューミントが疎かになったという指摘が多い。また、九〇年代のＣＩＡやＦＢＩで発生したエームズ事件などを代表とするスパイ事件の影響で、信用できない怪しい人材を採用しないというトリチェリ・ルールによって、ヒューミントの能力はさらに弱体化したといわれている（落合、二〇〇五）。その結果、ＣＩＡはアルカイダ、タリバンなどの新しい脅威に対して、スパイを浸透させることができなかった。北岡元もこのヒューミント活動規制の問題を指摘し、ヒューミントの重要性をはじめ総合的なインテリジェンス論を考察している（北岡、二〇〇六）。

しかしながらインテリジェンス活動において、この科学技術の活用は重要であり、それを今後のインテリジェンス改革にどのように活かしていくかが重要な課題となった。イギリスにおけるインテリジェンス研究の権威であるハーマンは、ＩＴ（Information Technology）がテロ対策とインテリジェンスを変化させる可能性について考察している（Herman, 2003）。戦争の分野において九一年の湾岸戦争から始まった軍事革命（Revolution in Military Affairs：RMA）において、徹底したＩＴ化によって装備と作戦を進化させた米軍が、ハード面、ソフト面ともに世界最強の軍事力を維持し、戦争が「ネットワーク戦争」の様相を呈している現在、それを実現させたデジタル・メディア、ネットワーク・システムなどＩＴのあり方が、インテリジェンス活動とコミュニティのあり方を変える契機となったのが九・一一であった。インテリジェンスの世界では、これまでもＮＳＡによるシギントや、ＮＲＯによるイミントなどにおいて個別の活動では電子化、デジタル化は確かに進んでいた。しかし、それらの個別の機関で収集された情報が集約されて分析されるという、インテリジェンスのネットワーク化は、遅れていたのである。その原因にはインテリジェンスという活動のもつ秘匿性や、コミュニティが複雑になりすぎた構造的問題、文化の差や縄張り争いなど、さまざまな要因が挙げられる（北岡、二〇〇六）。ハーマンが当時指摘したのは、個別の機関で収集された情報の断片が、組織を超えてネットワーク化され、情報共有が進むというインテリジェンス改革のアプローチである。彼の言う「諸システムを統合するシステム」アプローチは、ＩＴによって実現される。現代のインテリジェンス改革を考察する上で、この側面を見落としてはいけない。

（5）その他の要因――インテリジェンス失敗の反動

グッドマンは、九・一一におけるインテリジェンス活動の失敗を分析することの重要性を強調している（Goodman, 2003）。冷戦期における対ソ連の情報戦のためにつくられたＣＩＡの宿命でもあり、覇権国家アメリカの宿命でもあるが、インテリジェンス・コミュニティがアメリカ国外ばかりを見ていて、国内の活動を疎かにしたことを指摘した。また、特にＣＩＡは情報漏洩のリスクばかりを気にして、防諜（カウンター・インテリジェンス）を強化することに躍起になり、他のインテリジェンス機関に情報を渡すタイミングが常に遅くなる傾向もあった。この問題が、「Need to Know」原則から、「Need to Share」原則への移行という流れにつながった。

また、彼は「インテリジェンスの政治化（Politicization of Intelligence）」を特に批判している。これが発生するプロセスは、常にインテリジェンスの失敗から始まる。ＣＩＡは、九八年のインドの地下核実験の予測に失敗し、同年の北朝鮮によるテポドン発射実験の予測にも失敗している。これを批判されたＣＩＡは、その反動として第三世界における核開発を重点的に調べ上げる方針に転換し、失敗を恐れるあまり、微細かつ不明確な情報でも利用して危機を煽り、政策転換させるようになる。その結果が、九・一一以降のイランの核開発問題や、イラクの大量破壊兵器問題であり、ブッシュ政権はその情報にのってイラク戦争を開始した。その後、イラクの大量破壊兵器の情報が間違いであったことが明らかになる。このように、ＣＩＡは危機の予測や予防には失敗してきたが、情報を使って政策を動かす「インテリジェンスの政治化」には成功してきたという皮肉な歴史がある。とくに今世紀以後、ネオコン・グループに牛耳られたブッシュ政権とＣＩＡの間には共犯関係が構築されていたことは、『ニューヨーク・タイムズ』のジェームズ・ライゼンや、『ワシントン・ポスト』のボブ・ウッドワードらも示すとおりである。クリントン大統領時代には疎かな扱いを受けたジョージ・テネットＣＩＡ長官が、ブッシュ政権においても再任された結果、テネット長官がブッシュ大統領に取り入り、ＣＩＡ長官自身による情報ブリーフィングを毎日実施することを再開できたことにより、ＣＩＡとブッシュ政権のつながりが強化され、政策に多大な影響を与えたことをライゼンは指摘している。

また同時にライゼンは、一連のメディア技術の進化、メディア環境の変容によって、ＣＩＡのアナリストが研究者ではなく、レポーターになってしまったことの問題も指摘している。じっくりと長時間をかけて情報を収集し、分析、評価することによって分厚い報告書を書くＣＩＡアナリストの職能は本来、研究者に近い部分があるにもかかわらず、現在ではメディア環境の変容により、短く簡潔な情報が素早く単発的に求められるようになった。つまりＣＩＡアナリストがニュースのレポーターと同じ役割をするようになり、インテリジェンス活動が劣化したという指摘である。

その後のブッシュ政権におけるインテリジェンス改革は、こうした諸研究が指摘するベクトルに沿って進んでいくことになる。特にこのインテリジェンス・コミュニティの再構築は、ブッシュ政権におけるテロ対策の目玉の一つとなった。

二　アメリカのインテリジェンス・コミュニティの任務

アメリカのインテリジェンス・コミュニティは現在、全体で一六機関から構成される。総人員は一〇万人を超える巨大なコミュニティである。このコミュニティには大きく分けて四つの系統のインテリジェンス機関が存在する。その一番目がコミュニティの中心的役割を担う①中央情報局（ＣＩＡ）である。二番目の系統は、司法省の傘下にある②連邦捜査局（ＦＢＩ）である。三番目の系統が国防総省の傘下にある③国家安全保障局（ＮＳＡ）、④国家偵察局（ＮＲＯ）、⑤国家地球空間情報局（ＮＧＡ）、⑥国防情報局（ＤＩＡ）、

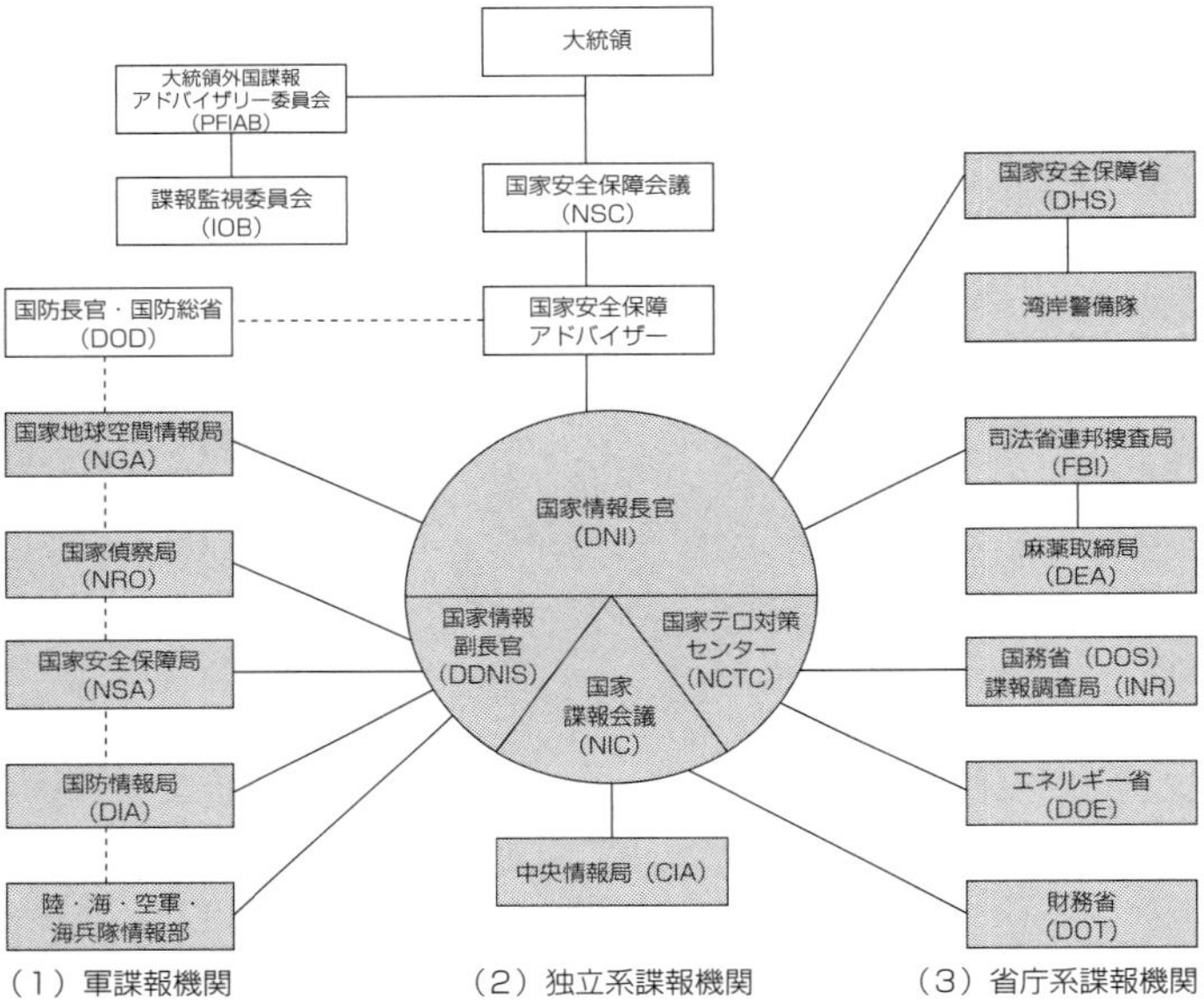

**図表２　アメリカのインテリジェンス・コミュニティのモデル図
（Johnson：2007 をもとに作成）**

そして陸海空海兵隊それぞれの情報局である⑦陸軍情報部、⑧海軍情報部、⑨空軍情報部、⑩海兵隊情報部である。そして最後の四番目の系統が、国土安全保障全体に関連する⑪国土安全保障省（ＤＨＳ）、⑫国務省（ＤＯＳ）の諜報調査局（ＩＮＲ）、⑬財務省（ＤＯＴ）、⑭エネルギー省（ＤＯＥ）、⑮湾岸警備隊、⑯麻薬取締局（ＤＥＡ）という各省庁単位の組織である（**図表２**）。

　このＦＢＩと各省庁単位の組織をまとめて一つとみなし、三つの系統にするまとめ方もある。これらのインテリジェンス機関が系統ごとにバラバラに存在し、個別に活動している。かつては、このインテリジェンス・コミュニティを統括していたのが中央情報長官

(ＤＣＩ)であり、これをＣＩＡ長官がかつて兼任していた。

そして、このインテリジェンス・コミュニティの任務にはさまざまなものがあるが、①秘密工作、②情報収集・分析、③防諜活動などが含まれる。

①秘密工作(covert action)には、積極的に諸外国の各地域に潜入して状況に働きかけ、自国にとって有利な方向に形勢を変えるために秘密裏に行われる工作なども含まれる。実際に、九・一一以後、世界各地のアルカイダのメンバーをＣＩＡが逮捕、拘禁、暗殺することを承認する認可に対して、ブッシュ大統領が署名している。これを大統領認可というが、ＣＩＡが秘密工作を行うときには、この大統領認可と、議会の承認が必要になる。スコット&ロサッティは、この対象国家に対する秘密工作を(Ａ)プロパガンダ、(Ｂ)政治工作、(Ｃ)経済工作、(Ｄ)準軍事作戦の四つに分類している(Scotto & Rosati, 2007)。さらにターナーは、このプロパガンダの中にはあくまでも合法的に、(ア)書物、出版や文化交流、メディア活動などを通じて行われるホワイト・プロパガンダや、(イ)対象国のジャーナリストなどを買収してアメリカに関する好ましい情報を恣意的に流させるようなグレー・プロパガンダ、(ウ)対象国に対して偽情報、デマを流布するようなブラック・プロパガンダのような三つのタイプに分類している(Turner, 2007)。アメリカはこのようなプロパガンダ活動を世界中において展開しており、それを担っているのもインテリジェンス・コミュニティの任務である。ＣＩＡがアルカイダに対して実行している作戦はまさにこの準軍事作戦であり、アメリカがイランやキューバなど敵対国の政権を揺さぶるために実施してきたさまざまな政治的介入や工作は、政治工作に含まれる。しかしながら、これらの工作が必ずしも首尾よくいくわけではなく、失敗例も多い。また、スコット&ロサッティは、これら秘密工作で歯止めが利かずに行きすぎる過程を「過激化するは

しご」(ladder of escalation) と呼んでいる。また、民主主義国家が行う秘密工作には矛盾点が多く、民主主義に対する秘密工作という手段の法的、道徳的矛盾である「政策ジレンマ」(Policy Dilemma) や、民主主義社会においては、秘密工作に対しても情報公開が求められる「説明責任ジレンマ」(Accountability Dilemma) などを指摘している。つまり、アメリカという民主主義国家は、民主主義を守り広めるためにその原則に反する秘密工作を行うというジレンマを抱えている。インテリジェンスやテロ対策には民主主義の原則に関わるジレンマが内包されているのである。そしてこれはアメリカに限ったことではなく、民主主義国家が普遍的に持つジレンマである。民主主義的価値である自由や人権、安全を守るためには、その民主主義の原則に反するインテリジェンスを実行せねばならないというジレンマである。この問題は本書の問題意識に深く関わるテーマの一つである。

次に②情報収集・分析とは、先に触れたインテリジェンス・サイクルに基づいた最も基本的なインテリジェンス活動である。自国の政策立案のために諸外国の情報を収集し、処理、統合、分析、評価、解釈というサイクルで計画のためのインテリジェンスを提供する。この章の考察の焦点はここにある。CIAを中心とするインテリジェンス・コミュニティの情報収集、情報分析は、政治家やジャーナリスト、研究者などからはあまり高く評価されていないのが現実である。グッドマンは、一九七三年の十月戦争、七九年のイラン革命、八〇年代ではイスラエルによるレバノン侵攻、ベイルートの米大使館テロ事件、九〇年のイラクによるクウェート侵攻などの失敗例を挙げ、CIAは重要な危機を全く予測することができなかったと批判している (Goodman, 2003)。

イラクの大量破壊兵器問題に対するCIAの情報収集、情報分析の失敗に関しては、亡命イラク人などの情報提供者からの虚偽の情報にCIAが依存していたことが明らかになっている。[11]「カーブボール」（曲者）という暗号名の亡命イラク人からドイツの情報機関が入手した情報を、CIAは間接的に入手し、それに依存していた。カーブボールはイラクのフセイン政権が大量破壊兵器をまだ保有していること、生物兵器を扱う移動式トラックを使用していると主張していたが、ドイツの情報機関はそれを信用しなかった。しかし、イラクへの開戦の根拠をほしがったブッシュ政権はこれを利用したのである。まさに「インテリジェンスの政治化」である。インテリジェンスの政治化はインテリジェンス・コミュニケーションのこうしたトップダウン的なベクトルの圧力で発生する。本来のインテリジェンス・コミュニケーションは現場から上がってくる情報を吸い上げて分析し、大統領に報告するボトムアップ的なベクトルでなければならない。イラク大量破壊兵器独立調査委員会は、このインテリジェンスの失敗の理由を、①諜報に利用する人的資産の杜撰な管理、つまりいい加減な情報提供者の利用の問題、②自分たちの理論に一致する情報だけを鵜呑みにするアナリストの修正の問題、③インテリジェンス・コミュニティの現場とそれを運営する政権上層部の間のコミュニケーション不全、④リーダーシップの質の悪さにあると指摘している。二〇〇四年、イラク大量破壊兵器調査団のデイヴィッド・ケイ団長は、詳細な調査の結果、大量破壊兵器が存在しなかったことを公表し、辞任した。

最後に③防諜活動とは、外国の諸機関、諸活動によって自国に対して行われるスパイ活動、インテリジェンス活動に対して防御する活動の総称で、カウンター・インテリジェンス（counter intelligence）と呼ばれる。CIAで最も有名で最大のスパイ事件は、エームズ事件である。CIA職員のオルドリッチ・ヘイゼン・エームズは、一九八五年にソ連から五万ドルの報酬と引き替えにCIAに協力していたモスクワ市民の名前を伝え、さらにはソ連関連のＣＩＡの情報を二〇〇万ドルの報酬と引き替えに渡した（Weiner, 2008）。一九九四年の逮捕までの八年間、彼のスパイ活動は続いた。こうしたソ連に通じたＣＩＡ職員の工作によって、対ソ連の諜報活動は歪められ、誤った対ソ連情報がレーガン政権、ブッシュ政権、クリントン政権に伝えられていたのである。こうした事態を防ぐためにも、カウンター・インテリジェンス活動は重要である。スタン・テイラーは、カウンター・インテリジェンスに必要な対策として、①雇用前の職員身辺調査、②在職中の職員身辺調査、③設備の保全、④通信の保全、⑤情報アクセス管理の保全、⑥シギントの活用、⑦裏切り者の訴追制度などを挙げている（Taylor, 2007）。高度な諜報活動を実施するほど、または敵対勢力との関係が悪化するほど、インテリジェンス・コミュニティに外部から浸透されるリスクは高まる。このパラドクスを解決するのは非常に困難であるが、重要である。

インテリジェンス・コミュニティの中には、秘密工作が中心の機関もあれば、情報分析が専門の機関もあり、防諜活動が主な任務である機関も存在する。これら三つの活動は互いに関連しているものの、全く異なる側面を持つ。九・一一に対するインテリジェンス・コミュニティの失敗の原因の一つとして、ＣＩＡが歴史的に秘密工作ばかりに時間と労力を割いてきたために、情報分析が疎かになり、弱体化したという指摘もある。

アメリカは規模的にはインテリジェンス大国といえるが、歴史的にはインテリジェンス後発国であり、能力的にも決して評価が高いわけではない。もともと、独立戦争におけるジョージ・ワシントンはインテリジェンスを巧みに利用したことが歴史的に示されているが、アメリカは戦争中にインテリジェンス機関を一時的に確立するものの戦後それを解体し、平時のインテリジェンス機関を持たない傾向があった（McNeil,

1996)。これは、平時から保安部（ＭＩ５）、ＭＩ６の名で知られる秘密情報部（ＳＩＳ）、政府通信本部（ＧＣＨＱ）を早くから運用してきたイギリスとは対照的である。その傾向は、リンカーン大統領が南北戦争（Civil War）において北軍を指揮した際、一八六一年に急遽設立した戦争省電信室のときからの伝統である。第一次世界大戦において対独戦で活躍した陸軍情報局第八部も、戦後はハーバート・Ｏ・ヤードレーが設立した暗号解読室・ブラック・チェンバー（Black Chamber）に改組され、一九二九年にはヘンリー・Ｌ・スティムソン国務長官によって廃止されている。第二次世界大戦の勃発により、一九四一年にはルーズベルト大統領が情報調整官（Coordinator of Information：COI）を任命し、情報調整局（Office of the Coordinator of Information：OCOI）が設置されたが、四二年には戦略情報局（Office of Strategic Services：OSS）に改組された。この中心人物が、インテリジェンス界の伝説の人物、ウィリアム・Ｊ・ドノヴァンである。そのＯＳＳも大戦中の華々しい活躍がありながら終戦と同時に四五年解体された。その後、中央情報局（ＣＩＡ）が設立されたのは、冷戦発生に対応した一九四七年国家安全保障法（National Security Act of 1947）が契機である（Lowenthal, 2006）。アメリカのインテリジェンス・コミュニティの本格的な始動は、冷戦期以降のことなのである。

三　ＣＩＡの改革

（１）ＣＩＡのインテリジェンス小史

アメリカのインテリジェンス・コミュニティの中心は間違いなく中央情報局（ＣＩＡ）であった。そのことは長らく中央情報長官（ＤＣＩ）をＣＩＡ長官が兼任していたことからも明らかである。一九四七年、ＣＩＡはトルーマン大統領の署名による国家安全保障法によって誕生した。しかしそれは突然誕生したものではなく、先に触れた第二次大戦中の戦略情報局（ＯＳＳ）を指揮するウィリアム・ドノヴァン将軍がすでに一九四四年の段階で、ルーズベルト大統領に対して戦後、そして平時の中央情報局を設置するように提案していたことから始まる。その後、ルーズベルト大統領の死去により就任したトルーマン大統領によってこのＯＳＳは廃止された。しかし、そのドノヴァンの意志はその同じトルーマン大統領のもとで実現する。トルーマン大統領が、一九四七年にトルーマン・ドクトリンを打ち出し、共産主義勢力との戦いを表明し、冷戦構造へ突入する過程の中で、ＣＩＡは誕生した。ＯＳＳからＣＩＡへの歴史的、人脈的なつながりがここに認められる。国家安全保障法によって規定されているＣＩＡ本来の任務は、第一に各省庁間でのインテリジェンス活動の調整機能、第二に安全保障に関するインテリジェンスの収集や分析機能、第三にインテリジェンスに関連したその他の任務の遂行であり、例えば秘密工作や防諜活動はこれに該当する（北岡、二〇〇六）。立ち上げの段階で、シドニー・スアーズ初代長官、二代目長官にホイト・バンデンバーグ長官と続き、三代目のロスコー・ヒレンケッター長官のとき、ＣＩＡは正式に発足する。ティム・ワイナーによれば、一五カ月で三人も長官が代わっているように、ＣＩＡ立ち上げの混乱期は、まだ誰もその長官にはなりたがらなかった時代であった（Weiner, 2008）。

ＣＩＡ設立後まもなくの一九五〇年、北朝鮮軍による南進に端を発した朝鮮戦争の勃発を予測できなかった責任によりヒレンケッター長官は更迭され、後任の第四代ＣＩＡ長官として指名されたのがウォルター・ベデル・スミス長官である。そのスミス長官がＣＩＡの分析能力の向上のために、ＣＩＡに迎えたのがシャーマン・ケントである。シャーマン・ケントはインテリジェンス活動から離れ、すでにイェール大学教授として一九四九年に『米国の世界政策のための戦略的インテリジェンス』を著したインテリジェンス研究の専門家であった。その後、ＣＩＡはケントが志す戦略的インテリジェンスを目標として、体制を確立していくことになる。ケントは一時期研究者であったからこそ、そのことがＣＩＡの任務を概念化し、構造化することを可能にした。彼のいう戦略的インテリジェンスとは、国家安全保障のために必要な戦時と平時を分けない高度に戦略的な知識のことである（Kent, 1949）。そして秘密工作などで得られた情報と、オープンソースの情報によるリサーチの両面における分析・評価のバランスを強調する。国際関係上の高度な政治的情報に対して積極的、能動的にコミットメントし、収集した情報から対象国の現状や将来を推測、評価する。その後、このケントの情報分析に主眼をおいたインテリジェンス哲学はＣＩＡの本来あるべき理念の一つとなっていく。

ＣＩＡの主要任務である、インテリジェンス機関の調整、情報収集・分析、秘密工作、防諜という任務は主にソ連を中心とした共産圏を対象にスタートしたことは周知の事実である。そのスタートには、第二次大戦の被害を修復し、自由主義社会を復興するためにヨーロッパやアジア各国に莫大な資金を投入したマーシャル・プランが関わっていたこともよく知られている。当時のＣＩＡの世界的な秘密工作の資金の多くは、このマーシャル・プランから捻出されていた。そこにはアメリカ史上著名な外交官であり歴史家のジョージ・ケナンも深く関わっている。初期の秘密工作担当者フランク・ウィズナーやケナン、アレン・ダレスらを中心に、イタリアやフランスの労働組合対策や、ラジオ放送を使った政治的プロパガンダのための「ラジオ・フリー・ヨーロッパ構想」などが実行に移されている。

一九五〇年代の秘密工作で最大の成功例は、イランのモサデク政権転覆工作である。スミス長官から引き継いだアレン・ダレス長官は、イランにおけるソ連の影響力を排除するため、軍事クーデターによりモサデク首相を拘束し、ザヘディ新首相を擁立、その後、モハンマド・レザ・シャー・パーレビによる王政に復古させるエイジャックス作戦を計画した。そのために、担当者のキム・ルーズベルトを中心としたＣＩＡは時間をかけてイラン陸軍や国会議員への買収工作を実行し、買収で仕組まれたデモや暴動で無政府状態を演出し、モサデク政権の腐敗、ソ連寄りで反イスラム的な態度を宣伝するために莫大な資金を用いてパンフレットやポスターを作成し、イランの新聞や世論を誘導したことが明らかになっている（Weiner, 2008）。こうした全面的に国政に介入して傀儡政権を構築するＣＩＡの秘密工作は歴史的に世界各国で実行され、成功や失敗を繰り返している。しかし長期的に見れば、イランではその後ホメイニ師による七九年のイスラム革命やアメリカ大使館人質事件の発生など、現代の対立関係につながっていることを考えると、短期的で戦術的な成功が、長期的で戦略的な成功に必ずしもつながるわけではないことは明らかである。またこのエイジャックス作戦下におけるイランの混乱した情勢は、二〇〇九年の大統領選挙後のイラン反政府運動の高まりにも酷似していることは興味深い。

こうした秘密工作の成功により、アレン・ダレス長官の時代からＣＩＡにおいて情報収集・分析より秘密工作が優先される文化が定着してしまったといえる。その後、ハンガリーで共産党政府への反対運動が過激化したハンガリー動乱においても、ＣＩＡによるラジオのフリー・ヨーロッパ放送による煽動があったことが明らかになっているが、その秘密工作においても、ソ連がどのような対応をとるかという情報分析においてＣＩＡは失敗した。アイゼンハワー大統領の時代、ＣＩＡはインドネシアのスカルノ政権打倒やキューバのカストロ暗殺計画などを実行しているが、結果的にこれらの秘密工作は概して失敗している。

ＣＩＡの秘密工作は、六〇年代に入っても続いた。アイゼンハワー大統領から政権を引き継いだジョン・Ｆ・ケネディ大統領は、キューバ問題もそのまま引き継ぐ形になり、亡命キューバ人部隊を使ってキューバを侵攻し、革命によって成立したカストロ政権を崩壊させるピッグス湾侵攻作戦を六一年に断行した。しかし、ＣＩＡによるずさんな計画、大統領の逡巡による爆撃の遅れなどによって作戦は失敗し、米軍に多大な被害をもたらした。その後、ジョン・マコーン長官が就任し、ＣＩＡの立て直しに着手する。ＣＩＡの士気を高め、信頼を回復するためである。しかしその直後、ＣＩＡとケネディ大統領はアメリカにおける戦後最大の危機であるキューバ・ミサイル危機に直面する。これもＣＩＡが秘密工作に躍起になっていたため、国際的な情報収集と分析、評価が疎かになった結果の一例である。ソ連がキューバに核ミサイルを配備する計画、そして冷戦崩壊後明らかになった事実として、すでに配備済みであったことをＣＩＡは把握できなかった。大量のソ連船舶のキューバ入港や、ロッキードＵ２偵察機によるミサイルの発見によって危機が発生、核戦争の一歩手前まで事態は悪化したが、ケネディ大統領とフルシチョフ首相の交渉と妥協により、この危機は回避された。しかし、ＣＩＡの失態は明らかで、ケネディ大統領との対立が深まることとなった。その対立もケネディ大統領暗殺事件によって幕が引かれた。この暗殺事件の真相は未だ闇の中である。

七〇年代のニクソン政権では、ＣＩＡを中心とするインテリジェンス・コミュニティがスキャンダルにまみれ、メディア報道のターゲットとなった。詳細は本書の六章で紹介するが、その代表例が七一年のペンタゴン・ペーパー事件と七二年のウォーターゲート事件である。ウォーターゲート事件への調査妨害を拒否したリチャード・ヘルムズ長官はニクソン大統領によって更迭され、続くジェームズ・シュレジンジャー長官によって、五百人もの分析官、千人を超えるスタッフが解雇されるCIAの大刷新が断行された。このように断行されるスタッフの刷新によって、CIAの中で蓄積された経験や情報は断ち切られる。これがさらにCIAの情報収集能力、情報分析能力を低下させるという悪循環が繰り返されるのである。その後アメリカは、フォード政権、カーター政権を通じて、CIAは情報分析において失敗を繰り返すことになる。七四年にはインドの核実験実施を見逃し、七九年のイラン革命を抑えることができなかった。そして、八〇年のソ連によるアフガニスタン侵攻を察知することもできなかった。

八〇年代のロナルド・レーガン大統領の政権を揺るがしたのは、CIAによるイラン・コントラ事件であった。イスラム革命、人質事件後にアメリカにとって敵対国であったイランに極秘裏に武器供与を行い、その収益を使ってニカラグアの反政府組織コントラに武器援助した秘密工作である。時のウィリアム・ケーシー長官だけでなく後に大統領となる元CIA長官のジョージ・H・W・ブッシュまでも巻き込んだ政権最大のスキャンダルに発展したため、その後、CIAの秘密工作は弱体化し、さらにその秘匿性が高められる結果をもたらした。その後、世界は九〇年代を迎え、ソ連をはじめとする共産圏の崩壊により、冷戦構造が終結するとともに、CIAの現在まで続くさらなる迷走が始まったのである。

(2) ブッシュ政権のCIA改革

九〇年代のクリントン政権において、ウルジー長官やドイッチェ長官のもとでさらに弱体化したCIAを強化し、再構築する機会となったのが九・一一であった。ブッシュ政権は、インテリジェンス・コミュニティを強化する政策の一環として、CIA改革を実行した。一九九七年から二〇〇四年の間、CIA長官を務めたジョージ・テネット長官は、二〇〇三年五月にCIAのもとにテロ脅威統合センター（Terrorism Threat Integration Center：TTIC）を創設した。ここで、テロリズムの危険情報を総合的に分析して警戒情報を作成する。これはインテリジェンス・コミュニティにおいて分散していたテロリズム関連のインテリジェンス活動を統合するための措置であった。このTTICのスタッフはCIAとFBIの職員六〇人で発足し、その後三〇〇人に増員された。しかしながら、このテロ脅威統合センターは本来、テロリズムの脅威を分析するインテリジェンス機関であるのならばテロ対策と国土安全保障を統括する国土安全保障省（DHS）に置かれるべきものであったはずである。にもかかわらず、このテロ脅威統合センターがDHSに一元化されなかったことの理由は、ブッシュ政権が直面した国際的テロリズムの問題と、「テロとの戦い」、「対テロ戦争」が構造的に持つ問題に起因する。つまり、現代のテロリズムの問題は、国土安全保障に限定された対内的テロ対策に限らず、アメリカにとって脅威となる国際テロ・ネットワークの問題、対テロ戦争などの対外的テロ対策ともつながっており、国土安全保障省の管轄を超えた広がりを持つのである。つまり、テロリズムに対するインテリジェンスは、国土安全保障に限らず、外交から戦争までを含んだ国際関係全体に拡大されたため、その両面をカバーできるCIAのもとで運営されることとなった。この要因が、さらに巨大なインテリジェンス・コミュニティの統合の必要性につながる。

しかし、二〇〇四年にポーター・ゴス長官が就任したことにより、CIA内部の改革と運営は停滞したといわれている。ゴス長官はCIA作戦本部のケースオフィサー出身で、下院諜報委員会委員長を務めるなどインテリジェンスに関わってきた経験を買われたことによって、CIAの立て直しを期待されてブッシュ大統領から指名された。しかしながら、ゴス長官の手法や人事がCIA内部から不評であったこと、ブッシュ政権の中のブッシュ・サークルと人間関係上うまくいかなかったことなどにより、小さな摩擦が積み重なりスキャンダルに巻き込まれる。その結果、在任一八カ月という短期間での辞任に追い込まれた。

続いて〇六年五月に就任したのが、マイケル・ヘイデン長官である。ヘイデン長官は、空軍情報局司令官などを経て九九年にNSA長官に就任した経歴を持つ。そこで〇一年の九・一一を経験し、軍事方面が中心であったNSAの活動をテロ対策の表舞台に引き出し、評価を高めた。さらに、ヘイデン長官はNSAが行っていた外国または外国人への通信傍受や、国内の民間人への令状なしの違法通信傍受活動を実行し、プライバシーなどの人権問題の面から非難の矢面に立った。この違法な通信傍受活動の問題は、軍事的アプローチをとるNSAが国内のテロ対策に取り組むというインテリジェンス活動の構造的欠陥に起因することを忘れてはならない。その後、彼はネグロポンテ国家情報長官（DNI）のもとで、国家情報副長官に任命された。CIA長官という文民の情報機関に、ヘイデン長官のような軍人が就任するのはカーター政権時代のターナー長官以来のことであったが、その異例の人事を実現させたのは、軍事作戦である対テロ戦争という対外的テロ対策と、国土安全保障という対内的テロ対策が交差した、ブッシュ政権の「テロとの戦い」の論理である。

CIA内部の改革は少しずつ進んでいるように見えながら、現段階では全体的に停滞している状況である。アメリカのインテリジェンス・コミュニティの歴史は、縄張り争いと組織改革の繰り返しであり、組織改革は機構いじりだけの失敗に終わることも多い。CIA内部でも、これまで長い間、①作戦本部、②情報本部、③科学技術本部、④管理本部の間で縄張り争いが続けられてきた。九・一一以降のCIA改革によって、この管理本部は一度解体され部局がそれぞれ統括執行官に直属する組織形態に変更された。その後再びこれらの部局は改編されて支援本部が発足した。さらに〇五年一〇月には、ＣＩＡに国家機密工作部が誕生した。それはこれまでＣＩＡの中心であった作戦本部を改編したもので、インテリジェンス・コミュニティのあらゆる情報機関がそれぞれ実施している国外でのヒューミント活動を、作戦支援として統括するという任務を持たされた。他方で科学技術本部と、情報本部は名称こそそのままであるが、対テロ戦争、国土安全保障の強化のために、科学技術本部ではさらなるハイテク装備、ＩＴ技術の進化が進められている。また情報本部では、テロ分析室（ＯＴＡ）の機能を強化し、国家機密工作部におけるテロ対策センター（ＣＴＣ）との連携を強めている。

九・一一独立調査委員会が二〇〇四年七月に出した報告書には、アメリカにとって重要なテロ対策に関する提案が盛り込まれていた。その中で主要なものが、インテリジェンス・コミュニティを中央情報長官（ＤＣＩ）に代わって統括する国家情報長官（Director of National Intelligence : DNI）の創設、国家テロ対策センター（ＮＣＴＣ）の設置とテロ対策に関する情報共有を実現するネットワーク・システムの構築であった。つまり、インテリジェンス・コミュニティの中心をＣＩＡという一機関から、新しいＤＮＩとＮＣＴＣへ移行するという大改革である。これから、この二つの点について考察したい。

四　国家情報長官（ＤＮＩ）の創設

ブッシュ政権が断行したインテリジェンス・コミュニティの改革において最も大きな変化の一つが、二〇〇四年八月の国家情報長官（Director of National Intelligence : DNI）の創設である。先にも述べたように、それまではインテリジェンス・コミュニティのトップは中央情報長官（DCI）というポストで、CIA長官がこれを兼任する形であった。CIA長官が中央情報長官を兼任することの弊害として、中央情報長官の言動がCIAに偏重してしまう点や、インテリジェンス機関の多くを握る国防総省と対立してきた結果、インテリジェンス・コミュニティ全体をコントロールする権限を持てなかったことが指摘されている。その問題の根源は、この中央情報長官の存在を定めた国家安全保障法において、この中央情報長官にどのような権限があるか具体的に定められなかったことにある。そうなった理由は、インテリジェンス・コミュニティをコントロールする特権を法で縛らず、フリーハンドな状態を残しておくことの効果が期待されたことが大きいが、その弊害の方がより大きかったことを歴史が証明したことになる。こうしてCIA長官の職と、中央情報長官の職は分離することが決定された。

〇四年のインテリジェンス改革とテロリズム防止法（The Intelligence Reform and Terrorism Prevention Act : IRTPA）により、インテリジェンス・コミュニティ全体を統括するポストとして新しく国家情報長官（DNI）が設置され、その初代長官に、ジョン・ネグロポンテが就任した。ネグロポンテ長官は駐イラク大使としてイラク政策を指揮し、国連大使の経験を持つことが評価されての抜擢であった。この人事には、対テロ戦争の文脈において戦争とテロリズムの問題がリンクするイラク政策と関連させて、ブッシュ政権がインテリジェンス・コミュニティの大改革をはかろうとする意図が色濃く反映されている。

この国家情報長官のポストは、同時多発テロ事件を検証した九・一一独立調査委員会が、インテリジェンス・コミュニティ改革として提案したものである。米本土への危機を回避する、国土安全保障のための統合的なインテリジェンス活動が任務であり、インテリジェンス・コミュニティの統合と情報共有のための対策である。国家情報長官は大統領直属の立場で、情報機関全体を統括する強力な権能を持つ。一六機関の予算権と人事権を握り、情報収集活動の総指揮にあたる。これまでＣＩＡ長官が毎日行ってきた大統領へのブリーフィングも、国家情報長官の任務となった。このブリーフィングで使用される大統領日次報告（President Daily Brief：PDB）の作成、編集も国家情報長官の任務である。また、インテリジェンス・コミュニティ全体の活動報告でもある「国家情報評価（National Intelligence Estimate：NIE）」も、国家情報長官の直属である国家情報会議（National Intelligence Council：NIC）が作成している。その後、この国家情報長官には〇七年にマイク・マコーネルが就任し、〇九年のオバマ政権において、デニス・ブレアが就任した。

国家情報長官は当初、インテリジェンス活動のための実働部隊をほとんど持たないシステムが想定されていた。インテリジェンス・コミュニティのメタレベルにあって、それを全体的に統括するという調整機能、情報集約機能の役割が国家情報長官に求められたのである。しかしながら、この改革が組織いじりだけに終わらないようにするためには、もう一段階の改革が必要であった。それは、この国家情報長官の下に、インテリジェンス・コミュニティの調整機能、情報集約を実現させるための実働部隊となりうる機関を立ち上げることである。それは、ＣＩＡやＦＢＩ、ＮＳＡなどからも独立した機関でなければならなかった。

五　ＮＣＴＣ――インテリジェンスの統合と情報共有

九・一一の三年後、二〇〇四年八月にブッシュ大統領の大統領令によって国家テロ対策センター（National Counterterrorism Center：NCTC）が設立された。アメリカ政府のテロ対策の中心として、世界のあらゆるテロ、テロ対策に関連する情報をここに集約して分析し、テロ対策に関する「戦略的作戦計画（Strategic Operational Plan : SOP)」を作成するのがこのNCTCの役割である。同年一二月、このNCTCは「インテリジェンス改革とテロリズム防止法（The Intelligence Reform and Terrorism Prevention Act : IRTPA)」において成文化され、NCTCは国家情報長官（DNI）の直属として位置づけられた。NCTCは、ヴァージニア州マクリーンに存在する。現在の長官は、マイケル・リーターである。彼は〇七年一一月より長官代理に就任していたが、〇八年六月に長官に任命された。約二、〇〇〇人のスタッフを抱える機関で、X型の建物は何重もの警備で守られている。

NCTCの任務は大きく三つに分けられる。一点目は、テロリズムに関する情報の分析と統合を行う対テロ・インテリジェンス活動である。この活動に関してNCTCは、アメリカ政府の中心的役割を担う。九・一一後のテロ対策、インテリジェンス改革の中心の一つが、このNCTCの発足と構造改革であるといってよいだろう。NCTC長官は、国家情報長官にテロリズム情報を定期的に報告する立場にある。NCTCは国家情報長官のテロ対策に関する情報収集・分析の主要なアドバイザーとして機能しており、国家情報長官に対してインテリジェンス活動、プログラム、予算提案などの面において大統領方針の優先事項に適合させながらテロ対策を遂行していくための、助言を行っている。

国防総省や国務省、DHSやその他インテリジェンス・コミュニティ全体から人員が派遣され、NCTCの専属メンバーとともにテロ対策にあたっている。テロ対策の面でNCTCとパートナーシップを構築しているのは、司法省、国務省、国防総省、国土安全保障省、CIA、FBIなどの専門省庁と、その他の独自の専門分野と知識をもつ団体、たとえば、エネルギー省、財務省、農務省、運輸省、厚生省である。インテ

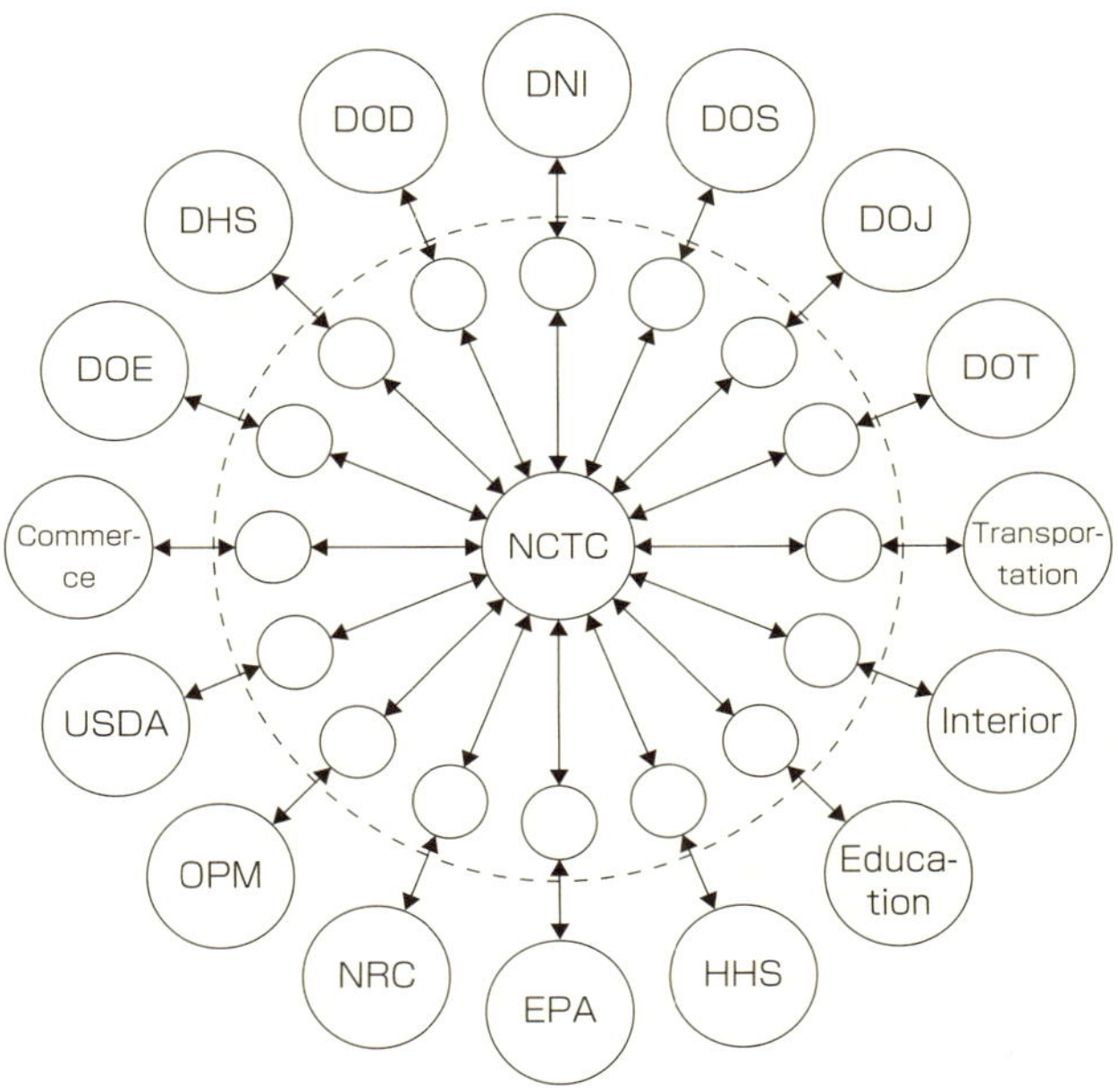

図表３　16省庁の人と情報が集約されるＮＣＴＣのモデル図

リジェンス・コミュニティにおいて求められる改革には、この「人事交流」も含まれる。

そして人だけでなく、各省庁からテロリズム、テロ対策に関連する情報がこのＮＣＴＣに集約される。ＮＣＴＣにとって二点目の主要任務は、テロリズム、テロ対策について関連省庁の中心となって、「情報共有」を行い、多省庁間の調整役となることである。ＮＣＴＣは省庁の垣根を越えたテロリズム情報センターのような役割を担っている。そのため、ＮＣＴＣ内のテロ対策業務のための情報ネットワーク・システム、また、ＮＣＴＣと他の機関の間でも、テロリズム情報が共有されるための情報ネットワーク・システムが構築されている（図表３）。これらのネットワーク化された省庁関係を維持するためには、定期的な会議、会合が必要である。例えば、世界のテロ組織とその能力、計画、意図、脅威について検討する省庁間会議を開催し、議長を務めるのもＮＣＴＣの役割である。またその他にもたくさんのテレビ会議が開催されるがその運営もＮＣＴＣが主導する。ＮＣＴＣでは、毎朝八時に合同ミーティングがあり、一日に三回定期的にテレビ会議が実施されているという。これらはすべて情報共有のための努力である。職員はＮＣＴＣ専属スタッフが二割、外部の省庁からの出向スタッフが八割を占めるが、ＮＣＴＣにおいて、いかにして各省庁から優秀なスタッフを集め、そして実質的価値のある業務を遂行できるかが、ＮＣＴＣが抱えている問題である。(12)

筆者はＮＣＴＣ高官に対してもインタビューを実施したが、彼は次のように語った。

「テロ対策とは総合的な活動であるため、すべての関係省庁から人が集まって、場所と時間を共有して一緒にやることが重要である。そしてバラバラだった省庁の相互交流が可能となり、三年たって自分の省庁に戻ってから、ＮＣＴＣでの経験を活かすことにも大きな意味がある」。

そして、ＮＣＴＣの三つ目の任務は、インテリジェンス活動において統合した情報を分析した後、テロ対策活動に関する「戦略的作戦計画（ＳＯＰ）」を立てることである。これはアメリカに多数存在するインテリジェンス・コミュニティにおいて、テロ対策業務をリードすることを意味する。インテリジェンス・コミュニティ（Intelligence Community）に対して、テロ対策に関連する諸機関のことをテロ対策コミュニティ（Counterterrorism Community）と呼ぶことがあるが、ＮＣＴＣはこのテロ対策コミュニティの業務を調整し、統合する役割も果たす。「対テロ戦争」「テロとの戦い」の中で、戦略的業務計画が有効に機能するようにテロ対策コミュニティにおいてメタレベルでデザインし、査定する機能を持つのがＮＣＴＣである。こうして構築された戦略的作戦計画は、ＮＣＴＣ長官から大統領に報告される。対外的には『*2007 NCTC Report on Incidents of Terrorism*』というレポートを発刊している。

具体的にいえば、これまでＣＩＡやＦＢＩなどのそれぞれのテロ対策部門にはそのセクショナリズムによって障壁が存在していたが、ＮＣＴＣのもとにあらゆるテロ対策コミュニティがネットワークで結合され、情報共有のためにテロ対策コミュニティのテロ情報へのアクセスを促進する役割を果たす。さらには、この諸機関において共有された情報の優先順位やオーソライズを行う。それぞれのインテリジェンス機関には、それぞれ異なる任務や特徴があり、そのためテロ対策に関しても、互いにギャップやオーバーラップがあるという問題があるが、そのギャップやオーバーラップを解消し、任務の効率化を図ることがこのＮＣＴＣの存在意義である。ＮＣＴＣは、テロ対策コミュニティにおいても、テロリズム、テロ対策の情報ネットワークの中心的存在なのである。

現在、こうしたＮＣＴＣを中心にしたインテリジェンス活動を支援するネットワーク技術の開発が進められ、業務を支援するいくつかのネットワーク・システムが構築されている。その中には、政府高官の一部やインテリジェンス・コミュニティのトップレベルしかアクセスできない、通称「シークレット・システム」と呼ばれる最高レベルの機密性が保持されているシステムから、「ＮＣＴＣオンライン（NCTC On-Line）」と呼ばれる比較的広くスタッフに公開されているシステムまで、その秘匿レベルに階層性が存在する。「ＮＣＴＣオンライン」はＩＤとパスワードを保有することが許可されるスタッフであれば、幅広いスタッフが直接アクセス可能なもので、ユーザーには政府内の関係機関を中心に、ＦＢＩの対テロ特別捜査班や、国防総省の対テロユニットなども含まれる。

また、世界のテロリスト、テロ組織のプロファイル情報は、ＮＣＴＣの「テロリスト認証データ環境（Terrorist Identities Datamart Environment：TIDE）」と呼ばれるネットワークにおいて蓄積され、データベース化されていて、それを構築、管理するのもＮＣＴＣの重要な任務である。このＴＩＤＥには世界中のテロリストのプロファイル・データが保存されている。一説によれば、このリストは三〇万人以上に及ぶという（Kessler, 2007）。このネットワークはＮＣＴＣ内部だけでなく、その他のＣＩＡやＦＢＩなどのテロ対策コミュニティの間で共有されている[13]。実際、運輸安全局（ＴＳＡ）の航空機搭乗禁止リストの根拠にもなっているデータベースである。ＮＣＴＣでは毎日午後三時にこのデータベースの情報がアップデートされ、スタッフはそれを確認することが義務づけられている。このシステムも、現在、「レイルヘッド（Railhead）」というテロ防止ＩＴプロジェクトによって、バージョンアップされようとしている。レイルヘッド・システムは、ＸＭＬプラットフォームを使ってさまざまなインテリジェンス機関のデータ・ソースを統合するシステムであるが、膨大な情報量と、システムの複雑さから、このシステムの完成には五億ドルを超える膨大な予算と、時間、労力が投入されているにもかかわらず、未だその完成に至っていない。まさにインテリジェンス活動とそれを支援するネットワーク・システムやデータベースは、完成することのない「バベルの塔」のようであり、そのため議会や委員会において批判の対象となることも多い。オバマ政権においてもこのＮＣＴＣの役割に変化はない。またオバマ政権の誕生後一年しかたたない現段階では、まだこのＮＣＴＣの活動も発展途上であり、その評価にはこれから数年を要するだろう。

六　ＮＳＡ——情報監視体制の強化

二〇〇一年の九・一一以降、「テロとの戦い」、「対テロ戦争」というスローガンを掲げたブッシュ・ドクトリンにおいて、テロリズムと戦争の区別は困難になった。それによって、テロ対策における、国家安全保障局（ＮＳＡ）の役割は相対的に高まったということがいえる。この章の最後は、このＮＳＡにおけるテロ対策とインテリジェンス活動の現況について概説しておきたい。

一九五二年一一月に設立された国家安全保障局（ＮＳＡ）は、現在は国家情報長官（ＤＮＩ）によって統括されるアメリカのインテリジェンス・コミュニティの中核組織の一つであり、海外情報通信の収集と分析を主な任務としている。ＮＳＡの前身は、軍保安局（Armed Forces Security Agency：AFSA）であり、一九四九年五月に国防総省の部局として統合参謀本部指揮下に設置されたものである。軍保安局は分散するいくつかの軍情報部隊（Army Security Agency, Naval Security Group and Air Force Security Service）の通信諜報および電子諜報活動を指揮監督することになっていた。しかし、当時の軍保安局は能力不足であり、調整機能が不足していた。その後、トルーマン大統領が暗号解読、暗号作戦能力の強化のために国家安全保障会議によって一九五二年にＮＳＡを設置した。しかしながら、一九九九年頃までその存在は公然の秘密とされていた。映画『エネミー・オブ・アメリカ』などにおいてＮＳＡが影の権力組織として描かれたのはそのためである。

ＮＳＡの特徴はシギント（SIGINT：Signal Intelligence）と呼ばれる電子機器を使った情報収集活動とその分析、集積、報告に重点を置いていることである。ＮＳＡはイギリスの政府通信本部（Government

Communications Headquarters：GCHQ）やカナダ、オーストラリア、ニュージーランドとともに「エシュロン（Echelon）」を運用しているといわれている。このエシュロンとは、世界のさまざまな地域における無線、電話、電子メール、インターネットなど情報通信技術上の電子情報を通信傍受するシステムのことである。このエシュロンについても、米国内外で一時話題となったため、公然の事実でありながら、しかしながら誰もその真の実態は知らないという状態が続いている。こうしたNSAの活動を長年の取材活動によって明らかにしたジェイムズ・バムフォードは一九八二年に『パズル・パレス』、二〇〇一年に『すべては傍受されている―米国国家安全保障局の正体』を世に出している。ともにNSAの活動を歴史的に解明した調査報道の大作である。こうしたジャーナリズムの調査報道の努力などにより、NSAの実態は少しずつ明らかとなってきた。

二〇〇一年の九・一一以後、当時のマイケル・ヘイデンNSA長官の活躍によって、テロ対策においてもNSAの存在が注目されるようになった。このマイケル・ヘイデンはもともと空軍少将であったが、一九九九年二月にクリントン大統領によって指名され、NSA長官に就任した。そして九・一一によって、このNSAはテロ対策の表舞台に立たされることになる。それまでの冷戦構造の中ではNSAが通信傍受などの工作を実施してきたソ連、ロシアなどの超大国は、明らかに物理的に見えやすい相手であった。しかしながら、冷戦構造の崩壊により、テロリズムの時代が到来し、NSAの相手はどこに存在するかわからない、または世界中に点在しているテロリスト、テロ組織になったのである。これによって、NSAの通信傍受活動は非常に困難を強いられた（Russell, 2007）。マシュー・M・エイドによれば、二〇〇一年以降、テロとの戦いのためにNSAの予算は年間約五〇億ドルずつ増加し、二〇〇二年から二〇〇四年までの間に三、五〇〇人もの文民スタッフが新しく雇用されたという。その結果、ＮＳＡは制服組と文民を合わせて三万五、〇〇〇人を超えるスタッフを抱えることになった。こうした国を挙げたブッシュ政権によるＮＳＡの強化により、ＮＳＡはテロ対策のための通信傍受を積極的に展開した。それこそ、エイドが言うように、インターネットから携帯電話、ブラックベリーやｉＰｏｄまでがＮＳＡの監視対象となった（Aid, 2007）。

このＮＳＡにおけるインテリジェンス活動の実態が、近年注目されたのは、あるメディアの一つの報道がきっかけであった。二〇〇五年一二月一六日の『ニューヨーク・タイムズ』が、「ブッシュ大統領が裁判所の令状なしで電話の盗聴を実施」していると一面で報じたのである。その報道によると、九・一一後、ブッシュ政権はＮＳＡに対して秘密の大統領令を出したという。テロ事件を事前に抑止するためという名目において、アメリカに関係するテロリスト、テロ組織の行動を監視し、証拠を発見するため、アメリカ国内の電話を通信傍受し、電子メール、インターネット上の情報のやりとりを自由に監視する権限を、ブッシュ大統領はＮＳＡに与え、数百、数千件の単位に上る通信傍受が実行されたという。翌日一七日のテレビ演説でブッシュ大統領はその事実を認め、大統領令に基づいた三〇回以上にわたる米国内、国外の通信傍受を実行したと述べた。ライゼン記者によれば、この活動は政権内で「プログラム」と呼ばれ、このプログラムで情報通信を監視されている対象は海外で約七、〇〇〇人、国内で約五〇〇人にのぼるという。国外を中心に通信傍受活動していたＮＳＡは、国内の通信傍受活動まで拡大したのである。

実際、連邦通信委員会（ＦＣＣ）は、当時二〇〇五年九月の段階で、テロリストに利用される可能性のある公衆電話網を利用しているＶＯＩＰ（Voice over Internet Protocol）サービスのプロバイダが、政府当局による通信傍受が可能な技術的体制を整えなければならないとする報告書を発表している。ＦＣＣは、テロリズムや国土安全保障に関する懸念を考慮して、そのような規則と業界の協力が必要であると判断したのである。実際に、九・一一以後、政府と電気通信事業者の大手キャリアとの協力関係はさらに強化されている。

アメリカには「一九七八年外国諜報活動監視法（Foreign Intelligence Surveillance Act 1978, FISA）」という法律があり、海外のスパイやテロリストの活動などを監視するために、裁判所の捜査令状があれば国家安全保障に関する捜査に限り国内で通信傍受することが、すでに以前から認められている。そして、米国内の通信傍受に関しても一九六八年の「包括的犯罪防止および街路安全法」、いわゆる通称、通信傍受法（Wiretap Act）によって詳細が規定されている。しかしながら、九・一一以降、テロ対策という名目のもとに、ブッシュ政権はその捜査令状手続きさえも無視して、通信傍受・監視活動を自由に実施していたのである。これは、『ニューヨーク・タイムズ』による一大スクープであった。その結果、アメリカ国内の世論を二分する論争に発展した。

この問題以後、テロ対策における「安全・安心」と「自由・人権」の対立の図式が明確に浮かび上がることになった。テロ対策という大義名分があれば、一般市民の自由や人権が損なわれてもよいのか、この問題はアメリカの世論を揺るがす大騒動に発展した。その後、この問題は裁判所で争われることになり、連邦地方裁判所において違憲判決が出された。政府は早速控訴したが、突然、二〇〇七年一月に令状なし通信傍受を一時止めるという政策変更を決定した。

このNSAによるテロリスト監視プログラムは、裁判所命令を得ることなく秘密裏に実行できるものであったため、米国内外の人権擁護団体や議会の民主党議員たちの多くはこれまで異論を唱えてきた。このプログラムは、正当性のない捜索や差し押さえを禁じる合衆国憲法修正第四条に違反しているという批判も多い。

また「令状なしでアメリカ国民に対する盗聴を実施するという抜け穴がある」とする批判と、「アルカイダのメンバーと直接電話連絡するなどの行為がない限り、一般の市民には何の心配もない」という意見が対立しているという状況である。その後、二〇〇九年に入ってオバマ大統領は、テロ捜査における令状なしの通信傍受活動を行わないことを表明した。

日本においてもかつて通信傍受法の法案成立をめぐって似たような問題が発生したが、現在のアメリカのテロ対策の状況はそのときの日本の状態をはるかに凌ぐ、比べものにならない深刻な事態であるといえる。ブッシュ大統領が実施した令状なしの通信傍受活動は今後中止されるが、CIAの新しい長官であるレオン・パネッタ長官も公式の場で述べているとおり、合法的手続きを踏んだテロ捜査活動は、通信傍受活動も含めて、オバマ政権においても継続される見込みであり、NSAによる対テロ監視プログラムについても、今後形を変えながら続く見通しである。

アメリカのインテリジェンスはこのように試行錯誤を繰り返しながら進化を続けている。とくにCIAなどが実行する秘密工作は民主主義に対する道義的矛盾を抱えており、これはテロ対策やインテリジェンス活動が本質的に持っているジレンマでありパラドクスである。また同時に、テロ対策やインテリジェンスにおける「安全・安心」という価値と「人権・自由」という価値の衝突も民主主義国家が抱えるジレンマである。アメリカはこのジレンマやパラドクスを民主的に解決、克服しようと実験を続けている国家であり、これがアメリカの歴史のダイナミズムを作り出している要因の一つでもある。そしてさらに、これはアメリカ一国だけの問題ではなく、民主主義国家にとって共通の普遍的課題でもあることを忘れてはならないだろう。

（10）SIGINT（Signals Intelligence）とは、有線、無線の通信技術や衛星技術を用いた情報の傍受によるインテリジェンスで、通信技術によるCOMINT（Communication Intelligence）や、遠隔測定技術を用いたTELINT（Telemetry Intelligence）、その他の幅広い電子技術によるELINT（Electronic Intelligence）が含まれる。また、IMINT（Imagery Intelligence）とは写真やビデオ映像、赤外線やレーザー・センサーなどによって得られた画像情報を使用したインテリジェンスである。MASINT（Measurement and Signatures Intelligence）とは、放射線や地震動、電磁波など高度な技術的センサーを用いて測定される物理的、化学的情報に基づいたインテリジェンス活動である。こうした、SIGINTやIMINT、MASINTの総称として、TECHINT（Technical Intelligence）がある。そして、最も基本的でかつ古典的なインテリジェンス活動が、人が直接組織や集団の中で活動しながら情報収集を行うHUMINT（Human Intelligence）である。OSINT（Open-Source Intelligent）とは、新聞や雑誌などのメディアや、公表された政府関係資料、学術情報などの公開情報をもとにしたインテリジェンス活動である。インテリジェンスの手法や活動サイクルについては、北岡やローエンサールに詳しい（Lowenthal, 2006）。

（11）イラクにおける大量破壊兵器問題に対するＣＩＡの失敗については、ワイナーに詳しい。Weiner, T.（2008）. *Legacy of Ashes：The History of the CIA*, The Robins Office Inc., New York.（ティム・ワイナー（二〇〇八）『ＣＩＡ秘録―その誕生から今日まで（上・下）』文藝春秋。）

（12）ヒアリング調査の対象者であったＮＣＴＣ高官が語っていた重大な問題点は、ＮＣＴＣの全体の中で専属スタッフが約二割、外部の他省庁からの出向スタッフが約八割を占める中で、その寄せ集めスタッフがいかに有機的につながり合うことができるかという点と、各省庁が優秀なスタッフをＮＣＴＣに送り出してくれるかどうか、という人材交流的問題である。この問題への対処法としてＮＣＴＣ高官が語っていたのは、ＤＮＩによるトップダウン的な強制力と、このＮＣＴＣで経験を積むことがその後のキャリアに有益になるというインセンティブを持たせることのバランスが重要であるということであった。

（13）この他にも、ＣＩＡを中心としたインテリジェンス活動を支える技術ツールとして、「インテリペディア（Intellipedia）」と呼ばれる、米国政府における情報機関同士の情報共有の促進を目的に始まった情報管理システムプロジェクトが進められている。これは、ウィキペディア（Wikipedia）と同類のソフトウェアが活用されたウェブ２・０時代のインテリジェンス・メディアである。二〇〇六年四月に試運転が開始された。

三章　監視──国土安全保障における民主主義と監視社会の葛藤

一　DHS──総合的テロ対策と国土安全保障

テロ対策には総合的な対応が必要となる。そこには、①戦争などの有事に似た側面として、軍事的対応や外交、インテリジェンス活動も含まれる。また、②自然災害などに似た側面として、警報や住民の避難、事後対応から復旧、復興までのプロセスも含まれる。さらには、③一般犯罪事案と同じように、マネーロンダリングのような違法な経済流通を防ぐための金融監視や、空港や国境での出入国管理、テロリストによる情報通信の傍受などの側面も含まれる。これらすべての活動が「テロ対策」であり、ここにテロ対策の困難さがあらわれている。

これまで長い間、テロ対策先進国のアメリカにおいても、テロ対策が広範囲にわたるため、こうした対策を講ずるテロ対策関連部署が、各省庁に分散しすぎていたという弊害があった。国防総省（DOD）や司法省（Department of Justice：DOJ）、その他さまざまな省庁にわたって、縦割りの弊害がテロ対策にも発生した。その問題が一気に噴出したのが二〇〇一年の九・一一であったといえる。九・一一を未然に防げなかった反省をもとに、ブッシュ政権は国土安全保障（Homeland Security）という観点から、総合的なテロ対策に乗り出した。まずブッシュ政権はテロとの戦いのためにテロ対策の国内政策を進めた。二〇〇一年一〇月に成立した通称「パトリオット法（PATRIOT Act：Provide Appropriate Tools Required to Intercept and Obstruct Terrorism Act）」である。これは、アメリカのテロ対策を進めるために政府当局におけるテロ対策の権限を大幅に拡大した法律である。

ブッシュ大統領は二〇〇一年一〇月には国土安全保障室（Office of Homeland Security：OHS）を設置し、国土安全保障会議（Homeland Security Council：HSC）を設置した。さらに二〇〇二年一一月には国土安全保障法（Homeland Security Act）が成立し、二〇〇三年一月に国土安全保障省（Department of Homeland Security：DHS）が発足した。約一七万人のスタッフと、三七〇億ドルの予算を持つ巨大官庁の誕生であった。初代長官は、二〇〇二年当時はペンシルバニア州知事で、後に二〇〇八年に共和党副大統領候補の一人にも名があげられたトム・リッジである。①国境、運輸システムの保安、②緊急事態への準備・対応、③科学技術による管理、④情報分析および社会インフラの保護などが主な柱である。

しかしながら、本来の目的としてテロリズムの情報を一元管理して分析するインテリジェンス機能を統合するためのものであったはずが、結局このＤＨＳにはインテリジェンス・チームは部分的にしか設置されず、これまでのインテリジェンス・コミュニティから伝えられる情報をもとに、国土安全保障に専念する組織となった。結局、ＤＨＳが監視する情報を他の機関に提供するインテリジェンス・コミュニティの一員となっている。ＤＨＳに存在する情報機関は、ＤＨＳ内の沿岸警備隊、国境警備隊、運輸保安事務局などに必要最低限のレベルで点在している。税関・国境警備部や、入国管理・税関取締部、沿岸警備隊情報部門などがそれにあたる。インテリジェンス活動を実行するというよりは、それぞれの現場の活動を取り仕切りながら、重要機関や対象を監視し、現場からの情報を統括するという活動である。ハイジャックなど交通機関へのテロリズムに対するインテリジェンス活動を行っているのが、運輸保安事務局である。そして実際にＤＨＳ内での情報活動の中心は「情報分析室（Office of Intelligence Analysis：OIA）が担っている。この情報分析室はＤＨＳ独自のインテリジェンス活動を実施するが、あくまでも巨大なインテリジェンス・コミュニティの周辺にある一部であり、決してその中心ではない。

（1）ＤＨＳの組織構造

このＤＨＳは、アメリカ連邦政府における危機管理の重要機関として、八省庁二二機関が統合されたものである。その中には、連邦緊急事態管理庁（ＦＥＭＡ）をはじめとして、司法省からはＦＢＩの一部（国家防災局）や移民局、市民・入管課、国境警備隊などが、運輸省からは沿岸警備隊（US Coast Guard）や連邦航空保安局など、国防総省からは国家通信システム課、その他にも財務省やエネルギー省、厚生省、商務省などからも国土安全保障に関わる関連部署が、ＤＨＳに統合されたのである。

ＤＨＳの組織構造は日々変貌を遂げているが、部局は①管理局、②政策局、③健康管理局、④国家防衛計画局、⑤科学技術局、⑥運用調整局の六つに分かれている。これらの部局を中心に、ＤＨＳは官房組織（Office of Secretary）やいくつかの諮問委員会（Advisory Committee）を持つ。例えば、科学技術局に関連した諮問委員会としては、科学技術諮問委員会（Homeland Security Science and Technology Advisory Committee：HSSTAC）がある。このＨＳＳＴＡＣは、テロリズムに関する科学技術的問題に関わるさまざまなステークホルダーからなるワークショップを開催し、そこには警察や消防、医療や交通などさまざまな分野からメンバーが集められ、ときにはジャーナリストや市民運動家などがメンバーになることもある。こうして議論された問題、テーマに関する情報が蓄積され、それを委員会が分析、評価した結果、報告書にまとめられ、連邦議会に提出される。こうしたサイクルからＤＨＳがテロ対策に関わるプロセスも存在する。

筆者は二〇〇八年に、ワシントンＤＣにあるこのＤＨＳの科学技術局本部を訪問し、これまで大勢のスタッフにインタビューなどの取材を行ってきた。ここでは、これらのヒアリングから得られた情報や資料をもとに議論を進めたい。この科学技術局は国土安全保障に関わる多様な危機において、とくに科学技術に関連する問題の解決のために設置された。具体的にいえば、ＮＢＣテロリズムなど新しいテロの脅威に対応するための研究機関でもある。のちに四章で考察する、バイオウォッチ・プログラムや、「国土安全保障警報システム」（Homeland Security Advisory System）なども、科学技術局が運営に関わっている。

（2）ＤＨＳのライフライン監視体制

ＤＨＳの活動の幅広さを考察するには、一つの事例として「国家社会基盤保護計画（National Infrastructure Protection Plan：NIPP）」について考察する必要がある。これは、一七項目にわたる重要インフラに関して、それらに対してどのようなテロリズムの脅威があるかリスクを分析し、その結果どのようなテロ防護施策を実施することができるかを計画するプロジェクトである。[14] ①農業と食料、②防衛産業基盤、

③エネルギー、④公衆衛生と医療、⑤国定記念物と建築物、⑥銀行と金融、⑦飲料水と水処理システム、⑧化学、⑨商業施設、⑩ダム、⑪緊急機関、⑫商用核施設、⑬情報技術、⑭情報通信、⑮郵便と郵船、⑯運輸システム、⑰政府施設の一七項目である。

この一七項目を見てわかるとおり、テロリズムに関わる国土安全保障の対象分野はここまで多様なのである。例えば、意外に思われるかも知れないが、①農業や食料はバイオテロリズムの対象になりうる。汚染された食べ物によって被害は拡大するのである。こうした農業製品、食料を対象としたテロリズムは、アグロ・テロリズム（agroterrorism）と呼ばれる（Myers, 2005）。ここでは、ＤＨＳと食品医薬品局（Food and Drug Administration：FDA）が協力体制にある。また、③エネルギーの中に含まれる原子力発電所などは、テロリズムから防衛されるべき最重要機関として指定されている。九・一一以後、原子力規制委員会（Nuclear Regulatory Commission：NRC）は、原子力施設へのテロが産業、経済活動に与える影響を縮小するための規制を強化した。原子力発電所に対するテロとして、ライマン&ロックバウムは爆弾などによる地上攻撃のパターンと、航空機で体当たりするような航空攻撃のパターンを想定している（Lyman & Lockbaum, 2006）。他にも、原子力施設に浸透した施設職員自身によるテロ事件も想定されなければならない。⑤国定記念物と建築物に関していえば、ＷＴＣビルが九・一一の標的となり、アルカイダが自由の女神をテロの標的として考えたことがあるように、アメリカの象徴であるランドマークはテロリズムの標的となりやすい。⑦飲料水と水処理システムもまた、バイオテロリズムの対象になりやすい。水道水が細菌などで汚染された場合、それを飲んだ一般市民の中に大量の被害が発生する（Holst, 2005）。筆者も訪問して取材したサクラメントのカリフォルニア州水資源管理課では、徹底したテロ対策のための監視システムが構築されていた。

当然、⑯運輸システムの中には、テロの対象となりやすく、またテロの道具としても利用されてしまうものがあり、交通機関におけるテロ対策が進められている。九・一一でハイジャックされた旅客機、二〇〇四年のスペイン、マドリッドで爆破された列車、二〇〇五年のロンドン同時多発テロ事件で狙われたバスや地下鉄などのライフラインとしての交通機関は、テロ対策の重要インフラとして指定されている。運輸安全局(Transportation Security Administration：TSA)や連邦航空局(ＦＡＡ)が担当部署となってＤＨＳと協力して対応する。

これらのアメリカ国家を形成する重要インフラを保護するための①安全目標を設定し、そのために②それぞれの実態を調査し、③脅威を分析し、④優先順位を決定し、⑤保護計画を策定し、⑥有効な対策を実行するという六段階のプロセスに関して、物理的に、そしてサイバーレベルで、かつ人的に対応措置をとるのもＤＨＳの役割である。それぞれのインフラに別々のステークホルダーとしての省庁が存在するため、テロ対策に関して、ＤＨＳはこれら省庁をつなぐネットワークの中心となる。これらステークホルダーの省庁とＤＨＳが緊密にコミュニケーションすることで、ＤＨＳはリスクを分析し、対策を立てることができる。ＤＨＳはこのプロセスを毎年報告書としてまとめ、議会にそして大統領に提出する。ＤＨＳによる報告書『*National Infrastructure Protection Plan*』がそれである。テロに対する監視の最前線は、テロの実行犯や容疑者だけでなく、そのテロの対象となるライフラインも含まれる。このようにＤＨＳはテロの対象物をテロから守るための監視活動を行う任務を持っているのである。

(3) 国家事案管理システムと国家対応フレームワーク

続いて、アメリカのテロ対策と危機管理を考察する上でＤＨＳの重要な役割であるのが、「国家事案管理システム（National Incident Management System：NIMS）」と、「国家対応フレームワーク（National Response Framework：NRF）」である。[15] ＮＩＭＳとは、国土安全保障大統領令（Homeland Security Presidential Directive：HSPD）第五号に基づく、テロリズムなど国家の緊急事態に対応するための基本計画であり、これを管理するのもＤＨＳの任務である。アメリカの行政機関は概して、連邦レベル、州レベル、地方レベルの三つの段階からなるが、これら三つのレベルにおける複雑な危機管理システムを全体的に統合したものが、このＮＩＭＳである。アメリカは独立した州政府による連邦制国家であり、法制度などの面でも州によって独自性が強いため、それぞれの州や地方がそれぞれ統一性のないテロ対策、危機管理を実施しては国家として統一した対応をとることが困難になる。テロリズムなどの国家的危機においては、地方や州を超えて、統一された対応がとられる必要がある。そのために、アメリカ政府はＮＩＭＳによって、テロ対策などの危機管理システムにおける指揮命令系統、組織構造を連邦レベルで一元化しているのである。このＮＩＭＳの詳細については、ＤＨＳ（二〇〇四）の『*National Incident Management System*』にまとめられている。

ＮＩＭＳの基本原理は、①事前準備（Preparedness）、②指揮管理（Command and Management）、③情報通信管理（Communications and Information Management）、④資源管理（Resource Management）、⑤技術支援（Supporting Technology）の五点である。事前準備において、州政府や地方は「緊急対応計画（Emergency Operation Plan：EOP）」を作成し、そのための準備と訓練をすることが義務づけられている。これは、日本の自治体における国民保護計画のような位置づけである。また、連邦政府支援を得られない規模の事案に対して州政府が対応するため、近接する州政府間で協力しあう「緊急支援協定（Emergency Management Assistance Compact：EMAC）」という制度が存在する。それぞれの州ごとに相互協定を結ぶことで、人、物、情報などすべての面において助け合う制度である。さらに、現場における災害対策本部の対応に関しては、「事案指揮システム（Incident Command System：ICS）」があるが、これは後の五章において詳しく考察することにしたい。こうして州レベルで構築されるEOPやEMACが、連邦政府の定める基準に合致しているかどうかを確かめるためのプログラムとして、「緊急事態管理認定プログラム（Emergency Management Accreditation Program：EMAP）」がある。一五分野にわたる項目からそれぞれの計画がチェック、評価され、問題があった場合には計画を是正するように指示される。

続いて、国家対応フレームワーク（NRF）は、州政府や地方政府が自力では対応できないレベルの緊急事態が発生した場合において、DHS長官によって発動される。NIMSの枠組みにおいて、現場でテロリズムや自然災害、大規模事故などの危機事態が発生し、それが地方レベル、州レベル、と対応レベルが拡大していく中で、ボトムアップ的に連邦政府の関与が確定するプロセスがある。それが確定した結果、連邦政府が緊急対応を行う枠組みこそが、このNRFである。連邦政府として、指揮命令系統を一元化し、資源管理や法執行などを一元化することで、トップダウン的に危機に対応するのである。現代のテロ対策の動向としては、地域防災的なボトムアップ的アプローチではなく、トップダウン的アプローチが主流である。これは日米で共通した傾向である。

（４）ＤＨＳの情報共有機能

これほどまで多様な組織が、本来個別に存在していたにもかかわらず、ＤＨＳのもとに統合され、一体となってテロ対策にあたるためには、これらの大規模で多様な組織が統一行動をとるための情報共有が必要となる。テロ対策のために必要な情報をいかに正確に素早く、より広く共有できるかが、重要な鍵となる。そのため、ＤＨＳは二〇〇四年から「情報共有・調整課（Information Sharing and Collaboration Office：ISCO）」を設置し、テロ対策に関する情報共有のためのネットワーク構築に取り組んでいる。

ＤＨＳでは、その具体的な活動として、データベースによる犯罪情報やインテリジェンス情報の共有、警報や避難命令などの情報発信のために、以下の三つのレベルからネットワーク構築が進められている。(16)

①「国土安全保障データ・ネットワーク（Homeland Security Data Network：HSDN）」
②「統合地域情報交換システム（Joint Regional Information Exchange System：JRIES）」
③「国土安全保障情報ネットワーク（Homeland Security Information Network：HSIN）」

一つ目の「国土安全保障データ・ネットワーク」は、連邦政府にある既存の機密情報ネットワークを統合するものである。このＨＳＤＮは、国防総省やＣＩＡ、ＦＢＩなどの情報機関の間で、情報共有、システムの共有を行うためのネットワークであり、これらの機関において同じネットワークが使用される。これまで個別に分散していた複数のデータベースも相互接続され、各部署にいるスタッフがそれぞれのセキュリティ・クリアランスのレベルによってアクセスが制限される。二つ目の「統合地域情報交換システム」は、州レベル、地方レベルで法執行機関の間の情報共有を進めるためのものである。国土安全対策センター

（Homeland Security Operation Center：HSOC）と連邦政府・州政府・地方自治体のスタッフを結び、テロ対策に関する情報が共有される。また、三つ目の「国土安全保障情報ネットワーク」は、政府機関だけでなく、企業やNGOなど民間との間の情報共有をより拡大するためのもので、警察や消防、医療関係などのファースト・レスポンダーを中心に、さらには危機管理に関わるNGOや企業をつなぐことを目標としている。このように、DHSを中心にした情報共有ネットワークは、現在も時々刻々と拡大し社会に浸透しながら進歩を続けているのである。

このように、現在のDHSとは、アメリカの壮大なテロ対策の計画において、網の目のように細かく走る具体的なプログラムが有効に実行されるように、全体にわたってテロ対策を計画し、マクロにコントロールしていくインフラの中心となっているのである。オバマ政権において、第三代DHS長官として、ジャネット・ナポリターノが就任した。ナポリターノ長官は初の女性長官で、弁護士出身の元アリゾナ州知事である。行政手腕もある優秀な人材であるが、DHSのトップにクリーンな女性政治家を置くというのは、イメージ優先的な手法であるという批判がないわけではない。DHSの国土安全保障政策をいかに民主的に運営していくか、ナポリターノ長官の手腕が問われている。

こうして二〇〇九年九月、ワシントンDC郊外にDHSの新しい本部ビルの建設が始められた。それまでは、ワシントンDCに部局ごとに三五カ所にも点在していたものが一カ所に集結することにより、業務の効率化とさらなる情報の共有が求められる。完成予定は二〇一三年で、ここに職員約一万五、〇〇〇人が集結する。こうして、オバマ政権下においても、国土安全保障政策は着々と進められている。DHSという巨大なこのテロ対策官庁をどのように効率化し、スムーズに管理、運営していくかが今後の課題である。

二　ＦＥＭＡ――監視と予防へのシフト

アメリカの危機管理を語る上で、アメリカ連邦緊急事態管理庁（Federal Emergency Management Agency：FEMA）の存在を抜きに語ることはできない。ＦＥＭＡはあらゆる災害の対策のために作られた機構であるが、ＦＥＭＡがテロリズム対策を主要任務の一つとするに至った契機となったのは、一九九五年の東京での地下鉄サリン事件と、二〇〇一年の九・一一であった。現代のアメリカのテロ対策を考察するとき、このＦＥＭＡの存在を外すことはできない[17]。

現在、ＦＥＭＡが扱う災害には以下のようなものが含まれる。ハリケーンや地震などの自然災害から、原発事故やダム事故などの大規模事故、そしてテロリズムである。①テロリズム、②ハリケーン、③火山、④化学兵器、⑤山火事、⑥洪水、⑦危険物質管理、⑧地震、⑨地滑り、⑩原子力発電所事故、⑪津波、⑫熱波、⑬ダム事故、⑭竜巻、⑮寒波、冬嵐である。

その中でも、ＦＥＭＡが想定し対処するテロリズムの種類については、①爆弾テロ（explosions）、②生物兵器テロ（biological threats）、③化学兵器テロ（chemical threats）、④核兵器テロ（nuclear blast）、⑤ダーティボム（radiological dispersion divice：RDD）などが含まれる。通常の爆弾テロだけでなく、特殊な避難、救急などの対処が必要なＮＢＣ兵器テロへの対応がＦＥＭＡには求められている。

ＦＥＭＡの本部はワシントンＤＣに存在する。本部以外にも、地方局や地域局などの支局が全国にちらばり、さらに、山間気候緊急オペレーション・センターや、国家緊急訓練センターなど特殊な機関がＦＥＭＡの一部として活動を行っている。本部と全国の支部を含めてＦＥＭＡには三、〇〇〇人弱の専任スタッフがいる。また、それとは別に四、〇〇〇人の緊急時用アシスタントを全国に抱えている。彼らは、普段は連邦や州、地方の省庁のスタッフとして働き、危機が発生した緊急時のみにアシスタントとしてＦＥＭＡの活動に参加するスタッフである。アメリカ赤十字のスタッフもこのアシスタントである。このような人的ネットワークの柔軟な運用は極めて重要である。

（1）ＦＥＭＡの歴史

まず簡単にＦＥＭＡの歴史について概説したい。ジミー・カーター大統領が発した一九七九年四月の大統領令と、七月の大統領令によって、さまざまな省庁に分立していた災害関連の権限、機能をＦＥＭＡに集約させ、独立機関としたところから、現代的ＦＥＭＡの活躍が始まる。ＦＥＭＡの初代長官であるジョン・メーシー長官の下に、連邦災害支援管理局や国防総省民間防衛準備庁、国家消防局、国家気象局等から、危機管理部門がＦＥＭＡに委譲され、集約されたのである。そういう意味では、組織ごとに縦割りであった危機管理部局を組織横断的に統合したＦＥＭＡは当時画期的な危機管理ネットワークであったといえる(Knudsen, 2005)。

その後、ＦＥＭＡは自然災害から戦争の対応（民間防衛）まで、危機管理システムを一本化することで幅広い危機に対応できる危機管理官庁の役割を担った。さらに、一九八八年一一月二三日には、一九七四年災害復旧法（Disaster Relief Act）を修正したいわゆるスタフォード法（Robert T. Stafford Disaster Relief and Emergency Assistance Act）が成立した。これによって、連邦レベルにおける災害対応行動の指揮・監督が制度化され、ＦＥＭＡの現代的な活動の基盤を築いた。これ以外にも、国家安全保障法に基づく国土安全保障の任務はもともとＦＥＭＡの役割として存在し、その後も一九六八年国家洪水保険法や、七〇年代の一九七四年連邦防火管理法、一九七七年地震減災法など、主に自然災害対策を中心とした法律によって整備された危機管理の体制は、ＦＥＭＡの活動内容を規定するものとして、ＦＥＭＡの活動の整備と構築につながった。一九九六年には、前年に発生した日本の地下鉄サリン事件を受けて、一九九六年大量破壊兵器法が制定された。本来の姿として、ＦＥＭＡはこうして幅広い国土安全保障を担った危機管理官庁であった。

八〇年代から九〇年代にかけて、アメリカを襲った多くの災害でＦＥＭＡの活躍が注目される。スリーマイル島の原発事故、九二年のハリケーン・アンドリューなど、大規模事故や自然災害の発生においてその事後対応の面で活躍することができたＦＥＭＡは、自然災害に対して、しかもその事後対応を得意とした官庁というイメージが普及した。九二年に就任したビル・クリントン大統領によって、九三年に指名されたジェームズ・ウィット長官によるＦＥＭＡ改革はその方向性を強化するものとして進められることになる。冷戦の終結と、民主党政権の誕生という時代背景の中で、ウィット長官は、ＦＥＭＡの任務の中から、戦争のための民間防衛という部分を最小化し、ＦＥＭＡの主な任務を災害救援、復旧、復興へとシフトしたのである。九〇年代のクリントン政権において、戦争などの有事における民間防衛や、テロリズムの問題は、ＦＥＭＡの任務からは除外されてしまった。

しかしながら、この九〇年代のクリントン政権におけるＦＥＭＡ改革は、大きな反動として現れることになる。二〇〇一年に全米を、さらには結果的に全世界を巻き込んだ九・一一が発生したのである。ブッシュ大統領は、ＦＥＭＡ長官としてジョー・オールボウを任命した。その後の、ブッシュ政権によるＦＥＭＡ改革はよく知られている通りである。ＦＥＭＡはその主要な任務を国土安全保障、特にテロ対策にシフトすることにより、他の国土安全保障政策と一体化させられ、FEMAは二〇〇三年に新しく発足した国土安全保障省（DHS）の一部として組み込まれた。DHSの一部として再編されたFEMAの最初の長官は、マイケル・ブラウンである。

FEMAの活動は、特にそれまでの九〇年代のFEMA改革によって、事後対応に重点が置かれてきたという欠点があった。つまり、自然災害やテロ事件が発生した後に、その被害者や被災地への対応を行うことに重点が置かれてきたため、事後対応には向いているが、事態によってはその対応が後手にまわることが多かったのである。そのため、DHSに組み込まれた後のFEMAの改革の中心は、テロリズムという危機をカバーするという任務の拡大と同時に、そのテロリズムの抑止、防止にもつながる、事前対応、被害の予防や訓練という側面が強化されたという点である。つまり、テロ事件が発生した後の危機管理だけでなく、テロ事件が発生しないようにするための予防、またはその被害を最小限に食い止めるための事前対応として先手を打つという戦略である。自然災害においてもそのアプローチは重要である。ハリケーンやトルネードなど予測ができる自然災害に対しては、気象情報や予報、警報などの緊急情報をメディアを利用して住民に流し、事前の避難を実施することで被害を予防するというアプローチがFEMAによって強化されてきた。しかしながら、二〇〇五年九月のハリケーン・カトリーナ災害においては、その気象情報や警報などの情報がありながら、首尾よく住民を避難させることができず、多大の死傷者を出したことは記憶に新しい。筆者もその年、テロ対策の調査のため訪米中にこのハリケーン・カトリーナが直撃したアメリカの災害対策を経験した。この災害では、FEMAがDHSに組み込まれ、テロ対策の任務が強化されたことによって、人員面や資金面、資源面において自然災害に対する機能が低下したという問題点が指摘された。

その後、二〇〇六年一〇月四日に、ブッシュ大統領はハリケーン・カトリーナ後の「危機管理改正議定書」に署名し、FEMAの危機管理体制の再編成に関する法律、ポストカトリーナ緊急事態管理改革法(Homeland Security Post-Katrina Emergency Management Reform Act 2006)を成立させた。これによって、FEMAはテロ対策だけに重点を置くわけではなく、また自然災害対策だけに特化するわけではない、その両方を総合的にカバーし、事前の予報や警報などのリスク・コミュニケーションを行いながら、事後的対応としても救援、復旧、復興支援活動をバランスよく行える組織が志向されることになった。こうした改革が、二〇〇八年に発生したハリケーン・グスタフ、アイクなどでの事前避難の成功につながったことは評価できる。こうして、二〇〇九年一月のオバマ大統領の政権に引き継がれたのである。このようにFEMAの任務や目標は歴史上大きくぶれて変容し続けていることがわかる。時の政権や長官の方針によってFEMAは変貌を余儀なくされてきたのである。FEMAはこうした環境の中でアイデンティティ・クライシスに陥る傾向があり、運営の難しい官庁である。

(2) FEMAの構造

FEMAの任務は、先に挙げたような国内で発生しうるテロリズム、大規模事故、自然災害などの国土安全保障に関わるすべての災害に対応し、それらの事前情報を集約して国民に警報などの情報を提供し、避難や対応行動を指示し、被災地での救援活動、復旧・復興支援を行うことである。先に述べたように本部はワシントンDCにあり、その本部組織は①国家準備局、②被害軽減局、③災害対応局、④後方支援管理局、⑤災害支援局、⑥災害復興局、⑦消防局、⑧国家継続計画局などの部局で構成されている。またそこでは、ア

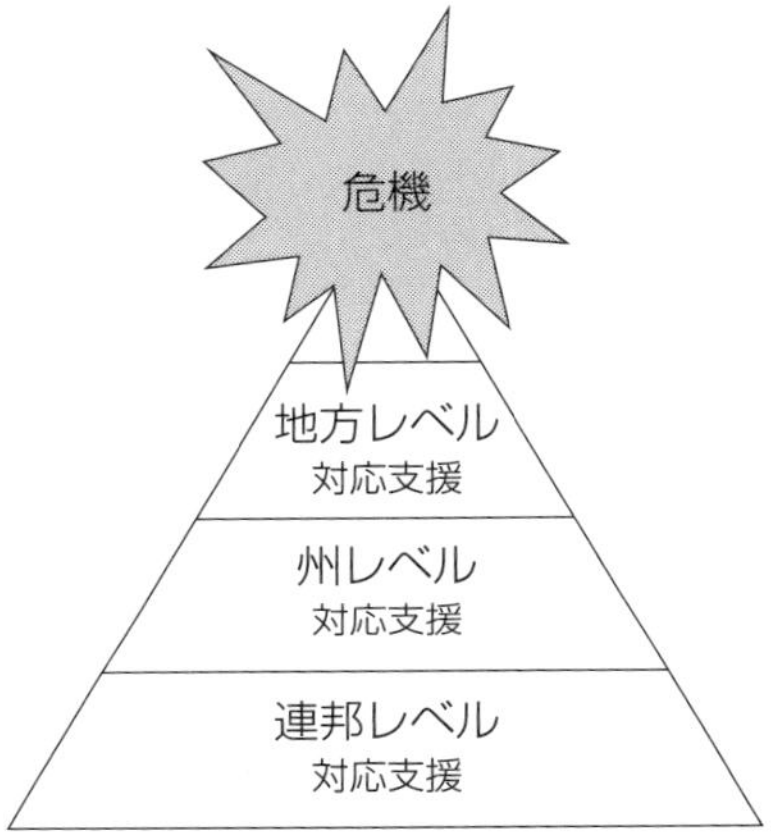

図表４　国家事案管理システム（NIMS）の階層性

メリカ全土は一〇管区にわけられる。第Ⅰ区はボストン、第Ⅱ区はニューヨーク、第Ⅲ区はフィラデルフィア、第Ⅳ区はアトランタ、第Ⅴ区はシカゴ、第Ⅵ区はデントン、第Ⅶ区はカンザスシティ、第Ⅷ区はデンバー、第Ⅸ区はオークランド（ハワイ、グアムを含む）、第Ⅹ区はシアトル（アラスカを含む）がその中心である。そしてそれぞれの管区には、①対応復旧課、②洪水保険・被害軽減課、③国家防災課、④資源管理課などの部署が置かれている。

ＦＥＭＡが行う任務の中心はこれまで考察してきたように、危機管理に関係する省庁の活動のコーディネートであり、分析である。よって、ＦＥＭＡは独自の物理的部隊をほとんど持たない。ＦＥＭＡが持っている物理的な資源は、その危機管理の計画と調整を実施するスタッフと、実際に現場に派遣されるトランスポーター群ぐらいである。

連邦制をとるアメリカ合衆国においては、あらゆる危機管理においても、連邦レベル、州レベル、地方レベルの階層性が存在することは周知の事実である。よって、危機管理の指揮命令系統にも**図表４**のような三段階のレベルの階層構造が存在する。災害の現場にあたるファースト・レスポンダーは、地方レベルであり、その現場対応のマニュアルには、このあと五章で紹介する「事案指揮システム（Incident Command System：

ICS)」というプログラムが構築され、全米に普及している。この州レベルのＩＣＳが連邦レベルの計画に結びつき、連邦レベルの対策にリンクされる。このような危機管理の階層構造をまとめたものが、「国家事案管理システム（ＮＩＭＳ）」である。これによって、州レベルにおいて、連邦レベルにおいて事前の避難や救助を行う計画のことを、「国家危機対応計画（National Response Plan : NRP）」という。そして、このＮＲＰは二〇〇八年三月に「国家対応フレームワーク（ＮＲＦ）」に引き継がれた。

実際の災害が発生した場合のオペレーションのシステムについて概観したい。テロ事件や自然災害、大規模事故が発生した場合には、ＦＥＭＡ長官補佐のもとに、三つの部署が対応にあたる。それは、①災害緊急通信課（Disaster Emergency Communication Division）、②作戦管理課（Operations Management Division）、③現場作戦課（Field Operation Division）の三つである。この名前の通り、災害対策で最も重要な、関係機関との調整、コミュニケーション機能を担当するのが災害緊急通信課である。そして、全体のオペレーションを管理するのが作戦管理課で、特に現場の指揮、ファースト・レスポンダー対応に当たるのが現場作戦課である。この三つの部署を中心に、そのメタレベルに、作戦政策スタッフや、エグゼクティブ支援スタッフ、資源管理スタッフや、省庁間リエゾンが危機管理を全体的にサポートするシステムである。

（３）ＦＥＭＡの部署と活動

ＦＥＭＡの活動を理解するためには、そのサイクルを理解しなければならない。ＦＥＭＡの活動には、①「リスク縮減」（Risk Reduction）、②「予防」（Prevention）、③「事前準備」（Preparedness）、④「災害発生」（Disaster）、⑤「事後対応」（Response）、⑥「復旧」（Recovery）、⑦「解決」（Mitigation）という、七段階のプロセスがあり、この七段階はあらゆる危機に普遍的なプロセスであり、循環するサイクルである。

このプロセスの事前対応に偏ってはならないし、事後対応だけに偏ってもいけない。そのことはこれまでのアメリカの災害とＦＥＭＡの歴史が証明してきたことである。このプロセスの流れが有機的につながり、その災害対策で培われた経験が、次の災害対策に活かされていく。これが危機管理の鉄則であり、ＦＥＭＡはこの危機管理のプロセスのすべてに対応することが求められている。ＦＥＭＡの任務の中心は、この危機管理のプロセスの全体を把握し、それらをコーディネートしながら調整することである。そのため、このプロセスの成果、問題点を共に把握できるのはＦＥＭＡであり、その分析作業は重要である。実際の危機に直面して、その対策を実行した後に、そのプロセスを分析することも、ＦＥＭＡにとっては重要な任務である。テロリズムの対策においても、ＦＥＭＡにはこれらの任務が求められる。

そして、全米諮問評議会（The National Advisory Council：NAC）はＦＥＭＡの長官に危機管理のあらゆる側面について助言をするという役割を持つ。全米諮問評議会は、州、地方レベルの政府や民間セクターから提供される情報を、連邦レベルのＮＩＭＳやＮＲＦなどの計画や戦略に反映させることが任務である。

続いて、地方における現場のレベルでの実務の機能について見ると、ＦＥＭＡの災害現場での緊急対応は、それぞれの地域を拠点とするチームが担っている。例えば、それらには災害医療支援チーム（Disaster Medical Assistance Team：DMAT）、緊急情報支援活動（Mobile Emergency Resource Support：MERS）、都市捜索救助活動（Urban Search and Rescue：USAR）、そしてそれら全体を束ねる国家災害医療システム（National Disaster Medical System：NDMS）、などがある。

国家災害医療システム（ＮＤＭＳ）は、ブッシュ政権が取り組んだ災害救急医療対策の中で重要なものの一つである。ＮＤＭＳは、災害時の被災者に対して行われる総合的な医療措置と体制のあり方をまとめたもので、その中にはさまざまに編成された災害救急医療チームが存在する。その中でも、災害医療を専門とする全米の医師や看護師、薬剤師がチームとなり、被災地へ派遣される災害医療支援チーム（ＤＭＡＴ）が特に有名である。これらの活動はすでに日本におけるＤＭＡＴの活動にも取り入れられている。そして現場ではこのＤＭＡＴと一体化して活動する国家看護対応チーム（National Nursing Response Teams：NNRT）や、国家薬剤対応チーム（National Pharmacy Response Teams：NPRT）もこのシステムの中で整備されている。

他にも、特殊化、専門化された救急医療チームは多数あり、例えば、国家医療対応チーム（National Medical Response Teams：NMRT）は、ＮＢＣ兵器テロなどの被害に対応するため、生物兵器や化学兵器によって汚染された被災者を洗浄するための能力を備えている。また、災害埋葬対応チーム（Disaster Mortuary Operational Response Teams：DMORT）は災害による死者の埋葬や解剖などの法医学的措置を行うための専門チームである。災害においては、大量の死者が発生する。危機管理の観点から、千人単位、万人単位以上で大量に発生した死者の対処については、危機管理部門の業務として対応の整備が日本でも必要であろう。都市捜索救助活動（ＵＳＡＲ）は、九・一一によってその活動の重要性が再認識された部門である。ＷＴＣビルが崩壊し、都市が破壊された中で、被害者、行方不明者を捜索する活動にはスピードが要求される。このような過酷な状況において、どのようにして被災者を救出するか、都市における被災者救出の専門家を養成し、ネットワーク化することがＦＥＭＡの使命でもある。

ＦＥＭＡの災害時の活動のなかで、最も目に見えるわかりやすい活動として有名なのが、緊急情報支援活動（ＭＥＲＳ）である。ＦＥＭＡが独自に持っている数少ない現場での実働部隊が、これである。ＦＥＭＡ

は、災害時における指揮命令系統の確保のため、独自の情報通信モバイル・システムを持っている。これが、MERSである。MERSの実働部隊はさまざまな車輌を持つが、その中には、多種無線通信車（MRV）、衛星通信車（MKV）、短波無線車、移動対策本部車（EOV）、電源車、空調車、燃料補給車、浄水車、給水車などの車輌があり、これらが被災地に派遣される。

FEMAはこれらを被災地に派遣し、災害現場の情報通信環境を確保する。この車輌を派遣したり、被災地で独自の携帯電話の電波塔を建てるなどの作業によって、災害現場と指揮を下す各所との通信コミュニケーションが確保され、通信衛星を経由したデータ通信、電話、コンピュータ上の情報処理が円滑に行われる。FEMAが危機管理に関連する各省庁との間の調整機関として任務を遂行するためには、このようなシステムを独自で管理することが必要なのである。

ほかにFEMAの国家防災課（Office of National Preparedness：ONP）は国のファースト・レスポンダーが大量破壊兵器に対応できるよう訓練する環境を提供するという任務を担う。またFEMAは、アメリカ全土の連邦レベル、州レベル、地方レベルにおける危機管理担当スタッフを教育、訓練する義務を負っている。FEMAの国家統合センター（National Integration Center）にある訓練教育部門は、危機管理に関わる専門家やファースト・レスポンダーの訓練プログラムをそろえ、教育課程を実施し、それらを修了したものに対して、危機管理協会（Emergency Management Institute）の認定による証明書を発行している。日本にも、このような危機管理の専門家、ファースト・レスポンダーを教育・訓練する統一された基準、機関が必要であろう。

FEMAはこのように政権の危機管理意識、危機管理観といったものを反映したその時代の鏡のような存在であるといえる。そのため、ＦＥＭＡ自体がどういう機関であるべきか、どのような危機に対して、どのように対策をとるべきか、その政権によって、時代によって組織のあり方が大きく変化していく。常に国家の危機管理がどうあるべきか、その答えを探してさまよっているアイデンティティ・クライシスの状態が続いている。このことは、ＤＨＳの一機関となってしまったことによって強化されたといっても過言ではない。

三　テロ監視体制

九・一一の直後、テレビや新聞などのメディアにおいて、モハメド・アッタのさまざまな画像、映像が登場した。アッタがコンビニエンス・ストアで買い物をする映像、ガソリンスタンドで給油して支払いをする映像など、それはテロ事件以前の、アッタの日常生活をとらえた映像である。なぜこのような映像をメディアは入手することができるのだろうか。これらの映像は、すべてコンビニやガソリンスタンドなどに設置された監視カメラ、ＣＣＴＶが日常的に撮影していたもので、これらはＦＢＩなど捜査当局によって押収されたもの、私企業によってメディアに持ち込まれたものである。

これはテロ対策にかかわらず、現代社会において日常的に行われていることであってすでに驚くことには値しない。それだけでなく、アッタの犯行前の足取りは、銀行カードの利用、携帯電話の通話、インターネットのログやメール、などによって詳細が明らかになっている。これらの銀行や電話会社、プロバイダーは警察の求めに応じて、犯罪者に関する情報を提供する。こうして、過去に発生したテロ事件に関する、それ以前の情報はアメリカでは現在でも簡単に利用することができ、犯罪捜査には有効に利用されている。

（1）移民国家アメリカ

世界で最も海外旅行者や移民の出入りが多い国家が、アメリカである。そもそもアメリカには国家という枠組みはあるが、ネイティブ・アメリカンを除けば今やまとまったアメリカ民族なるものは存在しない。世界中から移民が集まって作られた国家なのである。そのため、移民管理はアメリカにとって非常に重要でかつ難しい問題である。この移民問題にテロリズムが絡み合っているといえる。

テロ対策のためには、アメリカ国民への監視と同時に、外国からアメリカにやってくる移民の監視が必要になる。テロ対策にとって一番の基本は、テロリストの侵入を水際で食い止める出入国管理である。二〇〇二年六月には、アシュクロフト司法長官によって「国家安全保障・出入国登録制度」（National Security Entry-Exit Registration System）が発表された。この制度によって、外国人の出入国と在留資格管理が徹底されることになった。それまでは、イラン、イラク、リビア、シリアといったテロ支援国家に限定されていた指紋採取などの措置が、アラブ諸国全体に拡大され、テロリスト・データベースと照合されるようになった。その後、これらの措置はさらに世界中の国を対象に拡大していく。強制出国措置などの不法滞在者対策も強化された。

米政府は二〇〇一年九月から一二月にかけて、全米の大学で中東諸国からきている留学生を調査した。これは、九・一一の容疑者が学生ビザを利用していたことに起因する。その後、アメリカの大学で学ぶ大学生、大学院生や研究員の中で外国から訪れたものをネットワーク化するシステムが構築された。アメリカ中の学校が、そこに所属する留学生や、研究員の氏名、住所、出身国などの情報をＳＥＶＩＳ（Student and Exchange Visitor Information System）に登録を義務づけられた。これに登録されなければ、外国人はアメリカの学校、大学で学ぶことはできない。こうして、米政府は外国からの留学生、研究者への監視も強化している。

(2) テロ監視のための技術

しかしながら、こうした技術を用いて、テロリストの行動をリアルタイムで監視し、テロ事件を未然に防ぐことは難しい。九・一一以後、アメリカをはじめ先進諸国の多くがこの課題に取り組もうとしている。最新技術によるテロリズムの監視である。九・一一以後の対テロ監視体制が、全く新しい監視社会を作り出したわけではない。むしろ、デイヴィッド・ライアンの指摘のように、「むしろ、既存の監視システムが補強、増強されている」というべきであろう。監視社会論に詳しいライアンは、現代の監視は、コンピュータによるデジタル技術に依存することによって、アルゴリズム化、自動化され、予防的使用のためにデータマイニングによるプロファイリング、分類機能を果たすと指摘する（Lyon, 2001）。このシステムは多目的に利用されるが、その主要な任務がテロ対策である。

①監視カメラCCTV

現在、アメリカだけでなく世界のいたるところに監視カメラは普及している。かつて、この街を監視するCCTVの先進国はイギリスであった。一般の企業においても、店舗の中で防犯カメラでの撮影がなされているだけでなく、防犯対策として街頭にたくさんの監視カメラが設置された。実際に、二〇〇五年のロンドン同時多発爆破テロ事件の犯人は、このCCTVによって撮影されていた。イギリスでは犯罪の発生率が低下したというデータもあった。アメリカでも、すでに九・一一後は大都市でのCCTVは一般的になった。ニューヨークのマンハッタンには、タイムズスクエアなどを中心にいたるところにニューヨーク市警NYPDのCCTVが設置されている。また、イベント時には移動式のCCTVが活用される。これらの監視カメラCCTVこそ、非常にわかりやすい形の旧来の監視システムの代表例である。まさにジョージ・オーウェルがSF小説『一九八四年』で描いた、あらゆる場所に監視装置、カメラが存在しビッグブラザーが社会のすべてを監視する社会である。CCTVにはそこにあることをわからせることによって、テロリズムや犯罪などの実行をためらわせる、抑止効果があることが期待されている。それはテロリストが逮捕されることを恐れることによる抑止ではなく、むしろテロ計画の失敗を恐れることによる抑止である。さらに、そこに監視カメラがあることによって発生する安心・安全も存在する。監視カメラは、九・一一の時代以前の、一昔前の監視技術となりつつある。あらゆるところに監視カメラがあり多数の国民を、少数者がモニタリングする状態は、ミシェル・フーコーが『監獄の誕生』で指摘したようなパノプティコンの延長線上にある(18)。ここには、まだ監視される側、監視する側の旧来的な関係性のわかりやすさがある。

九・一一において、旅客機がテロリズムの道具として使用されて以来、再び空港はテロ対策の最前線となった。ハイジャック事件は一九七〇年代頃から多発していたため、実際にそれまでも、空港の安全管理は進められてきた。九・一一以前から世界中の空港には、監視カメラは設置されていたし、透視カメラによる手荷物チェックも実施されていた。しかしながら、九・一一以来、空港でのテロ対策は世界的なレベルで技術的にさらに強化された。手荷物検査に関していえば、テロ対策の名目で非常に厳しい制約が課せられている。二〇〇六年八月にはアメリカ行き旅客機の同時爆破テロ未遂事件が発生した。この容疑者は液体爆発物をペットボトルに入れて旅客機の機内に持ち込もうとしていた。それ以後、旅客機への液体物の持ち込みは規制されるようになった。それはオバマ政権においても変わっていない。オバマ政権のもとで、二〇〇九年九月にはさらに厳しい手荷物検査として、米運輸安全局（ＦＡＡ）が、爆発物として使用される可能性のある粉末状の危険物質を探知する装置を配備することを決定した。液体爆発物の監視の次は、粉末爆発物の監視である。危険な粉末を事前に発見する特殊探知装置の導入により、検査は機械により自動化される。

監視カメラＣＣＴＶに関連した技術でいえば、例えば、サイテック社（SIGHTech）がかつて開発したインテリビジョン（Intellivision）というシステムは、監視カメラを利用した動画によるパターン認識の応用技術であった。これはすでに空港でも使用が開始されており、空港で不審な行動をとる人物を自動認識、チェックすることができる。さらに、ボストンのローガン国際空港では、試験的にチェックポイントで顔認識技術「フェイスイット（FaceIt）」が使用された。空港を利用する乗客、搭乗員、従業員の顔をテロリストのデータベース情報と照合するシステムである。ネットワークとの結合によって、データベースにアクセスし、テロを予防するためのプロファイリングを行う段階に至っている。アッタら九・一一テロ実行犯たちを素通りさせてしまった空港のＣＡＰＰＳは、現在ではその後さらにＣＡＰＰＳⅡへ移行し進化を遂げている。

②バイオメトリクス

その空港では、テロ対策のための監視はさらに高度化している。現在、アメリカの空港からアメリカに入国するためには、パスポートのチェックや手荷物検査だけでなく、空港の入国審査で指紋をとり、目の虹彩パターンを記録することが義務づけられている。これらは、生体認証技術、バイオメトリクスを使用した監視である。パスポートなどの個人情報は巧妙な偽造が可能であるが、虹彩や指紋などのその人一人だけにしか存在しないという生体情報を利用した技術である。これはテロリストの国内侵入を防ぎ、テロを未然に防止するための水際措置としてグローバル・スタンダードとなった。現在はその他のバイオメトリクス技術も使用されている。声のパターンを利用した声紋分析、虹彩だけでなく網膜による認証、手のひらの静脈パターンによる認証、映像による顔識別などである。現在は、パスポートや銀行カードなど個人情報のIDカードにこうしたバイオメトリクス情報を組み込む形で進化している。

九・一一以後には、アメリカでは、IDカードに当人のDNAパターンなどの情報を組み入れることが提案された。『ニューヨーク・タイムズ』の記者、ティム・ワイナーによると、九・一一を受けてCIA長官補佐ジェームズ・モニアー・サイモン・ジュニアは、ジョン・アシュクロフト司法長官との会談の中で、IDカードに載せるべき情報として、指紋だけでなく血液型、網膜判定、声紋、DNAなどの情報を提案したという。また、身体に個人の認証タグのマイクロ・チップを埋め込むIDインプラントも検討されている。これらはすでに技術的には可能な段階になっているが、プライバシーの問題により、これらの技術の使用は未だ躊躇されている状態である。バイオメトリクスとは、高度に技術的な個人特定のための道具である。こうした情報はテロリズムだけでなく、一般犯罪捜査でもすでに使用されている。個人特定の精度を上げるため、そしてさらに効率とスピード重視のため、危機管理の分野ではバイオメトリクスを中心に高度なテクノロジー依存の状態が発生している。それでは、こうしたバイオメトリクスによる個人情報は、空港や銀行、警察などさまざまな場所で活用されているが、その情報はどこにアクセスしているのだろうか。

③ユビキタス技術

インターネットや携帯電話などのメディア技術の進化と普及によって、世界はユビキタス社会を実現する方向へと進んできた。現代の日本では、携帯電話やSuicaなどのＩＣカードで買い物の支払いをすること、電車の改札を通過することが当たり前となった。こうした携帯電話のようなモバイル・メディア、ＩＣカードがユビキタス社会のツールである。ユビキタス（ubiquitus）とは、「いたるところにある、偏在する」という意味のラテン語からきた用語である。いたるところで利用でき、さまざまな用途で使用できるユビキタス・メディアは現代社会を便利にするその利便性から技術的な活用が進められてきた。しかしながら、この技術は現代の最も強力な監視技術となる。日本のユビキタス技術はアメリカやイギリスよりも進化して、すでに最先端のユビキタス社会である。

旧来の生活行動では、銀行のＡＴＭでお金を出し入れしても、クレジットカードを使って買い物をしても、病院で健康保険証を利用して病気の治療を受けても、大学の学生証を使って成績表を交付されても、自動車免許証を更新しても、パスポートを使って海外旅行をしても、インターネットを利用して特定のサイトにアクセスしても、携帯電話である知人と会話しても、それぞれのカードやメディアは個別のシステムにしか対応していなかったため、個人の社会生活の全体を把握することは困難であった。しかしながら、確実にこれらのシステムでは個別にネットワークとデータベースが構築されていて、利用者はそこに利用の痕跡をログとして残す。これらのログが別の目的に悪用されないことを信じて、便利さの代償として利用者はそのことを容認してきた。利用者にとってはこうした個人の情報がどのようにデータベース化され、利用されているかはブラックボックスとなっている。

ユビキタス技術の特徴は、これらバラバラになっているカード、携帯電話などのモバイル・メディアをさらに便利にするために、一つのICカード、モバイル・メディアに統合しようとすることである。それを可能にするのはデジタル技術によるマルチ・メディア化である。一枚のICカードがあれば、一つのモバイル・メディアがあれば先に述べたようなクレジットカード、保険証、免許証、パスポートなどは一枚に統合できる。しかしそのためには、バラバラに存在していた個別のネットワークとデータベースが結合されなければならない。バラバラのネットワークとデータベースがデジタル技術で統合され、一つの巨大なライフライン、社会基盤（インフラストラクチャー）として構築されたとき、真のユビキタス社会が実現する。これは非常に便利な社会の実現であるが、その反面で非常に高度な監視社会の誕生を意味する。マーク・ポスターは九〇年代からすでに『情報様式論』においてこのデジタル技術によるデータベース社会を監視社会として指摘していた（Poster, 1990）。

当然、このユビキタス技術はテロ対策や犯罪捜査に利用される。アメリカはテロ対策の目玉として、こうしたあらゆる社会基盤のネットワークとデータベースを結合し、テロリストのデータ・ネットワークと結びつけることにより、テロを未然に防ぐ監視ネットワークを構築しようとした。その一つが、米国防総省高等研究計画局（DARPA）の情報認知局（Information Awareness Office）の、「全情報認知（Total Information Awareness：TIA）」というシステムである。

④グーグル革命

九〇年代後半から地理情報システム（Geographic Information System：GIS）の研究がアメリカを中心に

急速に進歩した。これは、地図作成の研究技術から発生した新しい分野で、軍事衛星や商用衛星などの人工衛星から得られる地理情報、地形情報を用いたデジタル地図である。主に軍事衛星から得られたインテリジェンスや軍事目的のための地理情報で、この技術と、GPSなどのモバイルメディアを組み合わせて利用することで、偵察作戦や情報工作などのインテリジェンス活動や、空爆やミサイル攻撃などの軍事作戦が実行されてきた。こういう側面でのデジタル技術の進化が軍事RMAと呼ばれる。現在、アフガニスタンの軍事作戦で使用されている米軍の無人攻撃機（UAV）はまさにこのデジタル地図とコンピュータ制御による遠隔操作によって、アフガニスタンの町や村をピンポイント爆撃している。六〇年代の米ソによる核競争、ミサイル競争時代の到来により、宇宙からロケットやミサイルで攻撃される可能性がある時代へと突入した。このようにもともとこれらは軍事技術であったが、他の技術と同じように民生技術に転用された。その代表例がカーナビゲーション・システム、いわゆるカーナビである。これはミサイルや戦闘機、無人偵察機が衛星とデジタル地図によってナビゲーションされるのと大枠では同じ構造である。

また、こうした宇宙から得られるデジタル地図は、軍事衛星によって軍事利用に限定されていた時代には、一般市民にはアクセスできないものであったが、現在はグーグル社が提供するグーグル・アースによって企業や一般市民が利用できるメディアとなった。世界のまだ行ったことのない国や街を私たちはグーグル・アースで宇宙からの視点で眺めることができる。さらには、同じグーグル社によるストリート・ビューでは、カメラを搭載した車輌で世界中の街を走り立体撮影することで、インターネット上にその街と同じ景観を映像で再構成し、世界中で話題になった。これは自宅にいながら世界を見ることができる画期的なメディアである。しかしながらこれは、道路だけでなく周辺の民家や生活も暴かれ、誰にでも簡単に見ることができるため、世界中でプライバシー侵害の問題が提起されている。私企業によるサービスが、一般市民が世界を監視する装置として機能する可能性がある。こうしたサービスは監視の道具でもあり、同時にテロリズムの道具にもなりうる。

このような現代のメディア技術によって日々進化を遂げているのが地理情報システム（GIS）である。使用用途によってさまざまなGISがある。例えば、電気やガス、水道といったライフライン敷設の状況をデジタルで再現したGISもあれば、犯罪捜査や犯罪情報発信のために活用されているGISもある。釈放された性犯罪者の身体にマイクロチップを埋め込み、GPSを使ってその犯罪者が日常生活の中でどこにいるかをリアルタイムでデジタル地図上で示すサービスも存在している。これと同様なマイクロチップとGPS、GISを組み合わせたシステムは、すでにペットの迷子防止などにも活用されている。これは、宇宙規模の監視システムである。

現在のGIS3・0は、こうしたGIS機能にフェイスブックなどのSNSを結びつけることによって、コミュニケーション機能を結合しようとするアプローチが進んでいる。これによって監視の技術は飛躍的に進化する可能性が出てくる。

⑤電話やネットの通信傍受

米国防総省高等研究計画局（DARPA）は、一九六〇年代以降、コンピュータ開発を支援し、それがインターネットの誕生につながった。

『ニューヨーク・タイムズ』は二〇〇五年一二月一六日付記事において、「ブッシュ大統領が裁判所の令状なしで電話の盗聴を実施」と報じ、大問題に発展したことは前に述べた。九・一一後、ブッシュ大統領は国家安全保障局（ＮＳＡ）に対して、秘密の指示を行った。テロリストの行動を監視し、テロ計画の証拠を発見する目的で、アメリカ国内の電話を通信傍受し、電子メールなどネット上の情報のやりとりを監視する権限を与えたのである。こうした行為は、合法的な手続きを踏めば、テロ捜査として合法とアメリカでは認められている。先にも紹介したように、アメリカには「外国諜報活動監視法（ＦＩＳＡ）」という法律がある。その法律によって、海外のスパイ活動やテロリストを監視するというような国家安全保障に関する捜査では、裁判所の捜査令状があれば国内で通信傍受することが認められているのである。しかし、ブッシュ政権は正規の令状手続きを無視して、テロ対策の一環として通信傍受・監視活動を実施していたことが判明した。このことは、ブッシュ政権のテロ対策の信用とその支持を貶めた。

本来、ＮＳＡはエシュロンを運用していることについてはすでに二章で述べたが、ＮＳＡの活動は海外の敵国、テロリストを対象としたものに限られていた。そして、国内のインターネットの監視は、かつてはＦＢＩの「カーニボー（CARNIVORE）」という巨大な通信傍受システムの担当であった。古いアナログメディアの電話を中心とした時代であれば、こうした国内と国外の区別は用意であった。しかしながら、インターネットが普及してライフライン化した現在、インターネットのメールやワールド・ワイド・ウェブへのアクセスは、世界中のポイントを経由している。その結果、海外でやりとりされているメールやアクセスが、インターネット最大の拠点であるアメリカのサーバーを経由していることが多いため、アメリカのトラフィックにはもはや国内も国外も存在しないのである。例えばアジアのある国から発せられた電話や電子メールがヨーロッパのある国に届けられるとき、その情報はアメリカのネットワーク、サーバーを経由する可能性が高い。パケット通信は常に最短距離を結ぶわけではなく、通信速度や輻輳などのトラブルなどを考慮しながら効率的なルートをその時々で判断するのである。こうした世界中の情報がアメリカのサーバーを経由するという「トランジット・トラフィック」問題が、この政策の根底にある。そのため、NSAは国内と国外という国境の線引きを超えざるを得なくなった。これがこのNSAによるテロ対策と通信傍受の問題である。反対に、ライゼンも指摘するようにこの「トランジット・トラフィック」問題を理由に、米政府はアメリカを経由する世界中のトラフィックを監視することが可能になったのである。

この報道以後、テロ対策における安全・安心と自由・人権の対立の図式が、アメリカ社会において顕在化した。テロ対策という大義名分があれば、一般市民の自由や人権が損なわれてもよいのか、この問題はアメリカの世論を揺るがす大問題に発展した。これは、人々にとって、また民主主義社会にとって、普遍的な価値の対立の問題である。その後、この問題は裁判所で争われることになり、ブッシュ政権の通信傍受行為に対して連邦地方裁判所において違憲判決が出された。ブッシュ政権は、突然、二〇〇七年一月に令状なしの通信傍受捜査を中止するという政策変更を、司法省を通じて発表した。メディア報道とそれによる世論の高まりの勝利であった。この記事を書いた『ニューヨーク・タイムズ』のジェームズ・ライゼン記者とエリック・リヒトブラウ記者は、二〇〇六年のピューリッツァー賞を受賞した。ブッシュ政権の対テロ政策の不法性を暴いたことが評価されたのである。

⑥全情報認知（TIA）システム

米国防総省高等研究計画局（DARPA）の情報認知局（Information Awareness Office）は、「全情報認

知（Total Information Awareness：TIA）」というシステムを運営し、国民全体を対象にしたテロ対策情報管理を実行していた。ブッシュ大統領は二〇〇二年に情報認知局長に、ジョン・ポインデクスターを指名した。しかしながら、メディアや国民の中からプライバシーの問題が指摘され、大きな社会問題となったため、テロ対策に限定するというイメージ操作のために、同システムを「テロ情報認知（Terrorism Information Awareness：TIA）」に改称した。しかしながら、議会による予算が成立せず、二〇〇三年にこの計画は終了した。

このＴＩＡのイメージは、まさにクレジットカードの利用、銀行ＡＴＭの利用、納税証明、自動車免許証、病院のカルテ、携帯電話の利用記録、航空会社の利用明細など、人々の生活に関わる情報のデータベースがすべてネットワーク化され、その中で個人の生活行動がコード化され、浮かび上がるシステムである。ネットワーク化されたデータベースを利用して、データマイニングされるまさにマーケティングの手法にも似ている。これが現在において最高レベルの監視体制であり、この中で国民の生活は監視される。

アメリカの航空機を利用する搭乗者を乗せてよいかどうかを判断したり、また危険人物と判定された人に対してボディチェックや手荷物チェックなどのチェックを重点的に実施したりするために、活用されているシステムが存在する。「運輸保安局安全航行プログラム（Transportation Security Administration's Secure Flight Program）」と呼ばれており、運輸保安局（ＴＳＡ）が管理している危険人物のデータベースである。また、ＤＨＳの「自動ターゲット・システム（Automated Targeting System：ATS）」は、米国市民を対象としたデータベースで、市民をさまざまな側面からデータ化することにより、犯罪歴のある市民を中心にして、テロリスト度を判定することが可能なシステムである。これらのシステムは、メディアによる報道や〇八年に全米アカデミー（National Academies）の一部である米国学術研究会議（National Research Council：NRC）の報告書などによって明らかになり、その度にメディアと世論の批判の対象となった(19)。

現代の監視社会とはこうした最新の技術、メディアを駆使して構築されている。このような現代的な監視社会においては、監視は両義的な意味を持つ。デイヴィッド・ライアンが指摘するように、ＣＣＴＶやバイオメトリクス、ＩＣカードなどによって少数者の権力が多数の国民を監視する、ミシェル・フーコーが指摘したような意味でのパノプティコンのベクトルと、反対にテロ事件やテロ対策の状況が多数のオーディエンスによって視聴されているシノプティコンのベクトルの、その相互作用によって互いに補強し連携しながら機能していることを忘れてはならない。両者のベクトルを支えているのが同じメディアであり技術なのである（Lyon, 2003）。

さらには、現代の監視は、『一九八四年』に登場するビッグブラザーのような、権力による一極集中、中央集権的システムではなく、企業や学校、病院などさまざまな組織によってなされる分散化した監視となっている。政府権力がこうした監視技術を向上させていくと同時に、その監視の目をかいくぐるためのテロリストの技術も向上していく。これによるイタチごっこの状態が続いている。しかし、この技術競争は共に降りられないゲームとなっている。映画『マトリックス』が描く未来は単なるフィクションではないかも知れない。

四　監視活動・諜報活動における安全・安心vs自由・人権

九・一一以後、そのショックから、アメリカ国民の中にテロリズムに対する不安と恐怖が増大した。テロリズムは国民の不安をかき立てる最大のリスクとなったのである。リスク社会学者のウルリッヒ・ベックが指摘したように、アメリカにおいて最初にグローバル・リスク社会のイメージを誕生させたのは、まさに九・一一によるテロリズムの危機であった。ベックが指摘する残りの二つのグローバル・リスクである、気候変動などの環境問題も、国際的金融危機も、アメリカにおいて社会的議題となるのはその後のことである（Beck, 2002）。このテロリズムの危機とそれによる不安を解消するために、アメリカ国民とメディアはブッシュ大統領の「対テロ戦争」や国土安全保障政策を積極的に支持し、各種メディアによる世論調査におけるブッシュ大統領の支持率も絶頂期には八〇％を超える事態となった。アメリカ国民を、「テロと戦うためには市民の自由を部分的にあきらめざるを得ない」という世論が覆ったのである。社会の「安全（safety）」・「安心（security）」を守るためには、市民の「自由（liberty）」と「人権（human rights）」がある程度制限されても仕方がないという考え方である。一般的にアメリカでは、この「安全・安心」という価値と、「自由・人権」という価値はトレード・オフの関係にあると信じられており、ブッシュ政権もまた、このトレード・オフ関係を政策的に利用してきた。

ブリジッド・ナコスは、九・一一以後、ブッシュ政権が「テロとの戦い」の名の下に二〇〇一年のパトリオット法などのテロ対策法制を制定する過程において、市民の自由が制限されることに対して、メディアが抵抗することなくそれに同調したことを批判している（Nacos, 2008）。またコール＆デンプシーも、テロ対策によって憲法に保障された自由が損なわれている点を指摘する（Cole & Dempsey, 2006）。彼らは〇一年九・一一以前からあったＦＢＩを中心としたインテリジェンス・コミュニティにおける違法捜査の実態を指摘し、一九九六年反テロリズム法における市民の自由の制約の問題、九・一一以降のパトリオット法や国土安全保障政策における通信傍受などの監視体制や、キューバのグアンタナモ米海軍基地にあるテロ容疑者収容施設における長年の違法な拘留を問題化した。

九・一一以後、このように安全・安心を守るための「テロとの戦い」において、国民の自由と人権が損なわれていることを考えるきっかけとなった事件はいくつかある。そのひとつが、イラク戦争の原因となったフセイン政権の大量破壊兵器（ＷＭＤ）に対するインテリジェンスの失敗である。間違った情報により開始されたイラク戦争は戦後の駐留継続によって泥沼化し、その後、アブグレイブ刑務所における囚人虐待問題が発覚、キューバのグアンタナモ米海軍基地のテロ容疑者収容施設における違法な拘留と取り調べが問題化することで、対テロ戦争の大義に疑問が発生した。また、ＣＩＡ秘密収容所の問題も発覚した。ライゼンによれば、世界中にＣＩＡの秘密収容所は存在し、その中でもアルカイダの重要人物を収容する「ブライト・ライト」と呼ばれる収容所は場所も秘密とされているが、比較的軽度の被収容者を扱う「ソルト・ピット」と呼ばれる収容所はアフガニスタンに存在するという。アメリカの法の支配が及ばない外国において、またはアメリカのマスコミ、メディアや人権団体の目の届かない場所にあって、被収容者への尋問や聴取が徹底的に実施できる場所という条件から、これらの収容所は設置されている。ライゼンは、こうしたＣＩＡ秘密収容所はタイやポーランド、ルーマニアなどに存在すると指摘している（Risen, 2006）。

また、国防総省の国防高等研究計画庁（ＤＡＲＰＡ）が立ち上げた「全情報認知システム（Total

Information Awareness System：TIA System）」の問題や、二〇〇五年に発生した国家安全保障局（NSA）によるアメリカ国内での電話やインターネットに対する違法な通信傍受活動が、国民の自由と人権を損なわせ、テロとの戦いへの支持を急落させる最大のきっかけとなった。

こうして国民世論の中で、安全・安心を優先していた空気は、自由・人権を優先する空気にバランスを傾けた。プライバシー・インターナショナル（Privacy International：PI）や、電子プライバシー情報センター（Electoric Privacy Liberty Center：EPIC）などの団体は、こうした九・一一以後の政府による監視の強化に対して、反対運動を行った。ロバート・ジャービスはテロとの戦いの中で発生した脅威を過大視する傾向を「脅威のインフレ」（threat inflation）と呼んで批判した。さらに、デイヴィッド・ライアンはこうした脅威に対して、過剰なテロ対策が実施されることで、社会に萎縮効果が発生したと批判している（Lyon, 2003）。

ティム・ワイナーはこう述べている。「開かれた民主主義国で、秘密の諜報機関をどうやって運営するのか。嘘をつくことで真実に資するにはどうすればよいのか。どうやって欺瞞で民主主義を広めるのか[20]」（Weiner, 2008）。これは大きなパラドクスであり、民主主義国家アメリカがインテリジェンスや監視活動において抱えるジレンマである。このパラドクスやジレンマをどのように解決すべきか、その議論は始まったばかりである。

戦争や自然災害などの危機は、比較的、非常時と平時の空間的区別がつき、時間的な切り替えが可能である。そのため、その有事という限定された空間・時間の中で、一時的に安全・安心と自由・人権のバランスが移動しても、再び平時においてそのバランスを戻すことが可能である。しかしながら、テロリズム予防という問題には平時と非常時の区別はない。テロは国家の内外でいつ、どこで発生するかわからないのである。そのような問題に対して、安全・安心と自由・人権の価値のバランスをいかにして保つか、民主主義社会にとっては重要な課題である。

ジャービスはイラク戦争におけるイラクの大量破壊兵器に関するアメリカのインテリジェンスの失敗を事例として、現代のテロリズムの時代におけるインテリジェンスのあり方を考察している（Jervis, 2006）。また彼は、そのインテリジェンス研究において、この民主主義時代における「自由・人権」の問題と「安全・安心」の問題の対立を指摘し、民主主義社会におけるテロ対策、インテリジェンスのあり方を考察している。さらにジャービスは、ウォーターゲート事件や九・一一を例に挙げながら、インテリジェンスの効果とシビリアン・コントロールのバランスはやはりトレード・オフ関係にあると指摘している（Jervis, 2007）。しかしながら民主主義社会においては、彼が指摘するように、自由・人権を守ることとのバランスを考慮しながら、安全・安心を守らねばならない。この異なる二つの価値の対立の間で、柔軟な運用と国民の健全な合意が必要なのである。軍隊（military）と文民（civil）の政軍関係の間にシビリアン・コントロールが重要なように、そのアナロジーとして、文民によるテロ対策のシビリアン・コントロールが重要であると、ジャービスは指摘する。それこそがテロ対策における政治の役割である（福田、二〇〇八）。その関係が確保された上で、民主主義におけるインテリジェンスは成立する。ジャービスは「インテリジェンスやテロ対策は危険であるが、しかし必要である」と述べているように、インテリジェンスの重要性を強調した上で、民主主義社会における合法的なインテリジェンスのあり方、テロ対策、国土安全保障におけるシビリアン・コントロールのあり方を模索している（Jervis, 2007）。

そこで重要になってくるのが、インテリジェンス活動、インテリジェンス・コミュニティに対する監視機能である。当然、アメリカにおいて安全保障に関わる政策の監視機能を持つのは議会であり、また上院諜報委員会や、フランク・チャーチ上院議員によるチャーチ委員会などに代表される特別委員会などの各種委員会である。そして、インテリジェンス・コミュニティによる説明責任（accountability）のあり方、その職権乱用に対するセーフガード、制度的構築が検討されている。これまでも、一九七八年の外国諜報活動監視法（FISA）をはじめとして、一九八〇年の諜報監視法（The Intelligence Oversight Act of 1980）や、一九九一年の諜報監視法（The Intelligence Oversight Act of 1991）が制定され、議会による諜報活動の監視手続きは続いている[21]。テロ対策に関しても民主主義国家においては、安全保障上の情報の秘匿と、情報公開、説明責任の間でせめぎ合いがあり、合法的な手続きの上でギリギリのバランスを保ち続けられることが求められている。

これはアメリカだけの問題ではなく、世界中の民主主義国家、法治国家においてこの問題は普遍的にあてはまる。日本においても、有事法制や国民保護法制においてこの両者の対立は大きな問題であり、日本国民にもその決断が迫られている。日本でも近い将来において、そのことが社会を二分する論争になることであろう。民主主義社会において、この「安全・安心」という価値と、「自由・人権」という価値をどのようにバランスをとるか、日本もこれからこのテロ対策における理念的問題を避けることなく、徹底的に議論しなければならない。

（14） ＤＨＳのライフライン防護計画については、ＤＨＳが毎年発行している報告書を参照のこと。DHS (2008).

National Infrastructure Protection Plan 2008, The Department of Homeland Security.

（15）ＮＩＭＳについては、ＤＨＳ（2004）を参照のこと。DHS (2004), *National Incident Management System*, The Department of Homeland Security.

（16）ＤＨＳやＦＥＭＡにおける情報通信システムについては、警察政策学会情報通信研究部会編（二〇〇九）『米国の緊急事態対応と情報通信システム』において詳細に考察されている。

（17）筆者は以前から災害研究の分野でＦＥＭＡとは長い交流があったが、二〇〇八年にワシントンＤＣのＦＥＭＡ本部を訪問し、スタッフからＦＥＭＡのテロ対策の現状についてヒアリング調査を実施した。この節では主にＦＥＭＡから直接入手した膨大な資料をもとに考察を行う。また、それらの一部資料は、ＦＥＭＡ：http://www.fema.gov/でも入手できる。

（18）パノプティコン（Panopticon）とは、すべて（pan）を監視する（opticon）という意味からなる、一カ所から施設全体を展望監視することができる刑務所等の施設構造のことである。一八世紀にジェレミー・ベンサムが最初に設計した刑務所施設の構想に起因する。少ない監視者によって多数の収容者を監視することができるとされる。

（19）世界的な規模の膨大なデータから、テロリストの分析や、捜査のために活用されているデータマイニング技術がインテリジェンス活動に導入されている。このデータマイニング技術と犯罪プロファイリングを結合して、テロ対策においても活用されるようになった。このテロ対策におけるデータマイニング技術の使用も、その精度の有効性の面や人権問題的な側面から批判がなされている。

（20）ワイナー（二〇〇八）の三四七頁より引用。Weiner, T. (2008), *Legacy of Ashes : The History of the CIA*, The Robins Office Inc., New York.（ティム・ワイナー（二〇〇八）『ＣＩＡ秘録—その誕生から今日まで（上・下）』文藝春秋。）

（21）諜報機関への監視活動については、土屋（二〇〇七）に詳しい。土屋大洋（二〇〇七）『情報による安全保障—ネットワーク時代のインテリジェンス・コミュニティ』慶應義塾大学出版会。

四章　警報――テロ・災害対策としての警報システム

一　テロ警報システム（HSAS）

これまで考察してきたような、インテリジェンス活動によって収集された危機に関する情報は、インテリジェンス・コミュニティにおいて分析され、政府における政策決定に活かされなければならない。そして、危機が近づいている場合、その危機から国民の安全を守るため、事前に警報として情報が周知されなければならない。テロ対策において次に重要になるのは、この国民へ危機を知らせる事前の警報システムである。アメリカには数多くの警報のシステムが存在する。

最初にとり上げるのは「国土安全保障警報システム（Homeland Security Advisory System：HSAS）」である。一般的には「テロ警報システム」と呼ばれることが多い。九・一一の一カ月後の二〇〇一年一〇月に準備が開始され、二〇〇二年三月一二日、国土安全保障大統領令三号（HSPD-3）によって国土安全保障局

（ＯＨＳ）において運用が開始された。その後、創設された国土安全保障省（ＤＨＳ）においてトム・リッジ長官の下で運営、管理された。

国土安全保障警報システム（ＨＳＡＳ）は、いくつかの個別の警報システムの総称である。そして、あくまでも国民に向けて危機に対する意識と準備を高めるための長期的な指針である。そのため、この国土安全保障警報システムは、警報であっても、緊急事態だけに発生される警報（warning）ではなく、参考のために常時提供されている警報（advise）なのである。この国土安全保障警報システムを構成するものの代表的なものに、①「色分け脅威レベルシステム（Color-coded Threat Level System）」と、②「国土安全保障情報掲示板（Homeland Security Information Bulletins）」、そしてそれらによって引き出される③国土安全保障脅威警報がある。この中身のシステムについて具体的に検討したい。

色分け脅威レベルシステムは、現在テロリズムによる危機がどの程度のレベルにあるかを五段階で色分けして、常時国民に知らせるためのシステムである。五段階の色とは、脅威のレベルが高い順から赤、オレンジ、黄、青、緑の五色である。それぞれは、以下のような意味を持つ[22]。

①「Low Condition」（緑）：
テロリストの攻撃のリスクが低い状態。テロへの防御計画の訓練、脆弱性の点検とその克服、対策の制度化など。

②「Guarded Condition」（青）：
テロリストの攻撃のリスクが普通の状態。緊急対応計画、情報伝達システムの確認、住民の対応行動に関

する社会教育、PRの確認など。

③「Elevated Condition」（黄）：

テロリストの攻撃のリスクが高まりつつある状態。重要施設の監視強化、周辺機関との調整、関係強化、脅威の特徴の分析と具体策の検討など。

④「High Condition」（オレンジ）：

テロリストの攻撃のリスクが高い状態。連邦、州、地方レベルの行政や州兵、軍との調整、公共イベントの中止や変更、計画実施の準備など。

⑤「Severe Condition」（赤）：

テロリストの攻撃のリスクが深刻である状態。危機管理要員の増員、再配置、輸送システムの監視、コントロール、公共施設の閉鎖など。

この警報レベル（Advisory Level）は、インテリジェンス・コミュニティからのあらゆる情報から総合的に判断されて、ＤＨＳ幹部などからなる政府機関の上層部によって決定されている。しかしながら、その警報レベルの基準などは公表されておらず、筆者がこれまでＤＨＳの専門部署を訪問して実施したインタビュー取材によっても、それは明かされなかった。それは安全保障政策である以上、当然のことであろう。

しかしそれは建前上、漠然と抽象的に決定されるわけではなく、ＤＨＳによって定められた方法によって、アメリカ国家にとって重要な資源、施設、交通機関、ライフラインなどの重要インフラに対する具体的な脅威を計算し、算出されることになっている。そして脅威にさらされている具体的な対象によって、個別の警報やアドバイスが提供される。それを総合的に表現したのがこの警報レベルである。

そして、国内のあらゆる機関に対してそれぞれ定められた対応が準備される。テロリズムの脅威に対する備えが事前に完了するのである。インテリジェンスの情報入手が早いほど、この警戒レベルは早く高められ、その結果、その警報レベルにそって現場の各機関では的確な対応がとられる。その結果、テロリストが犯行をとりやめることや、未然に発見したりすることによって被害を最小限に食い止めることができる、というのがこのシステムの狙いであった。ちなみに、本書を執筆している二〇〇九年九月下旬の段階での警報レベルは黄色であった。

この色分け脅威レベルシステムの効果を検証することは非常に困難である。未然に防ぐことができた潜在的なテロリズムを計算することが難しいからである。これで実際に、テロ対策のパフォーマンスが向上したかどうか、もしくは実際にテロ事件を未然に防ぐことができたかどうか、それはテロ事件がどれくらい国内で発生したかという顕在的なデータからしか検証することはできない。少なくとも、九・一一以降、DHSの体制下にあって、この警報システムの開始以降、アメリカ国内では大規模なテロ事件は発生していない。かといって、それはDHSをはじめアメリカ政府のテロ対策全体の効果であるため、この警報システムの効果だけによるものでもないことも事実である。

しかしながら、この色分け脅威レベルシステムには、テロリズムという危機が、戦争のように平時と戦時を明確に分けられるものではなく、常に平時と非常時が連続線上にあり、平時において突然発生しうる危機であるという意識が、国民の中に根付くという効果があると考えられる。テロリズムとは、私たちの平常時の日常生活の中にこそ発生しうる危機なのである。そのことを、普段から意識するためには、このような警報システムは有効であり得る。しかし、その反面、常時こうしたテロリズムに対する警報が存在し続けることによって、感覚が麻痺してしまう逆効果も考えられる。つまり、テロリズムに対する情報、警報に慣れてしまうのである。そう考えると、この警報システムは「両刃の剣」という側面が強い。

また、この色分け脅威レベルシステムには大きな問題点が二つ存在する。一点目は、国民への宣伝、教育が足りないため、多くの国民がその存在やメカニズムを知らず、うまく機能していないという点である。二点目は、そのシステムにおける脅威評価の客観性、ルールが示されないために、恣意的に決定され、政治的に利用されているのではないかという疑念が常につきまとうことで信頼性が低下していることである。

本来はこのシステムは民間防衛的な側面が強い。市民向けガイダンス（Citizen Guidance）として用意されている資料等もあり、そのため一点目の問題として、市民向けに宣伝されるべきものであるが、これがあまり国民によく理解されていない現状がある。国民のほとんどがその存在を「なんとなく知っている」が、その情報がどのような意味を持ち、どのように対応すべきかという詳細については、ほとんど知られていないのが実態である。スチュワートらは、この国土安全保障警報システム（ＨＳＡＳ）がアメリカ国民にどの程度認知され、理解されているかを調査した（Stewart, et al., 2006）。その結果、ＨＳＡＳについて聞いたことがある市民は五〇％に過ぎなかった。ＨＳＡＳの色分け脅威レベルシステムにおいて最も危険度の高い色を答えられた回答者は六一％に達したが、赤色が危険を意味するという社会的通念から偶然正解した可能性が高いと彼らは結論づけている。その証拠に色分け脅威レベルシステムで最も危険度が低い色の正解率は二三％に過ぎず、色分け脅威レベルシステムの色のレベル全体を理解していた人は二一％に過ぎなかった。その調査時点での警戒レベルとその色を正解できた人は三七％であったという。スチュワートらの調査によって、国民はこの制度についてほとんど知らないことが明らかになった。さらには、性別や人種、年齢層、学歴、支持政党などのデモグラフィック属性の変数とのクロス分析の結果、このシステムの認知度、理解度が低い層は、女性、六五歳以上の高齢者、黒人、低学歴層、共和党支持者という傾向がみられたという。PRが徹底されなければ、こうした警報も意味がないことは確かである。カリルはこうした国土安全保障政策には、国民の認知と理解が不可欠であり、そのためには新聞やテレビ報道、インターネットなどのメディアの役割が非常に重要であると指摘している（Khalil, 2006）。

二点目の問題として、シャピロとコーエンは、このテロ警報システムに客観性と信頼性がなく、政治的に操作されているのではないかという疑念が国民やメディアの中にあるため、誰も信用しなくなってしまい、存在意義が失われたと指摘する（Shapriro & Cohen, 2007）。二〇〇四年の段階ですでに三八％の人がこのテロ警報システムが政治的に利用されていると感じているというデータも示されている。このシステムへの信頼が一度崩壊してしまうと、メディアも国民もそれを真剣に受け止めなくなる。その結果、二〇〇四年の大統領選挙では、民主党候補のジョン・ケリーはこのテロ警報システムを廃止することを公約とした。しかし、結果として二〇〇四年の段階ではまだテロの脅威はアメリカ国民の中に残っており、それに乗じたブッシュ大統領が再選されるという結果となった。この二〇〇四年の大統領選挙の直前に、ブッシュ政権内部でテロ警報システムのレベル引き上げが画策されていたことを、二〇〇九年八月に、その選挙当時ＤＨＳ長官であったトム・リッジ氏がその回顧録『*Test of Our Time*』の中で暴露したと報道され問題となった。この選挙の最大の争点はテロ対策であり、その際中に、アルカイダの動向を根拠としてアシュクロフト司法長官とラムズフェルド国防長官らがテロ警報システムの警戒レベルをオレンジに格上げすることを提案したが、リッジ長官がそれを拒否したという内容である。この動きは、テロの脅威を選挙中に引き上げることで、共和党に有利な選挙戦にするためではなかったかというのが、メディアの批判である。最初にその疑念が発生したのは二〇〇三年のイラク戦争開始の頃で、戦争の直前に警戒レベルはオレンジから黄色に引き下げられた。その後再び戦争の開始と同時に黄色からオレンジに引き上げられた。このような動きを示したのは、戦争によってオレンジから赤色にシフトすることを避けるためであったと『ニューヨーク・タイムズ』などの報道が指摘した。つまり、戦争時に赤色の警戒レベルにすることで国民がパニックになることを抑えるため、赤色の使用を回避するための操作であったという指摘である。

こうしたテロ警報システムに対する疑念の声は多いが、その原因はこのシステムの警戒レベル設定の判断が客観的に示されていないためである。確かに、テロ対策の情報は、事件捜査のため、または安全保障上の問題であるため、一般に公開できない情報が多いことは確かである。しかしながら、こうしたテロ警報システムを国民が信用するためにはある程度の客観性が必要である。この両者のバランスの上で、新しいシステムの構築が求められている。さらには、連邦制国家であるアメリカにおいて、政府レベルのテロ警報システムの決定と、その対応措置が、州レベル、地方レベルにおける実際の現場での対応との間でアカウンタビリティとコミュニケーションの問題を引き起こしていることも確かである。こうした諸問題に対する措置として、シャピロとコーエンは「手続き的公正」を確保できる新しいテロ警報システムの必要性を指摘している。アメリカは警報という側面においてもこうしたジレンマを抱えている。国民を守るためにあるはずの警報システムが政治的に利用されてしまうという手続き的ジレンマである。民主主義的観点から公正に運営される警報システムを構築することが、今後の課題である。

このわかりやすい色分け脅威レベルシステムの情報が前面に出ているために、その陰に隠れてしまった存在になっているのが、「国土安全保障情報掲示板（Homeland Security Information Bulletins）」である。全体的な状況を色分け脅威レベルシステムで示した後、具体的な各機関向けの対応情報などは、この国土安全保障情報掲示板で示される。実際のテロ対策においては、この方がむしろ重要である。現在の全体的な状況が示された後、具体的に鉄道や空港などの交通機関がどう対応するか、電気やガス、水道などのライフラインがどう対応するか、原発や水力発電などのエネルギー施設がどう対応するかなどが指示される。これらの指示が国土安全保障警報システムによって一括化され、ＤＨＳによって管理されることに効率的な運用面での意義がある。

このように全体的なテロ警報システムは、未だ改善の余地が大きく残っており、アメリカのテロ警報システムは発展途上の段階であると言わざるを得ない。アメリカはテロ対策サイクルにおいて警報の側面に大きな弱点を抱えている。

二　生物剤感知計画（バイオウォッチ・プログラム）

(1) バイオテロリズム（生物兵器テロ）との戦い

「今日、テロとの戦いにおける最も深刻な危険、米国と世界が直面する最も深刻な危険は、核兵器、化学兵器、生物兵器を追い求め、保有する無法国家である。それらの国家は、脅迫、テロ、そして大量殺りくのために、そうした兵器を使う可能性がある。（中略）今夜私は、生物兵器テロから国民を守るため大規模な研究・開発を進めるプロジェクト・バイオシールドを提案し、将来の安全をさらに強化することを議会に求める。(23)」

ブッシュ大統領は二〇〇三年一月二八日の一般教書演説の中で、「生物剤感知計画(Biowatch Program)」(以下、バイオウォッチ・プログラムと表記)を設置することを宣言したとき、このように述べた。

九・一一の直前、八月一七日に逮捕されたザカリア・ムサウィのパソコンから、農薬散布に関する情報が発見された。また、実行犯のモハメド・アッタの所有物の中からも穀物散布の資料が発見されたという。穀物散布用の小型飛行機で生物兵器を散布する計画を練っていたのである。これは日本でもかつてオウム真理教が画策していたバイオテロの手段であった。九・一一の段階で、生物兵器を用いたバイオテロの可能性が指摘され、警告が出されていた。

九・一一後にも、政府機関や新聞社などメディアに対して、生物兵器としても使用される炭疽菌が混入された封筒が送りつけられ、五人が死亡し、一七人が発症したという有名な「炭疽菌事件」も発生した。これは明らかに政治家やメディアを標的にした生物兵器テロであり、相次ぐテロに全米が一時パニック的反応を引き起こし、社会不安が増大した。その結果、郵便物に対する生物兵器テロ対策が全米で実施されたことは記憶にあたらしい。

アメリカはそれ以前にも生物兵器によるテロ事件を経験している。一九七二年にはシカゴで、ネオナチの右翼団体「旭日社(Order of Rising Sun)」の学生メンバーが、腸チフス菌を使用した事件の計画のもとで、菌を培養していたとして逮捕された。また、一九八四年九月には、オレゴン州のレストランにあるサラダバーにサルモネラ・チフスが混入され、七〇〇人を超える被害者を出した。これはインド系カルト宗教のラジニーシ教団による犯行であった。

ハンレイ&ボラップは、バイオテロリズムの危険性について考察しているが、その中で、主に二〇世紀におけるアメリカの過去一〇〇年間で、第一次大戦、第二次大戦やベトナム戦争、イラク戦争などの戦争で死んだ国民の数より、ウィルスなどの疾病で死亡した国民の数の方が多いことを示し、その危険性を強調している (Hanley & Borup, 2006)。アメリカではインフルエンザで毎年三万人以上が死亡し、エイズによっても毎年約一万八、〇〇〇人前後が死亡している。一四世紀の黒死病では当時のヨーロッパ人口の六〇%、約五、〇〇〇万人が死亡している。このような驚異的なウィルスの特性と、テロリズムの脅威が合体したものが生物兵器によるバイオテロリズムである。バイオテロで使用されるウィルス、細菌には天然痘、ボツリヌス菌、炭疽菌、ペスト、チフス、ブルセラ菌など多様な種類がある。その多様な種類の細菌兵器の数だけ、そのバイオテロのシナリオが考えられる。また症例や拡散のパターンも異なり、そのため多様な隔離、避難政策、医療対策が必要となる。

それに対し、アメリカ政府がバイオテロの攻撃に本格的な対応を示したのはクリントン政権による一九九五年の大統領令による改革からである。これは、オウム真理教事件の影響であった。それまでも第二次大戦後に日本軍の生物兵器研究を米軍が調査したり、ニクソン政権が生物兵器の研究を行ったりしたが、大きな社会政策的潮流とはならなかった。クリントン政権はＣＤＣにバイオテロ対策を指示し、さらには九六年には大量破壊兵器防御法 (Defense against Weapons of Mass Destruction Act：DWMDA) が議会を通過した。一九九九年には政府はＣＤＣに対し、バイオテロの監視システムの構築と、その対応のためのバイオテロ研究のネットワークの構築を開始した。そのネットワークは、七〇種類以上の疾病に対応する国家電子疾病監視システム（National Electronic Disease Surveillance System：NEDSS）に組み込まれた。さらには、医療現場である病院がバイオテロの被害を発見したときの情報や治療などの対応策を、医療機関や研究所同士で共有するための「ラボラトリー・レスポンス・ネットワーク（ＬＲＮ）」が構築された。このＬＲＮがバイオテロの脅威に対応するためのアメリカを代表する医療ネットワークである。医療機関においてバイオテロの被害者が確認されたとき、このネットワークによって政府が、アメリカ中の医療機関からの情報を受け取り、バイオテロの対策が始まるのである（Acton & Ledlow, 2005）。さらには、バイオテロリズムのファースト・レスポンダー対策なども進化しつつある（von Lubitz & Lary, 2005）。二〇〇四年七月にはブッシュ政権において、二〇〇四年バイオ防護計画法（The Project Bioshield Act of 2004）が成立した。これは、国民をバイオテロなどの大量破壊兵器から守るため、病院での診察やワクチンの準備など医療活動を強化することを目的とした法制度である。

ＣＤＣは生物テロや化学テロ対策のための戦略的計画（Biological and Chemical Terrorism：Strategic Plan for Preparedness and Response）の中で、五つのキーポイントを示している。①準備と防止、②監視、③生物兵器、化学兵器の診断と特定、④対応、⑤コミュニケーションである。このようなバイオテロリズムへの対応の歴史的経緯の上に、バイオテロ対策をさらに発展させるため、この「②監視」から警報への流れの部分を強化したのが、ブッシュ政権のバイオウォッチ・プログラムである。

(2) バイオウォッチ・プログラムの概要

アメリカで二〇〇一年に発生した炭疽菌事件後、生物兵器を使ったテロの脅威への社会的認知が高まった。生物兵器テロが発生したときに、その被害者の治療を行う医療機関や保健機関の能力を高めること、この現場に到着したファースト・レスポンダーの装備を強化すること、そして、生物兵器が検知されたときに、周辺の住民を安全な場所に隔離、避難させることが必要である。二〇〇三年に国土安全保障省(DHS)は生物兵器によるテロ攻撃の対策の一環として、空気中への大量病原菌散布に対する早期警告を発するための「バイオウォッチ・プログラム」を計画した。このバイオウォッチ・プログラムはDHSによって構築された生物兵器への早期警戒警報ネットワークである。(24)

具体的にいえば、アメリカ国内各所に設置されている環境保護省(Environmental Protection Agency:EPA)の大気汚染モニター装置とともに生物兵器に対応できる病原菌検知器を設置し、空気中に舞っている粒子をフィルター上に集め、そのサンプルを研究所に運び分析する。検知の段階で、生物兵器の陽性反応が示された場合、特に詳細な分析がなされる。その分析の結果、生物兵器が発見された場合には、政府の諸機関に通報し、住民に早期警報を出し、犠牲者が発生する前に対策を立てるためのシステムである。

このバイオウォッチ・プログラムを全体的に管轄し、財源を提供するのはDHSであるが、その全体的なプロセスには**図表5**のような三つのプロセスが存在し、検知器でサンプル採取を行っているのはEPAであり、それを研究所で分析しているのは国立疾病センター(CDC)である。ここに保健社会福祉省(Department of Health and Human Services)が全体的に関わる。このCDCや、それぞれの州、地方レベルの公衆衛生研究所がサンプルの分析を行う。その後、国民へ警報で通知するのはFBIやFEMA、FC

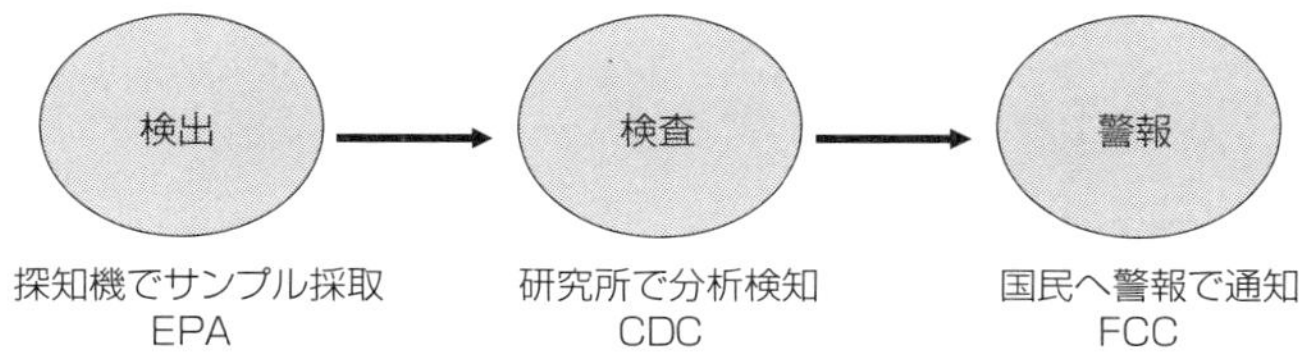

図表５　バイオウォッチのプロセス・モデル

Ｃの任務となる。これら全体の流れの中にＤＨＳが関与するが、このように三段階のプロセスに分かれているため、それぞれの段階で異なる組織が関わり、これらの機関が有効につながるシステムの構築が必要になる。こうした別々の組織が一体化して対応せねばならないのがテロ対策の難しいところであり、それを一本化する計画がバイオウォッチ・プログラムである。しかしながら、科学的に高度な技術が必要となるため、その病原菌検知器の設置場所や、結果の信頼性、多額の費用や優秀なスタッフの必要性、などの問題が指摘されている。このシステムは初期段階において試験的に運用されていたが、実用化に向けて、実験や研究による段階的な進化を遂げている。

生物兵器によるテロの恐ろしい点は、炭疽菌やペスト、天然痘などの生物兵器をさまざまな方法で散布する作戦の実行から、発症者が現れてそれが拡大するまでに非常に時間がかかることである。このタイム・スケジュール上の特徴は、他の一般的なテロリズムとは全く異なる点である。さらに、自分がその生物兵器に感染したことを自覚しない被害者が、潜伏期間中にアメリカ国内だけでなく世界中に移動することによって、被害が全世界へ広がる可能性があるということである。この点では、流行の過程は二〇〇九年に世界を震撼させた新型インフルエンザと同じである。このように生物兵器には、被害の時間的、空間的スパンの広さ、パンデミックという他のテロリズムにはない特徴がある。

このような飛躍的な被害の拡大を防ぐためには、一分一秒でも早くその生物兵器の存在を発見し、連邦政府や州政府が対応をとることが必要となる。その対応の早さこそが、生物兵器テロの被害を拡大させないために最も必要な対策なのである。そのために、このバイオウォッチ・プログラムは考案された。生物兵器の被害者が比較的少数で、しかもその症状が進む前に早期治療を受けることができれば、既存の救急医療体制で措置が可能である。しかし、それが時間とともに被害規模が拡大し、症状が進んでしまえば、すでに現行の救急医療体制では対応が不可能になる。生物兵器テロは、まさに時間との戦いなのである。

(3) バイオウォッチ・プログラムの進化

筆者はバイオウォッチ・プログラムを管理しているDHSの科学技術本部（The Directorate for Science and Technology）を二〇〇八年に訪問し、専門家にヒアリング調査を実施した。その後も研究会などの会合を通じて交流を続けている。このDHSの科学技術本部によって、次世代検知システムの提案が次々となされ、バイオウォッチ・プログラムは日々進化を遂げている。

生物兵器に対する収集、分析のための装置開発は以前から行われていたが、DHSによるいわゆる「バイオウォッチ・プログラム」が始動したのは二〇〇三年のことであり、そのバイオウォッチ第一世代（FY03）の特徴は、約三〇都市の規模で、一二時間から三六時間サイクルでサンプル収集を行い、採集から分析への移行は手動によるものであった。検知器の設置は現在も進行中であるが、場所は公式には公表されていない。公表することによって、生物兵器テロを実行するテロ組織を利する可能性があるためである。しかしながら、当初は約三〇都市に設置されたと一部報道ではいわれている。その一例を挙げると、フィラデルフイア、ニューヨーク、ワシントンＤＣ、サンディエゴ、シカゴ、ボストン、サンフランシスコ、セントルイス、ヒューストン、ロサンゼルスなどの大都市で、人口の多い重要施設に設置されている。この約三〇カ所からスタートして、その地点は拡大され、現在はさらに多くの地点がカバーされているといわれている。

それが、二〇〇五年以降のバイオウォッチ第二世代（ＦＹ０５—０７）では、同じ地点で同じサイクルのままであるが、一〇カ所に絞った重点地区において四倍のサンプル収集を実施し、空港や鉄道など重要な交通機関や特別なイベント会場に限定した運用を実施するという、運用面の強化を行った。

さらに、二〇〇九年からのバイオウォッチ第三世代（ＦＹ０９—１２）では、空気中のサンプル収集を三時間から六時間サイクルで、一日に三回から六回程度実施することが可能となった。サンプル収集から検知、分析が同じ地点で全自動化され、それがアメリカ国内の全主要都市レベルまで拡大される計画である。この全自動化によって現行システムの二五％のコストカットが可能になる見通しであるという。検出の対象となる生物兵器も、二〇種類の細菌やウィルスに拡大される。生物兵器に対するセンサーの感度を高めることにより検出レベルと技術的信頼度を高め、分析の精度が上がる。ここで重要なのは、この収集段階での生物兵器の検出と、研究所での分析結果との間の時間的ロスを最小限に抑えることである。そして時間的ロスを抑えながら、分析の精度を上げることが重要である。ここで分析結果が間違ったものであると、住民に対して誤った警報を出すことになる。警報が間違うことは、このバイオウォッチ・プログラムに対する国民の信用を著しく損ねることになる。この精度とタイムアップをさらに高めることが第三世代の目標である。

ＤＨＳの科学技術本部は、このバイオウォッチ・プログラムの進化のプロセスを「技術的チャレンジ（engineering chalenge）」と、「科学的チャレンジ（scientific challenge）」の二つの方向性で示している。技術的チャレンジとは、こうした検知システムにおけるサンプル収集、検知、分析から情報伝達までを全自動化することを目標とした技術的挑戦の次元であり、科学的チャレンジとはこのバイオウォッチ・プログラムのより幅広い多様なアプローチの追究を指している。

(4) バイオウォッチ・プログラムの問題点

バイオウォッチで空気中のサンプルから生物兵器の陽性反応が検出された最初の事例は、二〇〇三年一〇月のテキサス州ヒューストンの事案であると報告されている。極めて低いレベルの野兎病を引き起こす細菌が検出されたという。数日にわたって検出されたが、その後反応はなくなった。その結果、定められた対応措置として、テキサス州の公衆衛生機関であらゆる対策がとられ、幸いにも人的被害は発生しなかった。その後実施された調査により、この野兎病の原因となる細菌はヒューストンにおいて自然発生したものであると結論づけられた。細菌やウィルス等による病気はCDCが指定するカテゴリーAリストにある生物兵器がテロリストに使用されて発生することもあり得るが、その反面、アメリカでは毎年、自然に引き起こされた感染病として発生することもある。これらは風土病の類であり、アメリカ国内でも地域によっては普通に環境の中に存在する。

当時のEPAの大気汚染モニター装置に取り付けられた採取器は空気サンプルを集め、それをフィルターに通す形式のものである。当時、このフィルターは手動で二四時間ごとに集められ、ポリメラーゼ連鎖反応技術を使って、潜在する生物兵器の病原菌かどうか分析される仕組みであった。よって、バイオウォッチ・プログラムにおいては、収集し、検知された生物兵器的サンプルが、自然のものか、兵器かは詳細な分析を経なければ判断できないのである。その結果、危機的な状況が発生した場合には、テロか自然発生的なウィルスかわからない状態で、警報を発することになる。しかしながら、それは当然のことであり、運用上避けることが困難な問題のひとつである。

これまでも発生してきた西ナイルウィルスやSARS、サル痘ウィルスなどの自然発生的ウィルスのアウトブレイクへの対応と同じ公衆衛生システムの構築も重要である。生物兵器テロの発生と、こうした自然発生的ウィルスによる災害が発生する確率は、ほぼ同じくらいに低いものであるが、効率性を求めるのであれば、これらが両方共に同じシステムにおいて管理されることが望ましい。人為的なテロであろうがなかろうが、人にとって脅威のウィルスへの対応は必要なのである。

このように、自然発生的な疾病対策と、生物兵器テロに対する公衆衛生レベルでの危機管理計画には、他にも被害を受けた住民の確認や、避難、住民の外出規制や隔離などが含まれる。そのために必要なことは、正確な分析結果を素早く公表し、住民へ情報伝達することである。そのための監視システムが、バイオウォッチ・プログラムである。

他にも、バイオウォッチ・プログラムには、これまで以下のような問題点が指摘されている。このシステムを本格稼働するためには、これらは非常に重要な問題である。

①空気中のサンプルから間違った陽性反応を出す確率が残されており、実用化、汎用化のレベルに達していない。これは根本的な科学的限界の問題である。

②コスト・パフォーマンスの問題。計画の実現のためには開発費、設備投資、維持費など莫大な費用がか

かる。
③このような施設を一部の地域に置くことには意味がない。それ以外に莫大なエリアがあり、やり始めたらきりがない。
④設置されている地域と、設置されていない地域の差は何か。人口や重要施設、予算規模など、客観的基準を構築できるかどうか。そしてそれを国民に説明できるか。
⑤室内や建物内で散布されたものは検出しにくい。二〇〇一年の炭疽菌事件のように、郵便物に封入された炭疽菌がオフィスや自宅で開封された場合などには対応できない。
⑥EPAの大気汚染モニター装置と一緒に、検知器を置くことには意味がない。大気汚染調査のための連邦規則における基準は生物兵器を検知するための基準とは異なる。
⑦システムの運営のためには検知器の設置場所が秘匿される必要があり、そしてさらに検知器そのものがテロ攻撃から保護されなければならない。

このように技術的な問題、費用の問題、運用上の問題など多くの問題が残されていることがわかる。しかしながらこれらの問題は政治的判断によって、今後修正されたり、改善されたりする可能性はある。反対に、コスト・パフォーマンスの問題からいえば、オバマ政権の誕生により、テロ対策よりも景気対策が優先され、または支出カットの必要性にかられ、予算上の措置として今後計画の規模が縮小されることや、一時凍結される可能性も否定できないであろう。

しかしながら、このような批判、問題点の指摘に対して、DHSの科学技術本部の担当者たちは、筆者のインタビューに際して、バイオウォッチ・プログラムに対して以下のような意義を強調した。

①テロリストに対して生物兵器の使用を躊躇させる抑止効果がある。抑止効果を持たせるためには、テロリストや一般住民にもよく理解されるように宣伝、ＰＲの徹底が必要である。しかしながら詳細は機密にしなければならない。それによって効果が発揮される。

②テロリストに対する技術的チャレンジ。政府は技術的対応力のポテンシャルを常に高めておく必要がある。テロ対策に関して、対応できない、対応策の全くない状態を放置してはならない。

③重要施設や、重要イベントの警備のために、局所的、限定的にこのシステムを利用することには有効性がある。

彼らの指摘ももっともである。特に、テロの抑止効果や、国民の不安を取り除き安心を与える心理的効果は重要であり、そういう意義を持つ存在として、アメリカ社会でも受け入れられつつある現状があることは否めない。同時に、ＤＨＳが打ち出す科学的チャレンジと技術的チャレンジは、現代社会において政府が選択肢として放棄することができない使命である。そういう意味では、このバイオウォッチ・プログラムは、アメリカ全土を覆ってあらゆる街の空気サンプルを二四時間監視し、すべての生物兵器テロに対応するというライフライン的なシステムとしてではなく、科学的研究として継続され、そして試験的に実験的に運用される現在の形態をこのまま継続することが現実的であると言えるだろう。そして実際に、重要施設や、重要イベントに特化したモバイル型のシステムを導入することにより、警備体制に導入されるという使用方法が一番現実的であるといえる。

アメリカには、他にも空気中の化学兵器を検出し、それを分析する「プロテクト・システム（Protect System）」と一部で呼ばれる計画も存在する。[25] このプロテクト・システムも多様な化学剤に対応しており、二〇〇三年にＤＨＳのもとで導入された。これは、特に利用したいという要望のあった州にのみ特別に貸し出されているシステムで、ワシントンＤＣをはじめ、アメリカで稼働しているのは五カ所程度である。そして、このプロテクト・システムも、重要施設の警備や、重要イベントの警備の時に、モバイル式で設置されている。現時点では、これが現実的な対応であろう。

このように、こうしたテロ対策の警報に関する問題点は数多い。国土安全保障法に定められた国土安全保障省（ＤＨＳ）の任務として、バイオウォッチ・プログラムもその有効性が評価される必要がある。そしてそれがきちんと政権内で検討されなければならない。こうした安全保障に関わる技術の開発のために情報保全が十分に確立された民間とのパートナーシップのあり方も同時に検討されなければならない。

そして、最後に残された問題は、これらの生物兵器や化学兵器が検出され、陽性の分析結果が出た場合の、周辺住民への警報を発するシステムがまだ構築されていないことである。どんなに精密な分析装置を開発しても、その情報が警報として住民に伝達されなかったら、何の意味もない。アメリカのテロ対策、危機管理の弱点は、このようにバイオウォッチのような監視装置が未だ有効に警報システムと結びついていない点である。バイオウォッチ・プログラムのプロセスの第二段階と第三段階の間には未だ断絶があり、うまく接合されていない。ここからは、こうしたＤＨＳなどの政府機関と、住民一人一人を結ぶメディアとコミュニケーションの問題となる。アメリカにおけるメディアを利用した警報システムの現状を次の節で考察したい。

三　ＦＣＣにおける緊急警報システム（ＥＡＳ）

アメリカにおいてテレビやインターネットなどの放送、通信系のメディアを統括するのが、連邦通信委員会（Federal Communications Commission：FCC）である。このＦＣＣが、テロ対策における国民への警報、情報伝達においても重要な役割を果たす。オバマ政権において、ＦＣＣ委員長に、ジュリアス・ゲナコウスキーが就任した。ゲナコウスキー長官は、ＩＴ業界での経験も豊富であり、オバマ大統領とはハーバード大学ロースクールのクラスメイトで、選挙戦も支援した。ＦＣＣ委員長のポストはこうした論功行賞によって決定されることが多い。この新委員長の就任により、ＦＣＣ本来の通信業務、放送業務に関する戦略的方針は多少の変更があり得るが、テロ対策や危機管理に関するＦＣＣの方針については、大きな変化はない見通しである。

ここでは、このテロ対策におけるＦＣＣの役割とそのシステムについて考察する。これまでＦＣＣに関して行ってきた調査、インタビューから得られた情報をもとに考察したい。

(1)　商用モバイル・アラート・システム

現在、連邦通信委員会（ＦＣＣ）はテロリズムや自然災害などの危機事態において使用される、緊急テクスト・メッセージ配信のためのシステム「商用モバイル・アラート・システム（Commercial Mobile Alert System：CMAS)」を構築中である。これは携帯電話を利用したシステムで、携帯電話のサービス加入者全員にテクスト・メッセージが一斉に配信されるシステムである。二〇〇八年四月九日、ＦＣＣはこうしたシステムを構築することを採択した。これは、二〇〇六年に可決された「警報対応ネットワーク法（Warning, Alert and Response Network Act）」をさらに発展させたものである。FCCは商用モバイル・サービス・アラート提言委員会（Commercial Mobile Service Alert Advisory Committee : CMSAAC）からの提言を受け、このプロジェクトを進めている。

この緊急テクスト・メッセージは連邦政府、FCCによって決められたメッセージを、FCCが携帯電話会社に伝達し、その携帯電話会社がその加入者全員に一斉配信する。FCCが発信する緊急テクスト・メッセージは、大きく分けて三種類に分類される。まず一つ目は、連邦レベルで発信される大統領警報（Presidential Alert）で、これはこれまでのテレビやラジオでも構築されてきたシステムの携帯電話版であるといえる。そして二つ目は、その次に緊急性の高いものとして、国民の生命や健康に危険を及ぼす可能性のあるリスクに関する緊急脅威警報（Imminent Threat Alert）である。さらに三つ目は、誘拐などの一般犯罪や児童の行方不明などの事態に対応する失踪児童警報（Child Abduction Emergency Alert）である。これらの携帯電話を利用したCMASなどのシステムは、これまでFCCがテレビやラジオなどの放送メディアを利用して構築してきたシステムを、インターネットや携帯電話などの新しいメディアを利用して展開したものといえる。こうしてFCCは常にテロリズムだけでなく、地震やハリケーン、山火事などのアメリカで発生するあらゆる危機に対する情報発信の任務を担ってきたが、これらの努力は、携帯電話やインターネットなどの新しいメディアを活用することで、発展を続けている。

こうしたモバイル・アラート・システムは、州レベル、地方レベルでも構築が進められている。例えば、ニューヨーク市では、携帯電話などに緊急時にテキスト・メッセージを配信する「Notify NYC」というシステムを試験的に構築中である。しかしながら、アメリカには未だこの分野での有効なシステムは確立されていない。

（2） 緊急警報システム（EAS）

FCCが統括するアメリカを代表する危機管理のための警報システムに、「緊急警報システム（The Emergency Alert System : EAS)」がある。これは、連邦レベルで構築されたアメリカ全土をカバーする公共的警戒システムである。

このEASは、FCCが統括するあらゆるメディア、例えばテレビやラジオ、ケーブルテレビ、ワイヤレス・ケーブル・システム、衛星放送、衛星デジタルラジオなどの放送通信メディアに対して、戦争やテロ、大災害などの危機事態において、大統領のメッセージを国民に対して伝達するためのシステムである。また、このシステムは、連邦レベルだけでなく、州レベル、地方レベルにおいても利用される。例えば、EASに似たものとして、「気象警報システム（Weather Alert System : WAS)」や、「失踪児童警報」などのシステムは、FCCが統括するが、州レベル、地方レベルで運用されることが多い。こうした連邦レベル、州レベル、地方レベルなどのあらゆるレベルにおいてアメリカ全土をカバーして、あらゆる危機に対応するため、FCCは二四時間体制で危機監視センターを稼働させている。

このEASの起源は、一九五一年に核攻撃の脅威に対して構築されたCONELRAD（Control of Electromagnetic Radiation）である。アメリカにおけるインターネットの構築が一九六〇年代に国防総省において、核攻撃に耐えられる情報通信網の構築のために始まったARPAネット計画であるように、この時代の危機対応は核攻撃に対する本土防衛の一環であった。さらに一九六三年には、この警報は州や地方参加型となり、「緊急放送システム（Emergency Broadcast System：EBS）」の名で知られるようになった。その後、技術的な進化の過程において名称は九〇年代にEASと変更された。

このEASの管理は、FCCとFEMAつまりDHSによるものである。FEMAが構築した危機管理体制の中の一つとしてEASは機能しており、このEASに関わる放送会社などのメディアを統括するのがFCCの役割である。そしてEASなどの警報を管理し、技術基準の構築、業務規則の作成、メディア企業との関係構築、調整機能を果たすのがFCCの重要な任務であるといえる（図表6を参照）。

そしてこのEASのシステムは、連邦レベルだけではなく、州レベル、地方レベルで開発され、運用されるものである。つまり、FCCにより監督、調整されるトップダウン的なベクトルと、州や地方レベルで構築するボトムアップ的なベクトルがあり、互いに相互作用している。そのため、緊急情報を発信し、EASを稼働する基準や仕組みは、州によって異なっているのが実態である。それは、州や地方によって地形や事情が異なるからであり、その方が合理的であるという判断が背景にある。

FCCのEAS業務に関わる組織にはさまざまなものがある。例えば、FCCの補助的な委員会である「メディアの安全と信頼会議（The Media Security and Reliability Council）」や、「全米放送協会（National Association of Broadcasters）」、州レベルに存在する放送協会連合が、EASの運営に携わっている。また、州レベル、地方レベルには、緊急通信委員会（Emergency Communications Committees）が組織されており、このメンバーにはテレビやラジオなどの放送会社の代表者が参加し、危機事態に対する定期的な会合が行われている。実際の緊急メッセージの放送についての運用や取り決めについては、こうした州レベル、地方レ

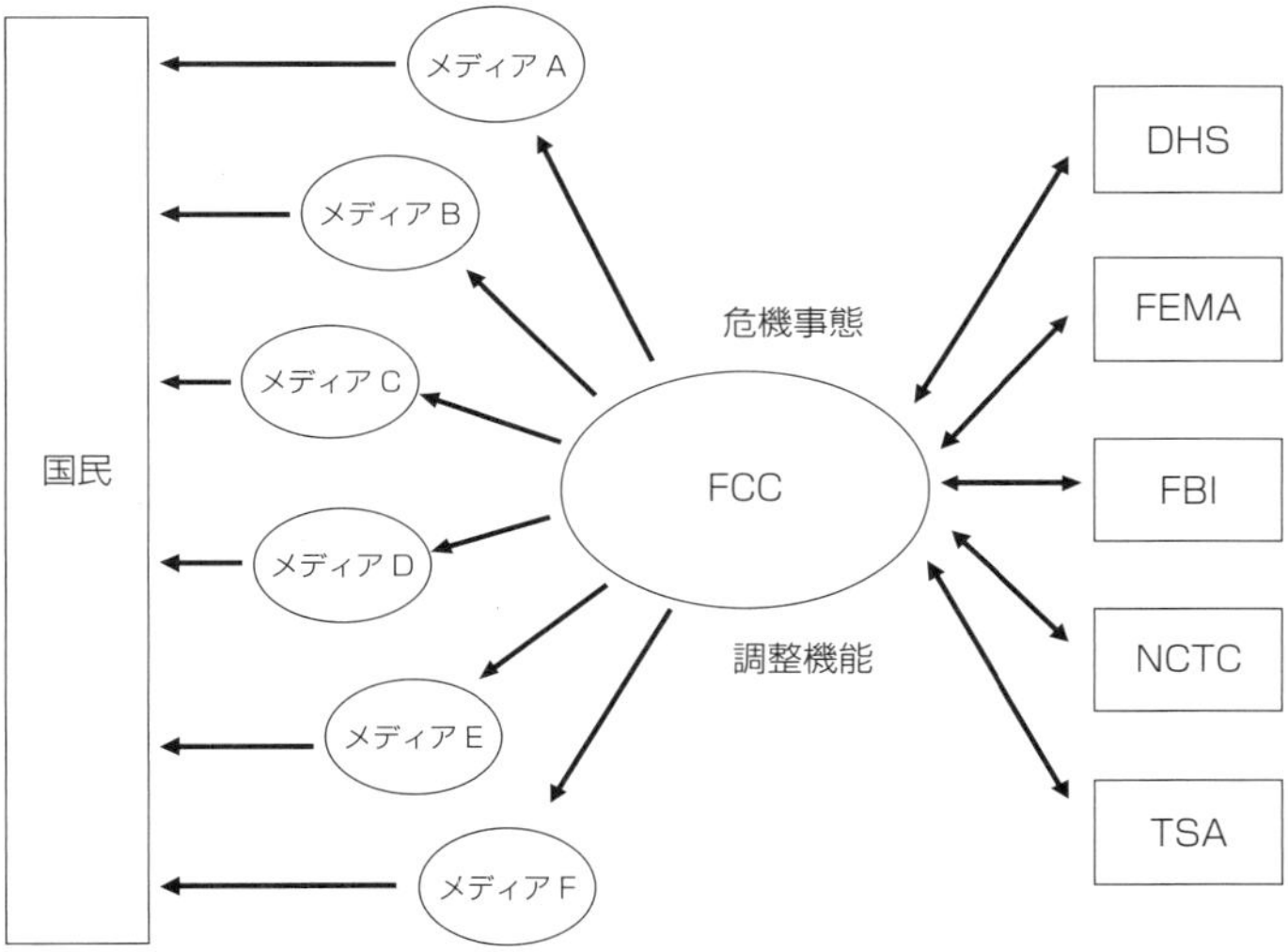

図表6　危機事態におけるFCCのコミュニケーション調整モデル

ベルにおけるメディアの現場が具体的に関わっており、それぞれの州や地方によって異なるスタイルを構築しているのがアメリカのメディア行政、メディア文化の特徴である。そして、州レベル、地方レベルにおけるEASに対するメディアの参加はすべて自由意志に基づくものである。EASにおいては、連邦レベルの警報は二分以内一〇分以内、州、地方レベルの警報は二分以内という限定がある。そのため、実際のテレビやラジオなどの警報が、住民に対して放送される場合には、この短い時間のEASの警報だけではなく、それに具体的な情報を補足した詳細な情報を放送できるように、体制作りが行われている。二〇〇〇年の官民からなる「公共警報のためのパートナーシップ（Partnership for Public Warning：PPW）の提言もそれを後押ししたといわれている。

実際の危機事態において警報は連邦レベル、

州レベル、地方レベルの階層性を通じて伝達される。全国レベルの警報を、ＥＡＳを通じて発信する権限は、大統領が持っている。二〇〇七年の初動対応放送法（The First Response Broadcasters Act）によって、約三〇のラジオ局が危機における大統領からの警報、メッセージを発信する国家主要放送局（National Primary Stations）として指定されている。このラジオ局が一次入力機関（Primary Entry Point：PEP）として機能し、そこを経由して次の階層のメディアに情報が伝達され、すべての放送局が警報を出すまで、再送信され続ける。この場合、ＥＡＳの警報は通常放送に割り込む形での強制放送となる。さらにＤＨＳは公共テレビ局協会と協定を結び、このＥＡＳをデジタル技術と結合するために、デジタル緊急警報システム（Digital Emergency Alert System：DEAS）を構築した。これは携帯電話やインターネット、デジタルケーブルメディアを利用して警報を発信するためのもので、この計画の進歩により、先に述べた「商用モバイル・アラート・システム（Commercial Mobile Alert System：CMAS）が誕生したのである。

二〇〇六年六月、ブッシュ大統領は公共警報システムに関する大統領令を出している。その中でブッシュ大統領は、既存の警報システム資源を分析し、評価すること、共通のプロトコルで、相互利用可能なより広いシステムに統合すること、地域やリスクに細かく対応した警報を作成することなどを指示した。さらに、このＥＡＳの訓練や社会教育の実施を強調している。しかしながら、このＥＡＳも先ほどのテロ警報と同じく、アメリカ国内での社会的認知は決して高くない状態にある。これが今後の課題である。

テロや災害などの緊急時における情報伝達は事業継続計画（ＢＣＰ）にとっても非常に重要な課題である。これは一般企業にも求められる重要な課題であり、ＦＣＣは自らが構築した「情報伝達計画（Action Plan）」の枠組みを民間が利用できる事業継続計画の一部として提供している。ＦＣＣはこうした緊急情報伝達の訓練を、企業や機関に対して実施することを奨励し、アメリカの実業界における事業継続計画の導入が促進されたという経緯もある。こうした官民の間の協力の下での取り組みは有効である。このように、アメリカのあらゆる危機をカバーするＥＡＳは日々進化を遂げており、テロリズムの対策においても重要なシステムの一つである。しかしながら、アメリカにおけるテロの警報システムは未だ構築中の段階であり、ＥＡＳを中心として実際に有事で使用された経験が蓄積されていない。やはりテロ対策サイクルの中で、国民の生命を守るために重要な警報の段階は今もアメリカにとって弱点であり、この警報の問題は未だ発展途上で手探りの状況が続いている。

（22）テロ警報システムについては、ＤＨＳのウェブサイトで詳細な紹介がされている。DHS : http://www.dhs.gov/index.shtm を参照のこと。

（23）ブッシュ大統領による二〇〇三年一月二八日の一般教書演説は在日アメリカ大使館のウェブサイトで閲覧できる。http://tokyo.usembassy.gov/j/p/tpj-jp0280.html を参照のこと。

（24）バイオウォッチ・プログラムについては、ＤＨＳが作成したバイオウォッチ・プログラムに関する報告書を参照のこと。DHS (2007), *DHS, Management of Biowatch Program*, The Department of Homeland Security.

（25）化学兵器探知機である「プロテクト・システム（Protect System）」については、詳細は公表されていない。ここでの議論は、ＤＨＳ科学技術本部でのヒアリング調査やそこで入手した内部資料による。

五章　対応——テロ・災害の事後対応とファースト・レスポンダー対策

一　地域防災とファースト・レスポンダー対策

アメリカにおけるテロ対策の研究において、比較的地味であるため決して目立たないが着実に成果が蓄積されている分野は、テロリズムに対する地域防災（community preparedness）と、ファースト・レスポンダー対策に関する研究である。この研究は具体的な地域や機関の防災活動と結びついているため、研究が実際のテロ対策の成果につながりやすいという特徴がある。二〇〇一年の九・一一以降にもアメリカ国内で数多くの研究がなされ、成果が蓄積されている。ジョンソンらによる『*Community Preparedness and Response to Terrorism*』の全三巻などはその代表例である（Johnson, et al., 2005）。第一巻は「テロリストの脅威と地域の対策」、第二巻は「地域の役割、組織とビジネス」、第三巻は「コミュニケーションとメディア」と題されている。この中で例えば、フォスらは、テロ対策における州レベルの諸機関の協力体制について考察して

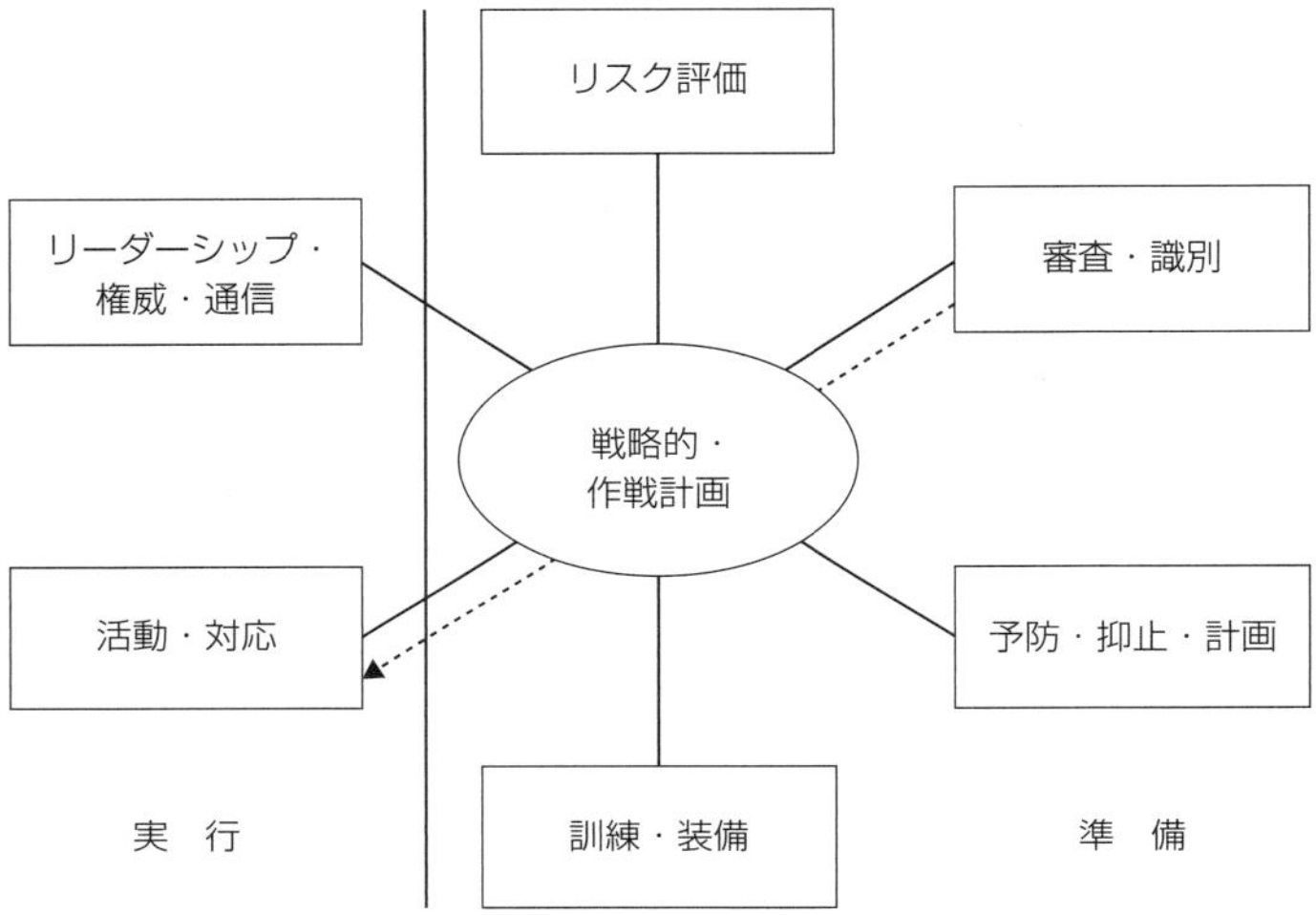

図表７　テロリズム抑止・対策マクロモデル
（レドロウ：2005をもとに作成）

いるが、具体例としてミシシッピ州におけるテロリズムに対する医療機関の協力体制を紹介している（Fos, et al., 2005）。また、ブラウン＆オキーフは、テロリズムに対する事後対策として、ＦＢＩによる「統合テロリズム・タスクフォース（Joint Terrorism Task Force：JTTF）」のあり方や、「事案指揮システム（Incident Command System：ICS）」について、さらにはファースト・レスポンダーが使用する「個人保護装備（Personal Protective Equipment：PPE）」について考察を行っている（Brown & O'Keefe, 2005）。ホランドは九・一一前後の、アメリカ赤十字（American Red Cross：ARC）の災害活動を紹介しながら、テロ対策において、民間セクターやボランティアがどのような役割を果たしうるかを考察している（Holland, 2005）。

　レドロウが提示する「テロリズム抑止・対策

マクロモデル」(図表7)は、①リスク評価、②審査・識別、③予防・抑止・計画、④訓練・装備、⑤活動・対応、⑥リーダーシップ・権威・通信の六つの要素の相互作用により、テロに対する戦略・作戦計画が構築されるプロセスを説明したものである。この六段階のテロ対策モデルはテロ対策のサイクルを示したもので、これらの要素をすべて結びつけて相互作用させながら戦略的な作戦計画が必要であることを示している。そのうち①リスク評価、②審査・識別、③予防・抑止・計画、④訓練・装備はテロ事件に対する事前準備の段階である。それに対し、その後の⑤活動・対応、⑥リーダーシップ・権威・通信の段階が、この章で考察するテロに対する事後対応のレベルに該当している(Ledlow, 2005)。

他にも、ファースト・レスポンダー対策の研究として特筆すべきは、ランド研究所(Rand Corporation)による報告書『*Protecting Emergency Responders*』の全三巻である。これは、ランド研究所のブライアン・ジャクソン研究員らが中心となって進められたプロジェクトである。テロ事件や災害、大規模事故などの現場に急行する警察や消防、医療機関や軍などのファースト・レスポンダーをいかにして二次被害から守るか、そしてそのパフォーマンスをいかにして高めるか、NIMSやICSなどのシステム、法制度、装備品など多角的な視点から考察されている。

この章では、実際にテロ事件が発生した場合に、FBIなどを中心とした機関がどのようなシステムに基づいて事後対応を実施するか、具体的に考察したい。

二　ＦＢＩ――ＪＴＴＦ、ＮＪＴＴＦにおけるテロ対策

（１）国家安全保障本部（ＮＳＢ）の誕生

アメリカを代表する犯罪捜査機関である連邦捜査局（Federal Bureau of Investigation：FBI）は、司法省（ＤＯＪ）管轄の犯罪捜査を任務とする法執行機関である。ＦＢＩは一九〇八年に捜査局（Bureau of Investigation：BOI）として誕生し、三五年にＦＢＩとして独立、もはや伝説となっているジョン・エドガー・フーバー初代長官のもとでその歴史が始まった。その本来の姿と同時にＦＢＩは、テロ対策や防諜の側面からインテリジェンスを担う一面も持っている。

このＦＢＩの中に二〇〇五年九月、テロ対策を担当する部署として、それまでのＦＢＩテロ対策防諜本部と情報本部が統合されて、国家安全保障本部（National Security Branch：NSB）が誕生した。このＮＳＢは、ブッシュ政権におけるテロとの戦い、そしてインテリジェンス改革の一環として誕生したという意味合いを持つ。そのため、ＮＳＢにはＦＢＩにおけるテロ対策の権限が集中し、強化されている。このＮＳＢのトップは、国家安全保障担当次官（Executive Assistant Director：EAD）である。二〇〇九年初頭の段階で、このＮＳＢ本部長はアーサー・カミングスで、彼は海軍出身の元ＦＢＩテロ対策部長である。副本部長はＦＢＩ生え抜きの国際テロ専門家であるトーマス・ハリントンと、元ＣＩＡテロ対策センター副所長のフィリップ・マッドで、この人事的配置からもいかにこの組織がテロ対策に重点を置いているかがわかる。またＮＳＢ本部長を指名し、ＮＳＢの予算を決定するのは国家情報長官（ＤＮＩ）であり、そのことからも、インテリジェンス改革の一環としてＦＢＩはインテリジェンス・コミュニティの一員として、国家情報長官のもと

に統合されたことがわかる。

部局の構造を見ると、この国家安全保障本部には、①テロ対策部、②防諜部、③情報部の三つの部局がある。このテロ対策部には、①第一作戦課（国際テロ作戦第一係、国際テロ作戦第二係）、②第二作戦課（国内テロ係、通信傍受係、テロ資金対策係）、③分析課（テロ対策分析係、テロ報告要求係）、④作戦支援課がある。FBIにおいて実際のテロ対策を実行する中心となる部局である。さらにこのテロ対策部には、この後に紹介する「国家統合テロリズム・タスクフォース（National Joint Terrorism Task Force：NJTTF）」と「テロリスト審査センター（Terrorist Screening Center：TSC）」が存在する。

（2）テロリスト審査センター（TSC）の設立

テロリスト審査センター（TSC）は、ブッシュ政権のもとで国土安全保障政策の一環として二〇〇三年一二月に開設された。このTSCでは、アメリカへの入国審査において海外の危険人物リストを通じてテロリストをスクリーニングし、入国を阻止するため、テロリスト・データベースを構築して運用を行っている。かつてアメリカでは、各省庁が個別にテロリスト・データベースを構築して運営していたが、二〇〇四年三月、TSCに一元化された。こうしたデータベースが一元化されること自体には情報共有の面から合理性が認められる。しかし、このセンターの運用権限が司法省のFBIにあることには大きな問題がある。司法省における法執行機関がこうした機能を持つことには、建前上の合理性はあるが、いくつかの側面で批判も多いことも確かである。同時にFBIは本来こうしたインテリジェンスや防諜に力を入れるのではなく、本来の捜査機関として犯罪捜査に集中すべきであるという批判も多い。また、こうしたテロリスト・データベースを司法省、ＦＢＩが管理することで、より人権や自由に対する抑圧が強まるという指摘もある。

こうしたＦＢＩ改革に派生的、また付随的に発生した流れに、情報化、デジタル化、ネットワーク化がある。ＩＴに対する現場での不信感などの組織的風土、業務上で情報共有を嫌う文化などの面からＦＢＩは最も情報化が遅れていたとよく指摘される。このＩＴの時代にルイス・フリー元ＦＢＩ長官などは、デスクにパソコンさえなかったといわれている。さらに現場では、捜査情報は捜査官が極秘に保持すべきものであって、決して共有するものではない、という文化がかつては一般的であった。しかしながら、九・一一以後の一連の改革の中で、わずかながらＦＢＩもその遅れを取り戻すべく努力が進められてきた。犯罪捜査のための情報共有システム（Regional Information Sharing System : RISS）などの構築や（Jeffreys-Jones, 2007）、事案管理システム（Case Management System : CMS）などがそれにあたる。

九・一一では、中東出身の不審者が飛行教習所で訓練を受けていたことをＦＢＩが事前に情報を得ながらも、その情報がインテリジェンス・コミュニティの中で共有されず、事件発生の防止に活かされなかった。このフェニックス・メモの問題はＦＢＩにとって大きなトラウマとなった。その反省を受けて、ＦＢＩと議会は、すべての捜査官が情報共有し、テロを未然に防ぐための対策に活かす情報共有システムである、ヴァーチャル・ケース・ファイル（Virtual Case File）システムを構築する、「トリロジー・プロジェクト（Trilogy Project）」を立ち上げた。情報共有だけでなく、捜査インフラを全体的にＩＴ化し、捜査官のパソコンの管理、ネットワーク化を進めるプロジェクトであった。これによって、それまで紙やアナログで行われていた捜査情報、活字情報や画像、音声、動画ファイルなどがデジタル化され、ネットワーク上で共有される。しかしながら、莫大なコストの増大や、メインフレームに固着する体制、度重なる情報担当役員

(Chief Information Officer：CIO）の首のすげ替えとそれによる要件変更、捜査官が使用するには複雑すぎたシステムなどの理由により、この計画はついに破綻した。

その後、これらの反省点を踏まえて二〇〇五年にはより強い権限を与えられた新ＣＩＯのザルマイ・アズミが、次世代の事案管理システム（ＣＭＳ）である「センチネル・プロジェクト（Sentinel Project）」を立ち上げた。この改革はＦＢＩ誕生以来の画期的事業であるが、このシステムがあまりに膨大であることの技術的問題と、それを学習し使いこなす捜査官側の問題という二つの壁が再び立ちはだかっている。結局、この六年計画も人材面や資金面で行き詰まりの状況を見せている。ＦＢＩにおけるテロ対策のためのＩＴ化はまだ始まったばかりで、前途多難である。

（３）統合テロリズム・タスクフォース（ＪＴＴＦ）

九・一一では、ニューヨーク市警の統合テロリズム・タスクフォース（Joint Terrorism Task Force：JTTF）として約三〇人の捜査官が現場に急行した。ＦＢＩのテロ対策に関する活動の中で、最も重要でかつよく知られているのが国家統合テロリズム・タスクフォース（ＮＪＴＴＦ）と、さらにはその土台となる統合テロリズム・タスクフォースである。ここでこの二つの活動について紹介したい。

ＪＴＴＦの使命は、アメリカ国民に脅威を与え、攻撃する可能性を持つテロ組織やテロリスト、またそれらによる事件の計画等を発見、予防し、対処するために、連邦、州、地方レベルの警察機関を組織することである。ＪＴＴＦとは、ＦＢＩが中心となって、テロ対策に関連する専門機関や、通信、鉄道などのライフラインがパートナーシップを構築する活動である。ＪＴＴＦは主に州レベル、地方レベルの地元密着型の活動であり、それをメタレベルで結合し連邦レベルで活動を行うのが、ＮＪＴＴＦである。ＮＪＴＴＦには数多くの関係機関が協力するネットワークの体制が構築されている。

ＪＴＴＦプログラムには現在、約二、一六〇人のＦＢＩ捜査官、約六〇〇人の連邦機関からの代表者、約八七〇人からなる州、地方の警察機関のスタッフ等、総勢で約四、〇〇〇人の規模のスタッフが関わっている。そして、これらのＪＴＴＦの活動を国家的に統合するために、九・一一の反省をもとに、二〇〇二年五月、ＮＪＴＴＦが新設された。現在、ＮＪＴＴＦの本部は、ワシントンＤＣのＦＢＩ本部、戦略情報作戦センター（Strategic Information and Operations Center : SIOC）の中に存在する。筆者は実際にＦＢＩ本部とＮＪＴＴＦへの訪問、ヒアリング調査を実施し、その後情報交換を行っているが、本論考はこれらで得られた情報や資料に基づいている。

この戦略情報作戦センター（ＳＩＯＣ）には、ＮＪＴＴＦのスタッフとして、連邦政府レベルの四四機関からそれを代表する専任スタッフが一名ずつ同じフロアーに集結している。その内訳は国防総省や軍からのスタッフが二七％、連邦レベルの省庁から五九％、州・地方レベルから一四％という割合だという。このようにさまざまな省庁から集まったスタッフにより、テロ対策が遂行されるのがＮＪＴＴＦであり、それが州レベル、地方レベルで行われているのがＪＴＴＦである。この戦略情報作戦センター（ＳＩＯＣ）では、ＪＴＴＦスタッフが毎朝一〇時に「Daily Intelligence Briefing（DIB）」と呼ばれる会議を全員で行い、情報を共有する。各省庁からの寄せ集めのスタッフであるだけに、会議と情報共有による意識の統合が重要なのである。

ここで、ＪＴＴＦの歴史を簡単に振り返ってみたい。もともとＪＴＴＦが立ち上がったのは地方都市レベルで、当初は有志の市が任意に立ち上げたものであった。最初のＪＴＴＦは一九七九年にニューヨーク市警察（ＮＹＰＤ）が構想し、翌八〇年にニューヨーク市に設置された。すでに三〇年の歴史を有している。このとき、ニューヨーク市警は多発する銀行強盗や大型犯罪、テロリズムなどに対応するために、初めて連邦、地方警察の力を組み合わせて運用するという構想を誕生させた。この最初のニューヨークのＪＴＴＦには、一〇人ほどのＦＢＩ特別捜査員と一〇人程度のニューヨーク市警から派遣された捜査員が所属していた。その後も、ＦＢＩ・ニューヨーク市警共同テロ機動部隊（FBI-NYPD JTTF）は、一九九三年の世界貿易センタービル爆破テロ事件や、二〇〇一年の九・一一などを経て、「テロとの戦い」の最前線で活躍している。そして、現在ではＮＹＰＤのＪＴＴＦは一五〇人規模の組織に拡大している。

八〇年代以降、アメリカのさまざまな州でＪＴＴＦが確立されていった。シカゴのＪＴＴＦやロサンゼルスのＪＴＴＦなど、それぞれが独立したＪＴＴＦとして構築された。こうしたボトムアップなアプローチでＪＴＴＦは進化したのである。九〇年代にはアメリカ国内でさまざまなテロ事件が多発した。例えば一九九五年のオクラホマシティ連邦政府ビル爆破テロ事件や、九六年のアトランタオリンピックにおけるテロ事件などがあるが、ＪＴＴＦはこれらのテロ事件現場で活躍し、その存在が脚光を浴びるようになった。地域に密着したＪＴＴＦは、それぞれの地域特性に合わせて異なる特性を持っている。

二〇〇一年の九・一一以前には、アメリカには三五のＪＴＴＦがあった。その事件後すぐに、当時のＦＢＩのロバート・ミューラー長官はＦＢＩの全支部に指示し、公式のテロ特別捜査班を設置させた。二〇〇九年現在、全国に一〇二のＪＴＴＦが存在しており、少なくともＦＢＩの全国五六の各支部はすべてカバーされている。地方のＪＴＴＦの多くはＮＪＴＴＦを通して、他のＪＴＴＦと連携しながら任務にあたっている。

ＮＪＴＴＦはこのように多数のＪＴＴＦの活動を調整、コントロールする役割を果たす。

二〇〇二年にＦＢＩはＮＪＴＴＦ本部をワシントンＤＣの戦略情報作戦センター（ＳＩＯＣ）内に設置した。ＮＪＴＴＦは国内外のテロ情報とインテリジェンス活動からの情報を集約し、それをアメリカ全土のＪＴＴＦやＦＢＩの中のテロ関連部署、パートナーの外部機関に流すという情報共有のセンターとしての役割を担っている。また、年に四回、全国のＪＴＴＦのトップが一堂に集結する「ＮＪＴＴＦ幹部会議（NJTTF Exective Boards）」が開催され、テロリズムに関するさまざまな問題についての意見交換、情報共有がなされる。さらに、年に一回「ＮＪＴＴＦ全国大会（NJTTF National Conference）」が開かれ、幅広くアメリカ全土からＪＴＴＦに関わる関係者が集結する。実際に現場レベルでのテロ対策を遂行するためには、こうした定期的な全国のＪＴＴＦ同士の交流が重要であり、このような顔の見えるつながりこそが、テロ対策の現場で非常に重要であると、ＮＪＴＴＦのスタッフも強調していた。テロの捜査、テロの事後対策という危機管理を支えるのはこうした人と人のつながりなのである。

（4）ＪＴＴＦの活動

ここでＪＴＴＦの具体的活動について考察したい。ＪＴＴＦはＦＢＩとその他の関連機関とのパートナーシップを構築している。例えば、ＪＴＴＦにとってＤＨＳの中のパートナーには、沿岸警備隊や運輸保安局などがある。こうした組織同士の関係構築が、総合的なテロ対策にとっては不可欠である。実際のテロ事件の防止、捜査、逮捕というプロセスに関しては、数あるテロ対策関連機関の中でＪＴＴＦが中心となり、調整役を果たす。

テロ対策の中で特にテロの防止に関するＪＴＴＦの具体的な活動としては、通信上の不正行為や身元詐称などに対する調査がある。またテロ事件につながる犯罪行為に対して、ＪＴＴＦは張り込みや聞き込み捜査、電子的監視、通信傍受などを実行する。テロ事件には必ずそれに関連する他の犯罪が付随している。その付随する関連の犯罪を摘発することで、将来のテロ事件を事前に防止するというアプローチである。当然、これらの活動のためには、ＦＢＩには必ず法執行機関からの「Memoranda of Understanding：MOUS」が必要である。また捜査機関の活動において発生する経費を管理するのもＦＢＩの仕事である。

ＪＴＴＦが対象とするテロリズムのキーワードは、①国内テロリズム、②特別イベントの警備、③大量破壊兵器（ＷＭＤ）、④国際テロリズムの四つである。まず、①国内テロリズムに関してはこれまでもＦＢＩが担当してきた犯罪捜査の延長線上にある中心的な課題である。ＪＴＴＦがカバーすべきテロリズムには多様な側面があるが、特にミリシアなどの民兵組織や右翼、反体制的な左翼などの政治的な問題や人種問題、宗教、環境問題、動物愛護問題など、多様なテロリズムがその対象となる。また、組織的なテロだけでなく、ユナボマー事件として有名な連続爆弾テロや、一連の炭疽菌テロ事件のような一匹狼型のテロリズムへの対応も必要となる。

また、②特別イベントへの警備として、テロリズムの標的となりやすいイベント、または機関、ランドマークなどへの特別警備が重要となる。大統領選挙関連の会合、党大会などの政治的イベントや、メジャーリーグ、オリンピックなどのスポーツ・イベントなど、アメリカ全土から人の集まる数多くのイベントがある。また、オクラホマシティ連邦政府ビルや世界貿易センタービルのようなランドマークはテロの対象となりやすく、このような重要施設に対するテロの警備もＦＢＩにとって重要な任務である。

さらに、テロリズムの手段として、③大量破壊兵器（ＷＭＤ）への対応が現在求められている。核（Ｎ）、生物（Ｂ）、化学（Ｃ）兵器を含めたＮＢＣ兵器への対策が進められている。高度な科学技術を活用したテロリズムには、捜査のために各種機関との情報共有が不可欠である。また、こうした核テロ、生物テロなどは地域を超えて被害が拡大するため、地域単位の捜査を超えたＪＴＴＦ、ＮＪＴＴＦの活動が重要となる。

そして現代のテロの時代における最重要課題は、④国際テロリズムである。国際テロリズムの形をとったテロ事件が国内で発生することを防ぐためには、国内の警備、予防だけでは困難であり、そのためには国外のインテリジェンス活動と、ＪＴＴＦが結びつくことが重要となる。

テロ事件において、発生現場で実際に活動するのは、それぞれ州や地方に存在する個々のＪＴＴＦである。アメリカ全土にわたって存在するＪＴＴＦでは、厳しい訓練が日々行われている。そこには、地方警察の捜査官を中心にＦＢＩ捜査官や分析官、インテリジェンスの専門家や、ＳＷＡＴ隊員など、テロ対策の専門家が所属している。テロ事件が発生したとき、捜査を進め、証拠を集めて容疑者を逮捕するのは、現場のＪＴＴＦのメンバーである。そのために、彼らは日々情報を収集し、訓練を重ねている。その訓練の中でも最も大規模なものが、次の節で紹介する、ＴＯＰＯＦＦである。ＦＢＩでインタビューしたＮＪＴＴＦ担当者も、アメリカで最大のテロ対策訓練であるＴＯＰＯＦＦの有効性を強調していた。

三　ＴＯＰＯＦＦ――テロの事後対策のための訓練

(1) ＴＯＰＯＦＦとは何か

アメリカでテロ対策に関わるさまざまな機関の担当者に実際に会って話を聞く度に、彼らが口をそろえて重要性を指摘するのが、「ＴＯＰＯＦＦ（Top Officials）」である。これは、アメリカ最大のテロ対策訓練イベントである。九・一一以後、史上最大規模で巨大化したテロ対策諸機関において、効果的テロ対策を実行するためには、この訓練の実施が重要となる。ここでこのＴＯＰＯＦＦについて具体的に考察したい。

一九九五年のオクラホマシティ連邦政府ビル爆破テロ事件や、東京でのオウム真理教による地下鉄サリン事件などのテロ事件など、九〇年代以降、テロリズムに大量破壊兵器（ＷＭＤ）が使用され、被害規模が拡大する傾向があった。現状での対応に限界を感じたアメリカ議会は、大量破壊兵器がテロリズムで使用された際の、現場でのファースト・レスポンダー対処、オペレーションレベルでの対応の能力を高めるため、一九九八年、大量破壊兵器が使用されたテロリズムに対する訓練の実施を指示した。これにより、司法省と国務省が中心となって、テロ事件に対するロールプレイング的訓練が開始された。連邦、州、地方レベルの危機管理担当者が集結した画期的なものであったが、この訓練はあくまでも図上訓練によるシミュレーションであった。

そうした経緯から、テロ事件の現場での対応能力を高めるため、現場での実地訓練の実施が求められることになる。こうして、「ＴＯＰＯＦＦ ２０００」という名称で、アメリカにおける初めての大規模テロ訓練が二〇〇〇年五月にコロラド州デンバーとニューハンプシャー州ポーツマスにおいて実施された。

ＴＯＰＯＦＦを運営するのは、テロ対策に関わる司法省（主にＦＢＩ）と国務省、そしてＦＥＭＡである。訓練に参加するメンバーは、開催される地域やテーマによって異なるが、連邦、州、地方レベルの危機管理担当者と、消防や病院などファースト・レスポンダー、鉄道や電力のようなライフラインなど危機管理に関連する諸機関のスタッフである。また、訓練にカナダやイギリスなど外国政府が参加する場合には、その参加国間の調整を国務省のテロ対策課が行う。このTOPOFFにおいて、訓練のテーマとなるのは次の八つのポイントである。①警察活動、②国家安全保障、③インフラストラクチャー保護（情報通信、電力、交通機関など）、④指揮と命令、⑤危機管理、被害管理、⑥医療・公衆衛生、⑦広報活動、⑧資源管理である。

TOPOFFの訓練においてはすべてがリアルタイムで実践される。限りなく現実のテロ事件発生の条件に近づけるために、参加者は前もって事前の情報やシナリオは一切与えられない。テロ事件の発生のシミュレーションから、会議室レベルの計画、指揮、指令などの意志決定系統における戦略手順の確認、そして現場レベルでの対応、通信、避難、救助、処理などの戦術手順の確認を通じて、全体的な訓練を行う。そこで、すべての組織のあらゆる行動を確認し、評価する。どこに問題が発生したかを明らかにし、事後報告や事後の会議においてその問題点を追究し、改善する。その積み重ねが実際のテロ事件に活かされるのである。こうして実際にシミュレーションされたテロ対策が積み上げられ、戦略や計画となって反映される。

（2）TOPOFFの事例

TOPOFFの第一回目が実施されたのは二〇〇〇年五月、コロラド州デンバー、ニューハンプシャー州ポーツマスであった。司法長官、FBI長官、FEMA長官や、コロラド州知事、ニューハンプシャー州知事をはじめとして、六、五〇〇人を超える参加者が、連邦、州、地方の各レベルから集結した一大訓練である。

この訓練のシナリオは、デンバーで発生した生物兵器テロ事件への対処、ポーツマスで発生した化学兵器テロへの対処というもので、この訓練において、シナリオに沿った情報が、インテリジェンス機関や政府からだけでなく、メディア報道からの情報として入ってくるという設定が訓練に組み込まれたことにより、より現実に近い訓練となった。「バーチャル・ニュース・ネットワーク」（The Virtual News Network：VNN）という架空のメディアを構築し、そこからのニュースを、訓練に組み込むスタイルが確立され、これはその後の訓練法として定着した。テロリストやテロ組織が、生物兵器や化学兵器を用いたテロ事件を起こしたという想定の下に、各所から情報や指示が伝達され、それに基づいた判断を下し、対処する。この初めてのテロ訓練で、数多くの失敗、問題点が明らかになった。しかしその一年後、九・一一は発生するのである。こうしたテロ対策訓練の甲斐もなく、アメリカは旅客機による同時多発テロによって多大な被害を受けた。この訓練は、九・一一の事後対策に活かされたのかという、批判や疑問が数多く提示されたが、次のテロリズムに立ち向かうため、テロ対応訓練はさらに一歩先へと進んでいくのである。

二〇〇一年の九・一一によって、アメリカのテロ対策の環境は大きく変貌した。それは本書全体で紹介している通りである。こうした喧噪の中で二〇〇三年五月、大規模テロ訓練として二回目になるＴＯＰＯＦＦ２が、テロ対策を統括するＤＨＳの主催により開催された。訓練の会場は、イリノイ州シカゴと、ワシントン州シアトルの二カ所で、ここに八、〇〇〇人を超えた参加者が集結した。シカゴでの訓練のシナリオは前回に引き続き生物兵器によるテロ事件で、シアトルでは新しく放射性物質兵器（ＲＤＤ）によるテロ事件が想定された。このように、アメリカは訓練の初期の段階から積極的に、特殊なテロ事件を想定して訓練に挑んでいる。まだ経験したことのないテロに対する訓練を敢行するところに、このＴＯＰＯＦＦの意義がある。

このＴＯＰＯＦＦ２で注目すべきは、ＤＨＳによって開始された国土安全保障テロ警報システム（ＨＳＡ

S）が訓練で使用されたことである。テロ事件に対する警報や警戒情報を国民に周知するために構築されたこのHSASを、いち早く訓練に導入したのである。これには、あまりまだ国民になじみのないこのシステムを全米にアピールする狙いもあった。また、この訓練では、初めての国外のパートナーとしてカナダ政府が参加している。アメリカ北部の都市であるシアトルとシカゴという、カナダ国境に近い地域で発生する核テロや生物兵器テロは、国境を越えてカナダと危機を共有する問題であるという意図もあった。この頃はテロ対策に対してアメリカでもカナダでも国民の支持が強かったため、この訓練についてはカナダ国内でも概ね評価は高かったという。

ブッシュ大統領が再選された翌年の二〇〇五年四月、五日間にわたってTOPOFF3が実施された。三度目の実施でさらに訓練は大規模化され、メディア報道や政府の広報によってこの訓練の社会的認知はさらに高まっていった。このTOPOFF3は、ニュージャージー州ミドルセックス郡と、コネチカット州ニューロンドンで開催された。訓練のシナリオは、ニュージャージーでの生物兵器テロ、コネチカットでは化学兵器によるテロという想定である。この訓練にもDHSや司法省、国務省を中心として、二五〇を超える連邦、州、地方レベルのテロ対策機関とその担当者、ニュージャージー州、コネチカット州が州を挙げて参加した。さらにこの訓練には、前回に続きカナダ政府と、新しくイギリス政府から派遣された部隊が参加した。これによって、参加人数はさらに増え、総勢二万人を超える大演習となった。アメリカ政府と、カナダ政府、イギリス政府の間の情報交換の訓練は、主に国務省が担当している。この他にも、日本やフランス、オーストラリア、メキシコなど一三カ国がオブザーバー参加し、より国際的な訓練となった。なお皮肉にも、この三カ月後にイギリス政府がロンドン爆破テロ事件を経験している。

このＴＯＰＯＦＦ３では、国内の民間セクターの参加も始まった。ボランティア団体やＮＧＯが参加することで、より現実に近い形となったのである。また、これまでの訓練で使用された「バーチャル・ニュース・ネットワーク（ＶＮＮ）」に続き、インターネットを活用した相互交流型のウェブサイト「VNN.com」が使用された。実際に、ＮＣＴＣやＣＩＡ、ＦＢＩでのインテリジェンス活動やテロ対策においては、この種のネットワーク・システムが現在数多く使用されており、こうしたネットワーク・メディアの変数を取り込んだ訓練が実施された。この第三回目の訓練で重要だったのは、三章ですでに紹介した国家事案管理システム（ＮＩＭＳ）と、国家対応計画（ＮＲＰ）の初めてのテストであった。この二つはテロ対策において、地方や州を超えたテロ対策の事態における情報の共有と、指揮、命令系統のコントロールを構築したシステムである。第三回目のＴＯＰＯＦＦ３で、ついにテロ対策の訓練はこのレベルに達している。テロ対策システムの法的整備と、訓練が相互作用しながら、テロ対策が進んでいくというダイナミックな関係が生まれた。

さらにその二年後となる二〇〇七年一〇月の五日間、四回目の訓練となるＴＯＰＯＦＦ４が実施された。開催地は、オレゴン州ポートランドとアリゾナ州フェニックス、そしてグアムの三カ所である。この訓練で、初めて開催場所が三カ所に増え、そしてアメリカ本土を離れた。参加者数はさらに拡大し、連邦、州、地方レベルからテロ対策担当者が、そして前回に続いてカナダ、イギリス政府の参加に加え、今回初めてオーストラリア政府が参加した。総勢二万三、〇〇〇人という大演習であった。このＴＯＰＯＦＦ４のテーマは、国際テロリズムに対処するための、外国政府とのコミュニケーション能力の強化である。この回の訓練シナリオは、三カ所すべて放射性物質兵器（ＲＤＤ）によるテロ事件への対処であった。最初にグアムで発生したＲＤＤの爆発テロに始まり、人口過密地域において被害が拡大していく。同じ兵器をアメリカ本土に持ち込んでいたテロ組織が、引き続きポートランドと、フェニックスで同じテロ事件を多発的に引き起こすという衝撃のシナリオであった。このダーティボムによるテロリズムは、被害と汚染の規模が大きく、また放射能汚染物質の除染活動にも時間がかかるため、汚染が終息するまでの間の、長期間の復旧活動、復興の問題がテーマとなった。シナリオでは、実際にリアルな汚染地域の拡大や終息がシミュレーションされた。実際にこの訓練では、カナダのオタワ、イギリスはロンドン、オーストラリアのキャンベラにおけるアメリカ大使館がそれぞれの国の政府と密接に連携する訓練を実施したという。国際テロリズムの時代においては、このような国際的訓練の視点は必要不可欠である。

(3) TOPOFFの意義

以上、これまで四回にわたるTOPOFFの訓練の具体的内容について概観してきたが、このTOPOFFの訓練の効果・影響には多様な側面がある。筆者がテロ対策関連官庁の担当者に実施したヒアリング調査や、評論家やメディアの指摘などをまとめると、訓練の直接的な効果、間接的な効果を含めて以下のような効果がある。(26)

①テロ対策の訓練を定期的に実施することで担当者の習熟度が向上する。
②テロ対策の多様な部署のスタッフが実際に交流することができる。
③テロ対策の担当者が緊張感を持続し、意識を高めることができる。
④TOPOFFの活動を国内にアピールすることによってアメリカ国民に安心感を与えるとともに、テロ

に対する意識、知識の向上に役立つ。
⑤ＴＯＰＯＦＦの活動を国内外にアピールすることで、アメリカのテロ対策の能力をＰＲする効果があり、それがテロの抑止につながる。

とくに多様な部署の多様なスタッフが集まるテロ対策の部署においては、この訓練の場こそが緊張感を持ちながら顔と顔をつきあわせて交流できる場であり、さらに出向期間が終了して人事異動により人が変わることも多いため、経験や情報を伝達するためにも、こうした実際の訓練の価値は高い。ＦＢＩでインタビューしたＮＪＴＴＦ担当者も、次のように述べていた。「普段は別々の省庁、地域にいるテロ対策担当者が、定期的にこうして顔を合わせ、顔の見える人脈を構築し、交流を維持することが重要である」と。これは決してアメリカに限ったことではない普遍的な原則であり、さらにテロ対策に限ったことではない、危機管理の訓練における普遍的な意義であるといえるだろう。

この世界最高レベルのテロ対策訓練から学ぶために、ＴＯＰＯＦＦが開催される度に、世界中の政府機関、専門家が見学、研修に訪れている。日本からも警察庁をはじめ、いくつかの機関からこれまでも何度か見学者がこの訓練を見学したという。こうした流れは世界中で広がりつつある。訓練によって、テロ対策の国際交流も進んでいるのである。

四　事案指揮システム（ＩＣＳ）

アメリカでは連邦レベル、州レベル、地方レベルの階層構造が徹底している。ベネット・ウォーターズも指摘しているように、大規模なテロ事件が発生した場合には、この連邦、州、地方のレベルがいかにして指揮系統においてうまく相互作用し、コミュニケーションできるかが重要である（Waters, 2005）。

（1）ＩＣＳの歴史と特徴

テロが、インテリジェンス活動によって事前に察知され、犯人が逮捕される事例は存在する。しかしながら、常にテロが事前に察知されるわけではない。むしろ、事前の情報なしに突然発生するテロの方が多いのが現状である。突然爆弾が爆発したとき、その現場に駆けつけるのは警察であり、消防であり、救急隊員といったファースト・レスポンダーである。こうしたファースト・レスポンダーが事件現場においてどのような対応をとるべきか、現場からの避難指示、危険物の確保、情報伝達のコントロールなど、さまざまな対応行動の指針が必要となる。

アメリカでは、こうしたファースト・レスポンダーがとるべき対応をまとめ、警察や消防、救急医療、軍などのファースト・レスポンダーに対して徹底した教育や訓練を行っている。これを、「事案指揮システム（Incident Command System：ICS）」という。これはテロ対策に特化したものではなく、むしろかつては地震や山火事などの自然災害を想定して構築され、発展してきたものであった。とくに、例年定期的に発生するカリフォルニアの山火事の対策などを契機として、一九七〇年代以降、アメリカで発生するさまざまな自然災害や大規模事故などの対策を通じて、ＩＣＳは整備されてきた。しかし、九・一一以後、ＩＣＳは新しく発足したＤＨＳに組み込まれたＦＥＭＡにおいて、テロ対策にとっても非常に重要な役割を担うことになった。

ＩＣＳが想定する危機にはさまざまなものがあるが、現在のＩＣＳのプログラムによれば、アメリカ国内で発生する以下のような危機が含まれる。(27) ①テロリストによる攻撃、②有害物質の漏洩、③山火事、洪水、地震、竜巻などの自然災害、④電車脱線事故、産業事故、火災、輸送機関事故などの大規模事故、⑤人質事件、⑥そのほか救急医療や捜索・救助が必要な状況の六点である。また、ＩＣＳは危機管理システムとして、①指揮命令系統の統一、②現場に到着したファースト・レスポンダーの権限重視、③共通の専門用語の使用、④すべてのファースト・レスポンダーに対するＩＣＳ訓練、教育の徹底、という重要な特徴を持っている。

このシステムで最も重要な点が、①指揮命令系統の統一である。この問題は、九・一一においても、ニューヨークの事件現場で顕在化した。警察や軍、消防や医療機関などさまざまな異なる機関が現場に集結したとき、対策の指揮命令系統や調整が難しくなる。複雑な危機事態においては、現場での指揮や命令の責任、伝達ルートが不明確になるのは、世界各国で経験される普遍的な現象である。それぞれの組織によって使用される専門用語や運用の文化が異なるため、情報伝達や活動に齟齬が生じやすくなる。こうして、現場の対応は後手にまわるのである。どんなに素早く対策本部を設置しても、そして部隊や物資がどんなに早く現場に到着しても、それをどう扱うかの情報や指揮、命令が混乱すれば、現場では的確な事後対応がとれなくなる。ＩＣＳはこのような問題を解決するために作られた、アメリカの事件現場での統一された指揮システムの規格である。

次に重要なのが、②現場のファースト・レスポンダーの権限強化である。このＩＣＳでは、ファースト・レスポンダーとして現場に最初に到着したものが事案指揮者（Incident Commander：IC）となる。そしてその事案指揮者がこの現場においてすべての指揮の権限を持つ。そのため、どのような組織でどのような職階にいる誰であっても事案指揮者として現場を取り仕切る能力を身につけなければならない。これがＩＣＳの特徴である。これはファースト・レスポンダーが現場に到着したとしても、本部と連絡しながら調整をしている間に時間が経過し、現場での対応が遅れるという危機管理の問題を解決するための画期的な解決策である。つまり、現場のファースト・レスポンダーこそが事案指揮者として現場を取り仕切る権限を持つことによって、本部との調整や、本部での会議などの時間をかけることなく、対応にあたることができる。そして、このＩＣＳに定められた職位の担当者が現場に到着することによって、その事案指揮者の任務はより上位の担当者へと段階的に引き継がれる。

三点目として重要な点は、③共通の専門用語の使用である。警察や消防、医療機関などのファースト・レスポンダーの組織を超えた共通のシステムとするためには、さまざまな組織から来た人材が「共通の専門用語」を使用して、「共通の危機管理」を実施するためのシステムでなければならない。

そしてこのようなシステムを円滑に運用するためには、④すべてのファースト・レスポンダーにＩＣＳ訓練、教育を徹底することが重要である。政府のあらゆるレベルにおいてさまざまなＩＣＳ訓練が義務づけられ、民間企業では危機への対応のためにＩＣＳを使用するよう指導されている。ＩＣＳは社会に広く普及しており、法執行機関から通常のビジネスまであらゆる場面で使用され、そのための訓練が徹底されているのである。国土安全保障省（ＤＨＳ）は連邦準備資金拠出の条件として、ＩＣＳの徹底を命じている。現在、

ＩＣＳは危機管理のため総合的な枠組みであるＮＲＦや、ＮＩＭＳへと統合され、運用されている。

（2） ＩＣＳのシステム構造

ＩＣＳのシステム構造は図表8のような階層構造を持っている。そのＩＣＳの階層構造のトップにあるのが、事案指揮者（ＩＣ）である。このＩＣこそが危機事態において意志決定し、命令を発する。このＩＣの形も、危機事態の種類やレベルによって異なる。多くの場合はこのＩＣは一人（Single Incident Commander）である。また、より大きな危機に直面した場合には、共同指揮（Unified Command：UC）という形態をとる。より大きな危機が発生した場合には、複数の組織が関わり、また地域も複数にわたるため、共同指揮体制が必要になるのである。ＵＣを形成するのは、危機管理対応部署の地方当局（Local Officials）、州当局（State Officials）、連邦当局（Federal Officials）や、ファースト・レスポンダーの代表である。こうした主要機関から指揮の代表者を出し、彼らがＵＣのメンバーとなる。また、複数の事件が同時多発的に発生している状況では、地域対応調整センター（Regional Response Coordinating Center：RRCC）が設置され、「現場指揮者（Area Command：AC）」が設置されることがある。

また、ＩＣのもとには、指揮スタッフ（Command Staff）として、「安全担当官（Safety Officer：SO）」と、「広報担当官（Public Information Officer：PIO）」、「連絡担当官（Liaison Officer：LO）」が置かれる。彼らがＩＣの指揮の下で具体的な活動を行う。例えば、安全担当官（ＳＯ）は任務における安全状態を監視、安全確認を徹底し、配置された人員の安全を確保するための対策を立てる。また、広報担当官（ＰＩＯ）は情報を必要としているマスコミやメディアとのパイプ役となり、広報面を担当する。警報や警戒情報の市民への

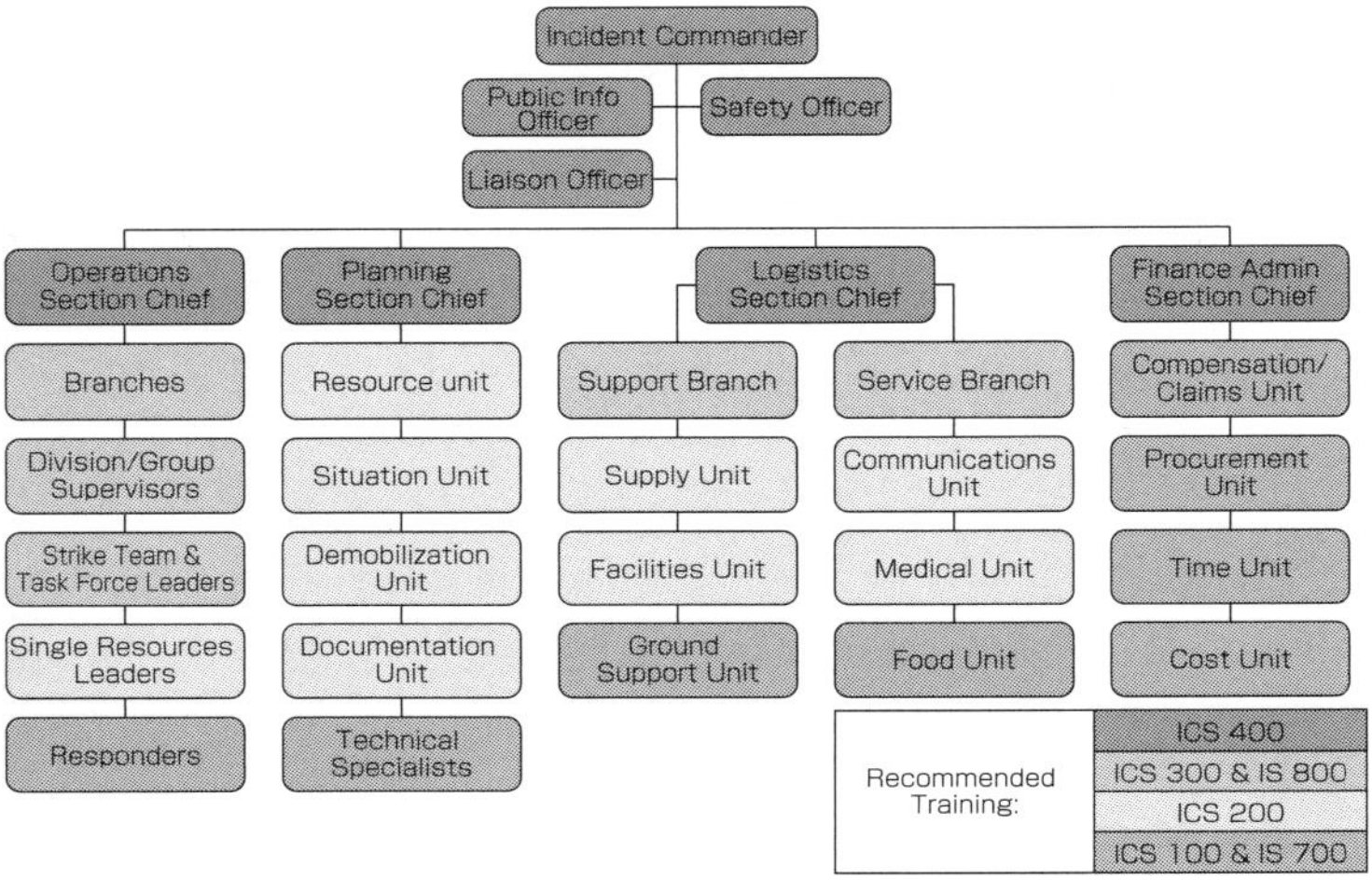

図表８　ＩＣＳの構造モデル
（ＤＨＳの資料をもとに作成）

伝達、市民からの問い合わせの対応、メディアへの対応など危機管理において非常に重要なリスク・コミュニケーションの機能を果たすのがこのＰＩＯである。連絡担当官（ＬＯ）は事件において協力し合うたくさんの支援機関との連絡調整係である。この三つの機関は、多くの組織が混在する危機管理体制の中で、連絡や調整機能を果たす重要な存在である。

そして、そのＩＣやそれぞれの担当官のもとで実際の活動を行うスタッフのセクションは（図表８）のように、①作戦課（Operations Section）、②計画課（Planning Section）、③ロジスティクス課（Logistics Section）、④行財政課（Finance/Administration Section）の四つにわかれる。

作戦課（Operations Section）では危機に対応するすべての事象を把握し、すべての活動に対して網羅的に指示を行う。作戦課が実際に指揮して現場で実働させる部隊には、「ストライク・チーム（Strike Team）」や「タスク・フォース（Task Force）」などがある。計画課（Planning Section）は、危機に関連する情報収集や情報伝達に関わる業務を担当し、危機管理の計画をサポートする。また、ロジスティクス課（Logistics Section）は、作戦部隊の後方支援や物流などのロジスティクス面を担当し、食糧支援や医療支援などを行う部署である。そして、行財政課（Finance/Administration Section）は、作戦全体におけるコスト面や人事面を管理し、調達契約の施行に関わる業務を管理する。アメリカ国内で発生するあらゆる危機に対して、こうしたシステムが普遍的に構築されるシステムがＩＣＳである。

こうしてＩＣＳはレベル別に組織され、各レベルのトップがそれぞれの肩書きを一つだけ持つ。例えば、各セクションのトップは「チーフ」で、各ブランチのトップは「ディレクター」と呼ばれる。それぞれ異なる組織が異なる階級と肩書きを持つため、このＩＣＳでは混乱を避けるため共通の用語を使用するのである。さらに「ユニット（Unit）」や「チーム（Team）」、「フォース（Force）」という単位がこのＩＣＳでは多く用いられている。例えば、ストライク・チームという単位は、消防車四台といった同じリソースごとで構成されている。一方、タスク・フォースは一台の救急車と三台の消防車といった異なるタイプの具体的な装備・資源で構成されている。

（3）ＩＣＳ活動の実際

このＩＣＳでは、危機に関わるそれぞれのスタッフがどのように行動すべきか、行動内容や基準、ルールが細かく規定されている。その基準を規格化したものが、次のような階層構造をもつ規格である。

図表9に示される「ＩＣＳ－４００」レベルとは、ＩＣＳの階層構造の中で、トップレベルに位置するＩ

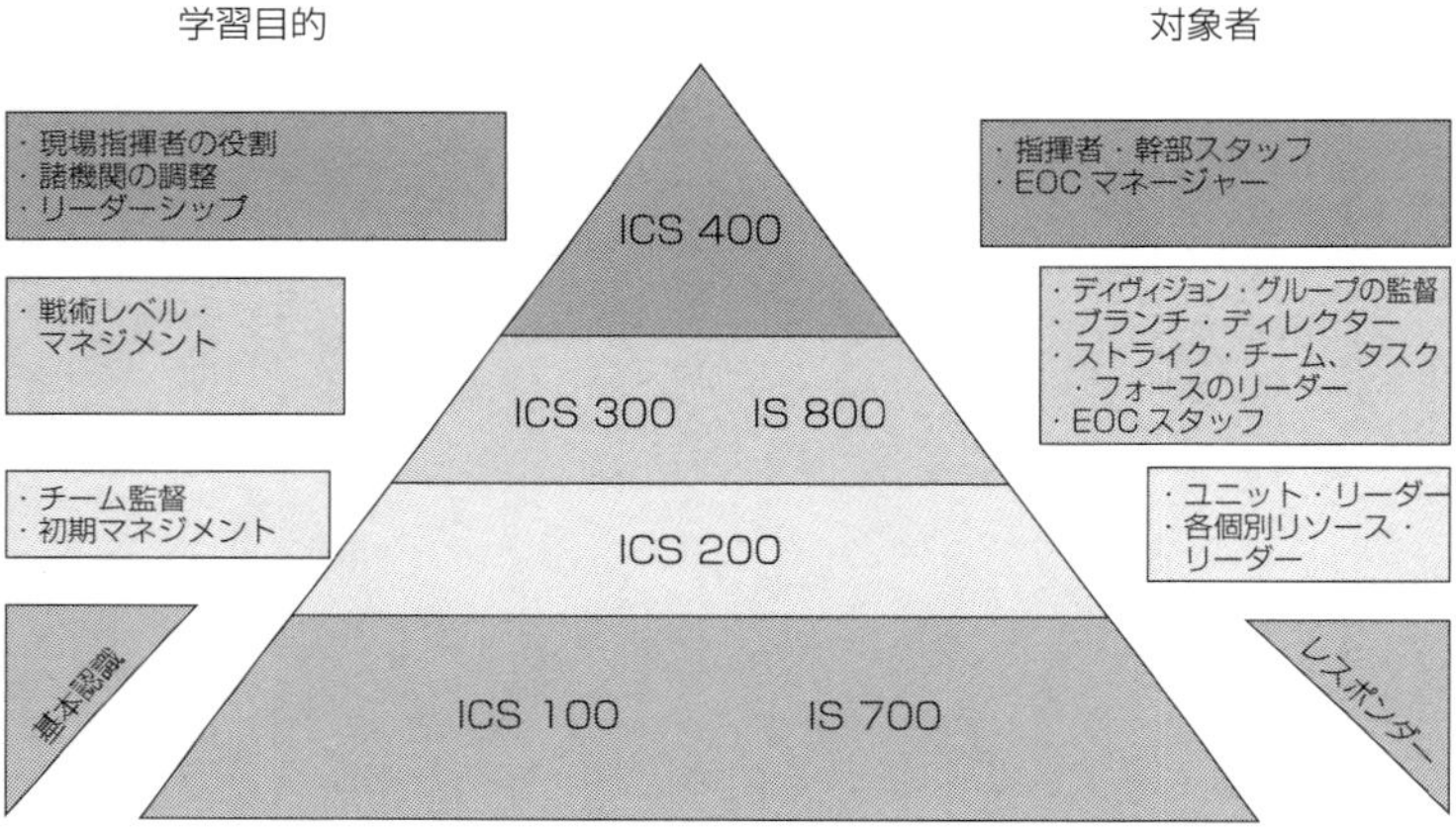

図表９　ＩＣＳレベルと訓練内容
（ＤＨＳの資料をもとに作成）

Ｃや、ＰＩＯ、ＳＯ、ＬＯなどの担当官、各セクションのチーフのレベルのための行動基準であり、多様な機関を調整し、統合運用するための最高レベルの基準である。彼らは、この「ＩＣＳ－４００」レベルの教育と、訓練を日々受けている。このレベルでは、多くの組織の調整機能、そしてリーダーシップの側面が強調されている。

「ＩＣＳ－３００」レベルは各ブランチのディレクターのレベルや、ストライク・チームやタスク・フォースのリーダーを対象とした戦術レベルの規格である。また、「ＩＣＳ－２００」レベルとは、各セクションの中枢を構成するスタッフのための基準である。具体的には、ユニット単位のリーダーなどが対象となり、そのユニット内のスタッフの監督、指示やマネージメントのためのものである。また、「ＩＣＳ－１００」レベルは、以上の階層構造の末端に位置する、現場で対応するファースト・レスポンダー個人を対象にした基準である。危機事態が発生したとき、彼らファースト・レスポンダーがどのように行動すべきか、詳細に規格化されている。

こうしたマニュアルは、この四段階のレベルごとにＦＥＭＡが作成した一冊の冊子としてまとめられており（FEMA, 2005）、一定期間義務づけられた研修によってスタッフはこれを学び、習得することが求められる。そしてここで学んだ知識に基づいて具体的な訓練が実施される。

このＩＣＳの階層構造の中で、危機事態の規模や事態の推移に応じて、システムの規模を拡大したり、縮小したりする柔軟な対応を実施するのがこのＩＣＳの特徴である。このように規模を変更し、指揮命令権限を変更していく過程は「指揮移譲（Command transfer）」と呼ばれる。危機が大きくなると、より高次のレベルの機能や事案指揮者（ＩＣ）が必要になり、反対に、より危機の規模が小さくなると、より低次のレベルの事案指揮者に、指揮命令権限が引き継がれていく。このＩＣの移譲プロセスもルール化されており、口頭と書面によるブリーフィングによって引き継ぎが行われる。危機が発生した当初、現場においてその危機の規模が判断できない場合、そのまま現場のファースト・レスポンダーが小単位でＩＣとなり、権限を持って対応することができるという利点を持っている。こうして現場主導でボトムアップ的に構築されたＩＣＳが、時間が経過して全体的な対策本部が設置可能になるにつれて、またはその危機の規模が拡大するにつれて、より高次のＩＣＳに指揮命令系統が移譲されていくという柔軟なモジュールタイプのシステムである。

またＩＣＳでは、スタッフの責任や資源に関する理想的な範囲も規格化している。一人のスタッフがコントロールする単位を三個から七個とし、五個を理想とするとしている。これをＩＣＳでは「コントロール範囲（Span-of-control）」原則と呼ぶ。自分がリーダーとして抱えるスタッフや物資、事象が七つを超えると負担がかかりすぎ制御不能となる。このような場合に、権限は一つ上のレベルに移譲されることになる。反対に、対象の数が三個を下回った場合には、他の単位に吸収されることになる。このコントロール範囲原則が、ＩＣＳの柔軟なモジュール構造を維持する原則として機能している。

さらに、実際の危機に対するＩＣＳの活動において、非常に重要な役割を果たすものに、「事案対応計画(Incident Action Plan：IAP)」がある。ＩＡＰは、達成すべき戦略的目標をゴールとして、作戦を時間ごとに区切ったタイムフレームに沿って書面によって作成することで、それぞれの行動を統一し、個々の勝手な判断や自由裁量をなくすよう機能する。例えば、自分たちはいつまでに何をするのか、どの場所に誰を、そして何を配置するのか、それぞれの作戦の責任は誰が負うのか、どことどこの間でどのような情報をコミュニケーションすべきなのか、こうした変数を具体的にシートに記入した上で行動を実践する。このＩＡＰの規格はＩＣＳによって決められていて、危機に対応するすべてのスタッフが共通のＩＡＰに則って行動し、情報を構築、共有することが可能になるのである。このＩＡＰには、ＩＣＳのレベルによって大量の文書が存在し、それぞれのレベルのスタッフが自分に必要な文書を作成する。例えば、**図表10**はＩＣＳ‐２００レベルの「組織配置リスト（Organization Assignment List)」の一例である。これらの書類は、インターネット上のＮＩＭＳの文書を管理するサイトで自由にダウンロードすることができる。

テロ対策において多くの組織、多様な組織が共同して対応せねばならない場合、それを調整するシステムとして、ＩＣＳは非常に重要な役割を果たしている。その中で最も重要な機能は、コミュニケーション機能である。つまり、組織と組織がネットワークによりメタレベルにリンケージされることで、コミュニケーションが統合される。そのためには、異なる組織がコミュニケーションを可能にするためのシステムが必要であり、その役割を果たすのがＩＣＳなのである。

図表10　ICS-203　組織配置リスト

1. Incident Name	2. Operational Period (Date / Time) From:	ORGANIZATION ASSIGNMENT LIST ICS 203-OS

3. Incident Commander and Staff

	Primary	Deputy
Federal:		
State:		
RP(s):		

Safety Officer:
Information Officer:
Liaison Officer:

4. Agency Representatives

Agency	Name

5. PLANNING SECTION

Chief
Deputy
Resources Unit
Situation Unit
Environmental Unit
Documentation Unit
Demobilization Unit
Technical Specialists

6. LOGISTICS SECTION

Chief
Deputy

a. Support Branch

Director
Supply Unit
Facilities Unit
Transportation Unit
Vessel Support Unit
Ground Support Unit

b. Service Branch

Director
Communications Unit
Medical Unit
Food Unit

7. OPERATION SECTION

Chief
Deputy

a. Branch I - Division/Groups

Branch Director
Deputy
Division / Group
Division / Group
Division / Group
Division / Group
Division / Group

b. Branch II - Division/Groups

Branch Director
Deputy
Division / Group
Division / Group
Division / Group
Division / Group
Division / Group

c. Branch III - Division/Groups

Branch Director
Deputy
Division / Group
Division / Group
Division / Group
Division / Group
Division / Group

d. Air Operations Branch

Air Operations Br. Dir
Air Tactical Supervisor
Air Support Supervisor
Helicopter Coordinator
Fixed Wing Coordinator

8. FINANCE / ADMINISTRATION SECTION

Chief
Deputy
Time Unit
Procurement Unit
Compensation/Claims Unit
Cost Unit

9. Prepared By: (Resources Unit)　　**Date / Time**

ORGANIZATION ASSIGNMENT LIST　　June 2000　　ICS 203-OS

Electronic version: NOAA 1.0 June 1, 2000

五　州レベルの危機管理体制——カリフォルニアとオクラホマの事例

これまで概観したように、ＩＣＳはアメリカ全土における普遍的な危機管理システムであるが、実際の危機管理体制をみると、それぞれの州や地方によって運用は多様である。なぜならアメリカは非常に多様な地形や文化、気候を持つ国家であり、ニューヨークとアラスカ、フロリダ、ハワイでは全く異なる事情を持つからである。州や地方レベルでは、多様な危機管理システムの運用があり得る。アメリカの地方レベルの危機管理体制の実態について探るために、ここから、日本が学ぶべき点の多いカリフォルニア州の「標準緊急事態管理システム（Standardized Emergency Management System：SEMS）」と、オクラホマ州の「医療緊急事態対策センター（Medical Emergency Response Center：MERC）」を紹介したい。

（1）カリフォルニア州の標準緊急事態管理システム（ＳＥＭＳ）

カリフォルニア州の標準緊急事態管理システム（ＳＥＭＳ）は、カリフォルニア州独自に開発が進められた危機管理のためのシステムである。前の節でも触れたように、ＩＣＳが一九七〇年代以降、カリフォルニア州の大規模火災の対応のために進化してきたように、このＳＥＭＳもこうした災害対策のためのシステムとして九〇年代以降、州独自のシステムとして発展を遂げてきた歴史がある。一九九一年一〇月に発生したオークランドの火災では州当局が対応に失敗し、その反省から、より高度な災害対策システムの必要性が指摘された。その結果、カリフォルニアのウィルソン州知事は、九三年一月、「州危機管理局（The Governor's Office of Emergency Services：OES）」において「標準緊急事態管理システム（ＳＥＭＳ）」を開発することを決定した。九四年一二月にOESはSEMSを完成させ、九五年一二月にはカリフォルニア州のすべての地域がこれに組み込まれた。

州危機管理局（OES）とは最初知事室において一九五〇年に「州市民防衛局（The State Office of Civil Defense：SOCD）」として設置され、五六年に「カリフォルニア州災害局（The California Disaster Office：CDO）」に名称変更、七〇年の危機管理法（The Emergency Services Act）で現在の形となったものである。(28) このOESが対応する危機には、地震、洪水、火災などの自然災害から、原子力発電所事故、ダム決壊など大規模事故、大型犯罪やテロリズムなど幅広い危機全体が含まれる。地震や山火事など自然災害が多いカリフォルニア州では、SEMSは自然災害対策がメインであると見られがちであるが、そうではなく、テロリズムや大規模な事件にも対応している。実際、このSEMSは二〇〇三年の炭疽菌テロ事件においても発動された。アメリカでは、地方レベルでも自然災害やテロなどの危機を区別せず網羅的に対応するシステムが構築されていることがわかる。これがアメリカの危機管理の特徴である。このように、自然災害対策から始まってテロ対策などにも拡大した経緯を見ると、同じく自然災害が多い日本の状況に対して、このSEMSはあてはまりやすい特徴がある。SEMSには、危機事態への備えから、被害緩和、事後対応、復旧、復興にいたるまでの危機管理プロセスをカバーした総合的な計画が含まれる。

このOESのセンターはカリフォルニア州サクラメントの郊外にあり、災害現場への指揮、命令を行う危機管理の中心基地の機能を担う。あらゆる災害に耐えられるように頑健な構造をもつ低層ビルである。そのセンターの内部には、危機管理に必要な情報通信を管理するコンピュータ・ルームや、さまざまな機関の代表が集まり、会議や情報共有を行うためのオペレーション・ルームが多数ある。オペレーション・ルームではＦＥＭＡやＦＢＩなどが参加する危機管理組織のメンバー専用の席が常設されており、専用のコンピュータや電話回線が用意されている。テロ事件や自然災害が発生した場合、州内外の関係公的機関、危機管理機関、ライフラインなどの代表がこのセンターに集結し、ＳＥＭＳのシステムに沿った災害対策が実施される。このように複数の地域や郡、または複数のセクターにまたがった危機管理対応が必要になるとき、このＳＥＭＳが必要となるのである。

（2）SEMSの構造と機能

では、そのＳＥＭＳとは実際にはどういう仕組みなのだろうか。このＳＥＭＳで強調されるのは、五つの組織階層と五つの任務である。ＳＥＭＳには、①災害現場（Field）、②自治体（Local）、③作戦区域（Operational Area）、④地方（Regional）、⑤州政府（State）という基本的な五段階組織階層が設定されている(29)。

ここで①災害現場（Field）とは、危機の発生した現場とそこで従事する組織に対応している。現場の対応に従事するファースト・レスポンダーの活動はこのレベルである。そして②自治体（Local）は、その活動を管理する郡や市、または特別区の行政区の機関に対応している。また、危機が発生した地理的区域内における全体的な作戦の管理、調整を行うのが、③作戦区域（Operational Area）のレベルである。災害の危機管理は、この「作戦区域コンセプト（Operational Area Concept）」という概念を中心に運用される。そして、実際の危機管理において、情報と資源を管理し調整するのがその上の④地方（Regional）のレベルにあたる。さらに作戦区域が拡大する場合には、州全体における全体的な資源調整、危機管理の指示が必要となり、その場合に危機管理は⑤州政府（State）のレベルに一本化され、統合される。ここからトップダウン的な命令、指揮系統がコントロールされる。

そして、ＳＥＭＳの任務には、①管理（Management）、②作戦（Operations）、③計画・情報（Planning/Intelligence）、④ロジスティクス（Logistics）、⑤財務・運営（Finance/Administration）の五つの機能が課せられている。これをみると、ＳＥＭＳの内容もＩＣＳにおける主な四つのセクションに対応していることがわかる。ＩＣＳと同じように、①管理（Management）の任務内容は、災害対策に緊急の優先順位を設定しながら総合的な指揮命令を与えることである。また、そこで設定された優先順位通りに作戦を実施するのが、実行部隊による②作戦（Operations）の任務である。そして、③計画・情報（Planning/Intelligence）は、災害に関するあらゆる情報を収集し、分析し、計画立案までを行う。そして④ロジスティクス（Logistics）は、災害対策業務をサポートする資源を確保するためのあらゆる後方支援、物流、兵站を担当し、⑤財務・運営（Finance/Administration）は、災害対策に関わるすべての経費処理や、人事のマネージメントを行う。この五つのＳＥＭＳの任務が、ガイドラインには詳細に記述されている。

このＳＥＭＳを実行する中心となるのが、ＯＥＳの使命であるが、その任務を実行する危機管理のステージを時間軸で示すと、①準備（Preparedness）、②危機対応（Response）、③復旧・復興（Recovery）、④リスク軽減（Mitigation）の四段階に分けられる。

最初の①準備は、危機事態に対して事前に行われる備えである。危機管理の計画を構築し、あらゆる組織の調整、管理を想定し、住民の避難ルートを作成する。そして、その計画に沿って訓練を実施し、スタッフを養成することが重要である。ＳＥＭＳには「認可指導コース（An Approved Course of Instruction：

ACI)」という教育・訓練のコースがある。

②危機対応には、危機が発生する直前から発生時、発生直後までの期間におけるあらゆる対応が含まれる。住民に警報を発し、避難を指示し、避難場所を提供する。そしてその避難場所に食料や衣料などの物資を提供する。被害者、被災者の救助や探索を行い、被害者を助けるため救急医療活動を実施する。被害発生原因の除去作業もこの段階に含まれる。爆弾テロであれば爆弾や瓦礫を除去し、山火事においては消火活動を行い、原発事故であれば原発施設での事後対応を行う。

③復旧・復興活動とは、被災地におけるライフラインなどのインフラを正常な状態に戻すことが主な任務である。一時的な仮設住宅などの住居を提供し、電気や電話、水道、ガスなどのライフラインを修復し、住民の生活を再スタートさせることが目標である。

④リスク軽減とは、災害後に将来起こり得る災害の被害を最小限にするためにとられる政策である。これは煙探知機や熱探知機などの警報装置を自宅に設置したり、家具の転倒防止措置をとるなど小規模な対策から、街の住宅を耐震建築、耐火建築に代えたり、洪水対策として堤防を構築するなど大規模な対策までが含まれる。

また、このSEMSの中で特徴的な点として、相互援助システム（Mutual Aid System）が挙げられる。この相互援助システムとは、州の中でテロや自然災害の被災地となっている地域を、周辺地域が協力して支援するシステムである。被災地の中心は、その災害規模が大きいほど混乱しており、本来危機管理対応をすべき組織自体が被害を受けて動けないような事態が発生したり、本来の計画では全く対応できない規模の危機が発生する場合がある。そのような場合、その被災地の外部で、被害を受けていない地域から、人的支援、

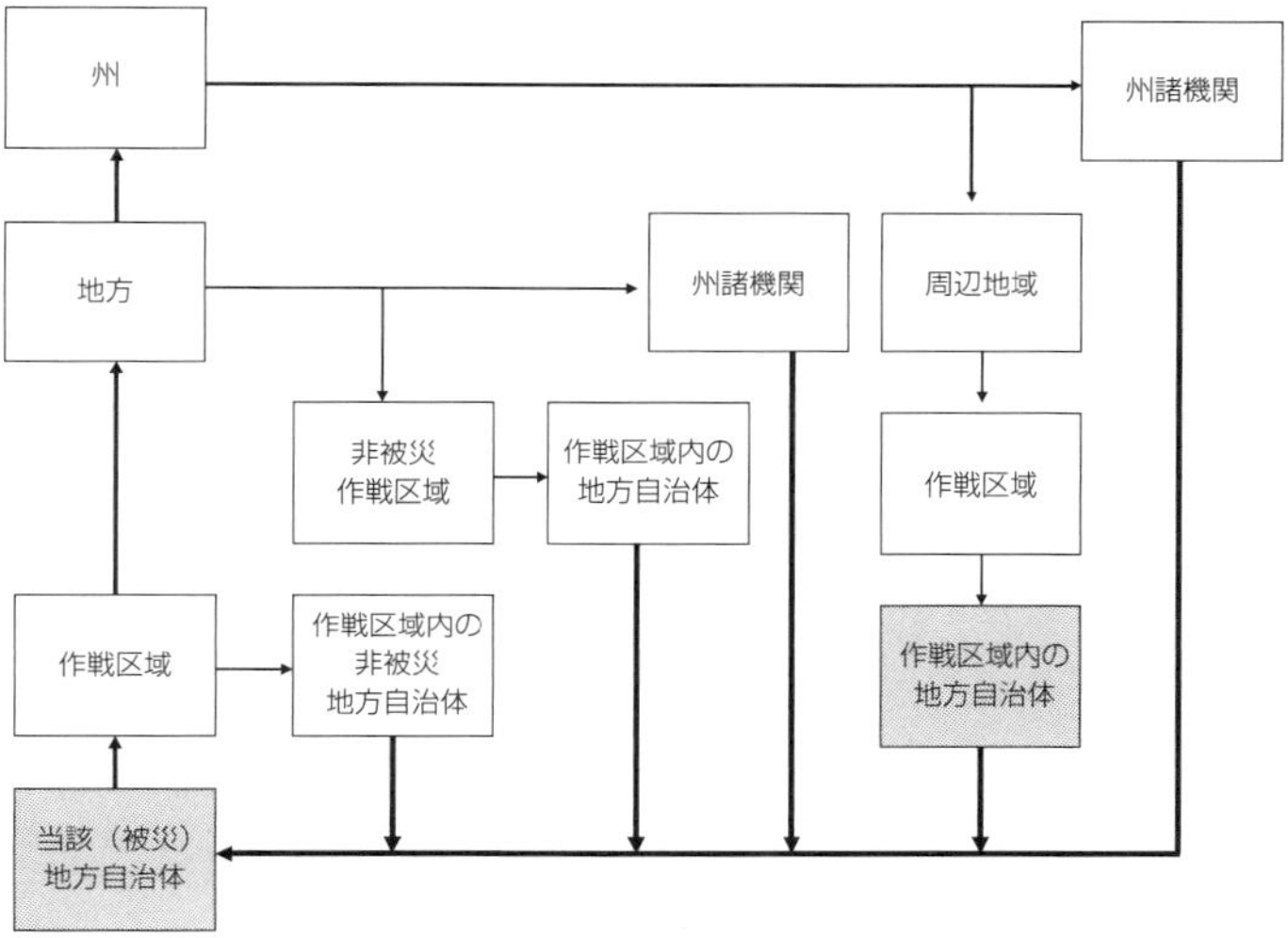

図表11　相互援助システム・モデル
（『*SEMS Guidline*』をもとに作成）

物資などの援助を速やかに行うシステムがSEMSの中で構築されている。例えば、カリフォルニア州は相互援助地域という単位で六つに分割されている。その六ブロックが互いに相互援助システムを構築し、被害が発生した場合には相互に援助し合う体制となっている。このシステムの構造を示したのが**図表11**である。

SEMSがカリフォルニア州で発展しているように、州ごとにその規模や優劣には差があるものの、さまざまな州でテロリズムや自然災害に対応した危機管理システムが構築され、運用されている。

（3）オクラホマシティの「大都市医療対応システム（MMRS）」

二〇〇一年の九・一一以後、テロ対策などの大規模危機事態に対応するための医療改革が進められてきた。テロ事件に対する事後対応においては、病院の救急医療は非常に重要なファースト・レスポンダーの一つである。米保健社会福祉省（The Department of Health and Human Services：HHS）は、特に地方レベルの地域協力体制に焦点をあて、州レベルの相互協力体制なども強化してきた。そして、国土安全保障省（ＤＨＳ）のもとで「大都市医療対応システム（Metropolitan Medical Response Systems：MMRS）」が、地域防災のための医療改革として実現した。このシステムは一二二を超えるアメリカ中の地域ですでに導入されている。

バービッシュは、テロ事件において発生する医療の緊急事態について考察している（Barbisch, 2005）。特にテロの現場となる地域レベルの医療対応の問題である。その地域には通常から存在する病院のキャパシティに限界がある。テロの発生によって救急医療のニーズは、事件以前からの通常の病院キャパシティを一気に超える。それはテロの被害規模によって影響される。その後、数時間内に地方レベル、州レベルの医療支援活動によって、一時的にそのキャパシティ・オーバーは解消されるが、時間が経つにつれてその医療支援活動のキャパシティをさらに超える事態が発生する。死傷者が拡大するからである。その後、連邦レベルの医療支援活動が到着する三〇時間後くらいまでの間に、発生するキャパシティ・オーバーの状態を、バービッシュは「医療上昇（Medical Surge）」と呼んでいる。そのニーズとキャパシティの間に発生するギャップをどう解消するかが、テロリズムなどの災害に対する医療における重要課題である。バービッシュはその問題解決のために、通信システムや救急搬送システム、被害者の避難支援、医療活動支援、装備支援などの総合的な事案指揮システムの構築が必要であるとしている。

米政府責任説明局（Government Accountability Office：GAO）がまだ米会計検査院（General Accounting Office：GAO）であった二〇〇三年の年次報告書によると、九・一一の発生した二〇〇一年では危機事態において、三分の二の救急搬送で病院を渡り歩かされるたらい回しが発生したという。

テロ事件の事後対策として重要なファースト・レスポンダーの一つに救急医療、救急搬送の問題がある。爆弾テロでも、核テロ、化学兵器テロ、生物兵器テロであっても、経緯の時間的、空間的な差異はあれ現場では大量の死傷者が発生する。被害者に現場で応急措置を実施し、病院に搬送し、治療を行う、救急医療体制が必要である。アメリカでも医療がテロリズムに対応できる危機管理システム作りを模索している。その中で、特徴のあるシステムを紹介したい。「大都市医療対応システム（Metropolitan Medical Response Systems：MMRS)」が非常に効率的に活用されている事例がオクラホマ州オクラホマシティであり、そこでは「医療緊急事態対策センター（Medical Emergency Response Center：MERC)」が運用されている。

このMMRSは、オクラホマ州のオクラホマシティとタルサの地域をカバーするシステムであり、この地域で発生した自然災害、大規模事故、テロなどによる大量の被害者を救急病院に搬送するためのシステムである。MMRSはオクラホマ州では一九九六年に導入されたが、そのきっかけとなったのはともに一九九五年に発生したオウム真理教による東京地下鉄サリン事件とオクラホマシティで発生した連邦政府ビル爆破テロ事件であった。

九五年の連邦政府ビル爆破テロ事件では、大量の死傷者が発生し、その被害者の救助や救急搬送に大変な混乱が発生した。オクラホマシティ周辺に多くの病院があっても、患者をどの病院に搬送すべきか、どの救急病院にどれくらいの収容の余裕があるか、それらを瞬時に判断するために必要な、救急搬送のための情報システムがなかったからである。その結果、場当たり的な搬送となり、いくつかの救急病院をたらい回しになり、処置が間に合わず死に至る事態が発生した。このようないわゆる「避けられる死（preventable death)」は絶対に回避しなければならない。オクラホマシティは、この連邦政府ビル爆破テロ事件によって、救急医療と救急搬送を大規模なテロ事件に対応できるレベルにするためのシステム作りを決意したのである。

こうして構築されたMMRSでは、テロ事件や大規模事故が発生した場合を想定したシミュレーションと計画を策定している。それに則って、薬品や医療体制が準備され、ファースト・レスポンダー用の防御装置などを用意し、定期的に訓練や研修を実施している。

このMMRSを管理しているのが、「オクラホマ郡危機管理センター（Oklahoma County Emergency Management Center）」である。この危機管理センターはオクラホマシティの郊外にあり、その広い敷地には大きなアンテナが立ち厳重な仕切りで守られている。(30) 外観を見ると、センターの入口だけが地上に顔を出し、それ以外の建物は地下に埋め込まれた地下施設となっている。地下基地のようになっているのは、このオクラホマには大型のトルネードが発生するためで、どんな規模のトルネードが発生した場合でも、このセンターで災害対策の指揮がとれるようにするためである。また爆弾テロのような大型の爆発、もしくは核戦争のような事態が発生した場合でも、地下基地で指揮をとれるようにするためでもあるという。

オクラホマシティ周辺で発生した危機に対して、ここが指揮、命令を発する災害対策本部として機能する。そのため、さまざまな通信ネットワークがこの基地につながり、集中している。この地下のセンター内部には、複数の作戦室や会議室、コンピュータ室があり、危機管理の指揮、情報通信のためのコンピュータやモニター画面が並んでいる。このセンターには常勤のスタッフが数名いるが、緊急事態が発生すると、オクラホマ州の各機関から危機管理の代表がここに集結する。大量のスタッフがここで閉じこもって数カ月の間、危機と闘うために必要な資材や食料などの備蓄がされている倉庫もある。

（4）「医療緊急事態対策センター（ＭＥＲＣ）」システム

このセンターの中に、救急搬送のための対策室がある。それが「医療緊急事態対策センター（Medical Emergency Response Center：MERC）」である。このセンターには、大型のコンピュータサーバーがあり、オクラホマ州とその周辺に存在する救急病院と通信ネットワークでつながっている。このように、危機管理センターと救急病院をオンラインで常時つないでいるシステムを、「地域医療対策システム（Regional Medical Response Systems：RMRS）」と呼び、オクラホマ州保健省が管理している。

ＤＨＳのオクラホマ第八地区はそのままオクラホマ郡に該当するが、それにオクラホマ郡周辺の地域である第六地区を含めた地域が、このＭＥＲＣがカバーするエリアである。ＭＥＲＣは現在、オクラホマ州で数カ所に設置されていて、オクラホマシティのＭＥＲＣはタルサ、ロートンなどのＭＥＲＣと連携しており、州独自の多地域ネットワークを構築している。また、ＭＥＲＣは国家事案システム（ＮＩＭＳ）に準拠した指揮命令系統で運営されている。

実際のシステムについても少し触れておきたいが、ＭＥＲＣのオペレーション室のホストコンピュータ上では、オクラホマ州の救急病院名がオンラインでリスト化されており、それぞれの病院での現在の病床の空き具合や医療スタッフ数、外来患者の受け入れ可能数などが、リアルタイムで数値化されている。こうした各病院の情報は、ネットワーク化されている救急病院がそれぞれ毎日定期的に自分の病院の状態をネットワーク上で情報入力し更新することによっている。そのため、このシステムは普通のコンピュータのごく普通のＯＳ上で操作できるソフトとして構築されている。ネットワーク化された各救急病院が正確な数字を毎日定期的にこのシステムに情報入力することで、このＭＥＲＣオペレーション室でスタッフが全体の情報を把握することができるのである。テロ事件などの危機事態が発生した場合、現場の救急隊員からここに連絡が入り、被害者をどの病院にどれだけ搬送すればよいか、このＭＥＲＣスタッフがシステムの情報に沿って判断し、指揮命令を下すのである。最初のシステムは一九九六年に導入されたものであるが、現在の最新版に移行したのは二〇〇五年のことである。

一方で病院の方を見ると、オクラホマシティ病院会議（Greater Oklahoma City Hospital Council：GOHC）に入会している病院は相互援助の同意書にサインしており、このＭＥＲＣの活動に協力することになっている。各救急病院にいるＭＥＲＣのオペレーターには定期的に訓練が実施され、ＭＥＲＣの運営、設備、サービスについて学ぶことになっている。このオペレーターには、その病院の看護師や病院事務職員がなるケースが多い。こうして教育と訓練を受けた各病院のオペレーターが、ＭＥＲＣの運営を支えているのである。

このシステムに関してこれまでに特に大きな問題は発生していないといわれている。その理由は二つある。その一点目は、ＭＥＲＣでは同意書や協定により、病院側が一日に数回必ずこのデータを入力、更新しなければならないと義務づけられているという点である。このシステム上で最新のデータが更新されていれば、救急搬送の指令には問題は発生しないのである。二点目は、オクラホマシティがいわゆる大都市ではないというメリットである。人口約五〇万人程度のオクラホマシティ規模の都市で、十分な病院があれば、そしてこのＭＥＲＣというシステムがあれば、十分対応可能な規模なのである。オクラホマシティのＭＥＲＣの事例からわが国が学ぶべき点は多い。

（26）ＴＯＰＯＦＦについては、ＦＢＩのＮＪＴＴＦ本部や、国務省テロ対策課、オクラホマシティＪＴＴＦなどへのインタビューを実施し、詳細な資料を入手した。この節の情報はこれらのインタビューと資料に負うところが大きい。

（27）事案指揮システム（ＩＣＳ）については、ＦＥＭＡが編纂したＩＣＳのマニュアルを参照のこと。FEMA (2005). *ICS-100 : Basic ICS/ Single Resources and Initial Action Incidents : Student Manual,* The Department of Homeland Security.FEMA (2005). *ICS-200 : Basic ICS/ Single Resources and Initial Action Incidents : Student Manual,* The Department of Homeland Security.

（28）州危機管理局（ＯＥＳ）とはカリフォルニア州の危機管理を担当する部署で、州政府が持つあらゆる資源と、州の民間組織、商業組織、ボランティアなどを含めたコミュニティ全体を危機管理のために活用する権限を持つ。ＯＥＳは、最初知事室の一部として一九五〇年に「州市民防衛局（The State Office of Civil Defense : SOCD）」として設置された。これは戦争などの有事も想定した民間防衛全体をカバーするものであった。しかし戦後のアメリカ全体がそのような流れで推移したように、その後自然災害対策をメインとするようになり、五六年に「カリフォルニア州災害局（The California Disaster Office : CDO）」に名称変更した。その後、七〇年の危機管理法（The Emergency Services Act）の制定によって、現在の州危機管理局（ＯＥＳ）となった。この変化はその時代背景を反映したものとなっている。

（29）ＳＥＭＳについては、次の冊子を参照のこと。State of California, Governor's Office of Emergency Services (2007). *Emergency Management of California.*

（30）このＭＥＲＣなどオクラホマシティにおける救急医療体制については、二〇〇八年にオクラホマ郡危機管理センターを訪問してヒアリング調査した際のインタビューや内部資料による。

六章　報道――テロリズムとメディアの問題

一　テロリズムとマスコミ――テレビ、新聞等のジャーナリズム

（1）アメリカのメディア環境

民主主義国家において、メディアによる日々の報道は社会生活の安定、権力の監視のために不可欠である。そのために新聞やテレビなどメディアにおけるジャーナリズムは社会に貢献している。その反面、社会に対して多大な影響力を持つメディアは、第四の権力として批判の対象ともなる。

一方で、国家の安全保障やテロ対策、インテリジェンスに関する問題は、国益のため、国民の安全確保のため、社会に対して十分な情報公開がなされない傾向がある。基本的に表現の自由や報道の自由が尊重され、メディア、ジャーナリズムの力が非常に強いアメリカにおいてさえ、その傾向が顕著である。国民の命や安全を犠牲にしてまで、メディアやジャーナリズムの活動が優先されるべき、という論理はアメリカにおいて

は成立しない。そのため、安全保障やテロ対策、インテリジェンスの問題は、メディア、ジャーナリズムにとって非常に扱いにくいやっかいな問題となる。どうしても取材源、情報源を国家、政府に依存することになり、リークなどにより報道が操作されることもある。

しかしながら、政府の安全保障政策やテロ対策、インテリジェンス活動に対する監視活動もまたメディア、ジャーナリズムにとって重要な役割であることは間違いない。これらの分野で政府が積極的な情報公開を行わないからこそ、これらの問題をジャーナリズムがいかにしてバランスをとりながら報道するかという問題が、常に存在する。

世界一流のメディア大国であるアメリカでは、その分メディアによる競争も激しい。ネットワーク局であるNBC、CBS、ABC、FOXや、ニュース専門チャンネルのCNNなどは世界的に有名なテレビ局である。それ以外に地域ごとにもテレビ局はあり、例えばニューヨークには、ニューヨークだけのニュース専門チャンネルである「NY1」(ニューヨーク・ワン)などがある。また、ケーブル局で配信される専門チャンネルの「ナショジオ・チャンネル」や「ディスカバリー・チャンネル」、「ミリタリー・チャンネル」等もたくさんの安全保障問題に関する番組を放映している。これらのチャンネルは、普通、ディレクTVや、タイム・ワーナー・ケーブルなど、数百から千を超えるチャンネルを持つケーブル局のサービスを通じて視聴者に届けられる。二〇〇九年には地上波デジタル放送に移行し、放送と通信の融合も世界に先駆けて進んでいる。視聴者は限られた生活時間の中で、無数のチャンネルの中から一つのチャンネル、一つの番組を選ぶ。こうしてメディアの競争は激化する。

また、アメリカには世界を代表するクオリティ・ペーパーも多く存在する。『ニューヨーク・タイムズ』

や『ワシントン・ポスト』はその代表例である。またアメリカの新聞社の特徴は、地域に根ざした地方紙が中心である点で、代表的なものだけ見ても、サンフランシスコを拠点とする『サンフランシスコ・クロニクル』、シカゴの『シカゴ・トリビューン』、ボストンには『ボストン・グローブ』『ボストン・ヘラルド』などがある。また国内にいる多様な民族、人種に対応した多様な新聞があり、広告収入だけで運営されるフリーペーパーも多い。しかし、アメリカの新聞社の多くは、インターネットの台頭や、アマゾンのキンドル（kindle）などの電子ブック等により経営危機に直面しつつある。インターネット時代を生き抜く新しいビジネス・モデルの構築に苦戦している状態である。

筆者が二〇〇八年から二年間所属したコロンビア大学にあるジャーナリズム・スクールが毎年出しているピューリッツァー賞は、優れた報道を行ったジャーナリスト、メディアに贈られる賞であるが、この賞の受賞者には大新聞社の記者もいれば、小さな無名の地方紙の記者も存在する。アメリカでは大学でのジャーナリズム教育や、ジャーナリスト育成も充実しているのである。

（2）調査報道ジャーナリズムの重要性

このようなメディア環境の中で、資本主義国家アメリカの新聞やテレビは部数競争、視聴率競争に明け暮れている。そのため報道は日々最先端の情報を追い続け、オーディエンスに届けている。速報が重視され、スクープを求めるセンセーショナリズムも横行している。重大な事件が起きると、メディアは一カ所に殺到しメディアスクラム（集団的過熱報道）が発生するのは、アメリカでも同じである。

しかしながら、本書のテーマであるテロ対策やインテリジェンスの問題は、大事件が発生したときこそ報道すべき情報が供給され、報道のトップ項目として世間に流通することになるが、それ以外の平常時においてはこれらテロ対策やインテリジェンス活動自体がテーマとなる記事はそれほど多くない。むしろ、アメリカ国内で発生したテロ計画の未然防止というテーマのニュースは多いが、こうした事件の背景として、これらのテロ対策やインテリジェンス活動が結果的に浮かび上がってくることになる。つまり、インテリジェンス活動やテロ対策がアメリカで実行されていた結果、これらのテロ計画は事前に摘発されたのである。

また、イランの核開発やミサイル実験、大統領選挙結果に対する反政府デモなど、外国情勢のニュースにも、常にその背後にはアメリカのＣＩＡなどインテリジェンス機関の活動が潜んでいる。それは、中国や北朝鮮に関するニュース、ロシアやグルジアに関するニュースにおいても然りである。しかしながら、日々のニュース報道の中で、具体的にこうした背後のＣＩＡの活動がリアルタイムで明らかになることはあまりない。つまり、本書のテーマであるテロ対策やインテリジェンスの問題、さらに安全保障問題は、日々素早いペースで流れては消える表層的な報道では現れてこない次元の問題なのである。

しかしながら、これらのテーマはジャーナリズムにとっても国家権力と対峙する上で避けては通れない非常に重要な問題である。そこで、こうしたテロ対策、インテリジェンス、安全保障問題に関しては、日々のニュース報道のルーティンにとらわれない、調査報道のスタイルがアメリカでは確立されている。アメリカには、有名無名を問わず、調査報道を得意とするジャーナリストが数多く存在する。彼らは、国家が情報公開しない、闇に隠れた政策、活動に対し、取材源や情報源と時間をかけて交渉し、じっくりと調査しながら、真相を解明する。

例えば、本書でも紹介している『ブッシュの戦争』『攻撃計画』『ブッシュのホワイトハウス』など三部作で有名なボブ・ウッドワードは、『ワシントン・ポスト』の編集主幹である。彼は、かつて同僚のカール・バーンスタイン記者とともにウォーターゲート事件の調査報道を行い、FBIのディープスロートなる協力者の力を借りながら、ニクソン政権の関与を明らかにした人物である。(31) ウッドワードはこの三部作の中で、政権内部への強力なパイプと執拗な取材により、九・一一後のブッシュ政権がどのような人間関係や勢力争いのもとに政策決定を行い、アフガニスタン戦争やイラク戦争を実行したかを詳細に明らかにしている。これにより、ブッシュ政権の対テロ戦争、テロ対策の政策過程がより明らかになった。彼の調査報道アプローチの特徴は、取材源、情報源を明示しない点である。そのため、読者は、まるで映画を見ているかノンフィクション小説を読んでいる感覚にとらわれる。彼の作品の中では、どうやってそのような政権の密室での会話内容を知ることができたのか、そのプロセスを読者がたどることはできない。

それとは対照的なのが、『ニューヨーク・タイムズ』の記者であるティム・ワイナーの調査報道である。彼の代表作は『CIA秘録』であるが、ここで彼はCIAの誕生から現代まで、歴史的にその秘密工作や情報活動を徹底的に明らかにしている。彼のアプローチの特徴は、ウッドワードとは対照的で、論じている事実の情報源、取材源、出典を明らかにして注釈で常に明示している点である。そのため、読者はそれらの情報の出典を知ることができる。つまりより客観的で研究に近い調査報道であるといえる。彼は先に紹介したコロンビア大学ジャーナリズム・スクールで調査報道を学んでいるが、その影響もあるかも知れない。

それ以外にも、『戦争大統領』を著したジェームズ・ライゼンも『ニューヨーク・タイムズ』の記者で、彼はエリック・リヒトブラウ記者とともに、二〇〇五年一二月一六日付の『ニューヨーク・タイムズ』において「ブッシュ大統領が裁判所の令状なしで電話の盗聴を実施」していると一面で報じた。ライゼンはブッシュ政権におけるCIAの秘密工作など諜報活動、NSAの通信傍受問題を調査報道によって明らかにした。この二人は二〇〇六年のピューリッツァー賞を受賞している。他にも、秘密の組織として長い間闇に閉ざされていたNSAの歴史や活動を徹底した調査報道により明らかにしたものに、ジェイムズ・バムフォードの『すべては傍受されている—米国国家安全保障局の正体』があり、そのNSAが管轄しているエシュロンを世界的に有名にしたのが、ニッキー・ハーガーによる『シークレット・パワー』である。

こうした安全保障上の制約で政府により情報が公開されていなかった問題、とくにテロ対策やインテリジェンス活動に関する情報は、こうしたジャーナリストたちによる調査報道によって明らかになることが多い。これらの安全保障政策の中には、アメリカにおいて法的に認められているものもあるが、ライゼンの例がそうであったように、違法なものも隠されていることがある。それは、調査報道によって社会に明らかにされない限り、闇に葬られるのである。こうした点において、ジャーナリズムの調査報道は非常に重要である。実際、本書のようなテロ対策研究、インテリジェンス研究でもこれら調査報道に負うところが大きいことも事実である。安全保障問題の調査報道は、日常的なテレビニュースや新聞記事の短期的な情報の報道だけで事足りるものではなく、こうした地道な調査報道によってより深い真実が解明されることがある。民主主義社会において、テロ対策やインテリジェンス活動をより健全な形で実行するためには、情報公開制度とのバランス、ジャーナリズム活動の充実が不可欠である。

(3) テロとメディアの共生関係

二〇〇一年の九・一一においては、テロリズム報道をめぐって、政府とメディアの間に緊張関係が発生した。九・一一において、ニューヨークのＷＴＣビルに二機の旅客機が突撃する映像は、アメリカのメディアを通じて世界に発信された。このテレビ映像は世界に対して同時中継されたのである。アメリカを代表するテロリズム研究者であるブライアン・ジェンキンスは、「テロリズムは劇場である」と述べている。彼は、テロリストやテロ組織による攻撃がメディアやジャーナリストの関心を集められるよう、テロ事件は慎重に演出されることが多いと指摘している（Jenkins, 1974）。まさに、この九・一一はメディアが世界に中継することによって世界的なインパクトを与えることに成功したのである。

また、ブルース・ホフマンは、テロリズムについて次のように述べている。「すべてのテロリスト・グループに共通する特徴がひとつある。目的なく行動するものは誰もいないということだ。どのグループも、ひとつの行動で最大の宣伝効果を得ようとし、また力を見せつけることで、人を思いのまま動かし、目的を達成しようとする」(32)。つまりテロリズムとは、ある側面において、大事件を起こすことによってまず世間からの注目を集め、その宣伝効果によってメッセージを人々に伝えるための暴力行為であるといえる。そのテロ事件やテロリストのメッセージを報道してくれるメディアと、その受け手であるオーディエンスは、テロリストにとって、テロリズムの本質に関わる非常に重要な存在なのである。

九・一一の一カ月後の一〇月、首謀者と目されたオサマ・ビンラディン容疑者の声明ビデオがテレビニュースによって全米に放映された。テロ事件後、さらに世界からの注目を増したこのアルカイダのリーダーがビデオ映像として登場したことに、世界は注目した。世界中の人々が、ビンラディンのメッセージを、テレビを通じて視聴したのである。イギリスの首相であったマーガレット・サッチャーは、メディアやマスコミを「テロリストやハイジャッカーにパブリシティの酸素を供給するもの」（『ニューヨーク・タイムズ』一九八五年六月一六日付）としてかつて批判したことがあるが、このニュース報道と世間の反応は、ビンラディンがまさに望んでいたことそのものなのである。このようにテロリストは、メディアを利用して自らのメッセージを社会に広めることによって、自分たちの主張を宣伝し、自らの正当性を主張する。その結果、こうしたメディア報道が社会に不安を増大させたり、テロリストの主張への支持者を増やしたりすることに荷担することがある（福田、二〇〇九ａ）。

この場合、ビンラディンの犯行声明ビデオは、テレビ局などメディアにとっては貴重な情報、まさにビッグ・ニュースであり、入手した以上放映しないわけにはいかない映像である。それは、真実を社会に対して詳細に伝えるというジャーナリズムの使命でもある。しかしながら、その反面、テレビ局はこの九・一一の大義名分を、アルカイダに代わって世界に宣伝する道具にもなるのである。それに対して、テロリストはテロ事件を起こすにあたって、自分たちのメッセージを世界に宣伝するためメディアを最大限に利用することを目論んでいる。テロリズム研究で有名なJ・ボウヤー・ベルは、「撃つなアブドゥル！　まだゴールデンタイムじゃない」という表現で、テレビのゴールデンタイムのニュース番組を意識したテロリストのあり方を揶揄している。このようにテロリストが自らのメッセージを世界に伝えるためにメディアを利用し、メディアがジャーナリズムの使命のために、また視聴率や部数競争のためにテロリストのメッセージを詳細に報道するという両者の関係に対して、ボウヤー・ベルはすでに七〇年代にこれを「共生関係」と呼んで批判した（Bell, 1978）。メディアとテロリズムの問題を考察してきた、ナコスやホフマンらも同じく、この共生関係を批判してきた。(33)

九・一一で発生したこの事態に対してブッシュ政権の反応は早かった。当時のコンドリーサ・ライス国家安全保障問題担当大統領補佐官が、CBS、NBC、ABC、FOX、CNNなど主要テレビ局に対して、テロリストの声明を放映することを自粛するように要請したのである。このアルカイダのビデオ映像には、世界に散らばっている同士たちに対する指令が暗号化されて隠されている可能性があるという理由であった。あくまでも要請であって、検閲でも報道規制でもない、というのが当時のブッシュ政権の立場である。

（4）アメリカ政府とメディアの協力と対立

アメリカ史上最大規模のテロの犠牲者を悼んで、アメリカのテレビ局や新聞社は、この九・一一に対して、反テロリズムへの方向に一致団結した。その結果、メディアも世論も、ブッシュ政権による「テロとの戦い」を支持し、アフガニスタンやイラクにつながる対テロ戦争を支持していくこととなった。このように、テロリズムはメディアとテロリストの共生関係を強化するだけではなく、反対に、メディアと政府、国民を一致団結する方向に進める効果も持つのである。九・一一直後のブッシュ大統領によるテロリズムへの対決姿勢は国民から圧倒的な支持を受け、その支持率はさまざまな世論調査を平均しても約八〇％を記録した。大手テレビ局の名物キャスターは、ブッシュ政権と「テロとの戦い」を支持するとの表明を番組内で発表し、反対に、ブッシュ政権を批判したキャスターが降板を余儀なくされる事態さえも発生した。アメリカにおいてメディアと政府が一体化した瞬間である。このように、政権による報道規制や検閲がなくても、世論の圧力や正義感などによってもメディアの報道は一色に塗りつぶされ、権力を支持する方向に突き進むことができる。

またこの九・一一に際し、ブッシュ政権はジョン・アシュクロフト司法長官らによるメモランダムによって、連邦政府機関に対し、情報自由法（The Freedom of Information Act of 1966）に基づいた政府情報開示が請求された場合でも厳しく慎重に対応し、幅広い秘密指定を行うことでなるべく情報を開示しない方針を示したといわれている。この情報自由法はリンドン・ジョンソン大統領政権の一九六六年に制定されている。これは一部の例外を除き、国民の連邦政府に対する行政記録の情報開示を保障する法律である。この情報自由法には九つの例外規定があり、その一番目の例外規定が、大統領令によって定められた国防、外交政策における機密である。つまり、アメリカにどんなに報道や表現の自由があるといっても、大統領が国防政策、外交政策上、秘密にすべきと判断した情報は、国民には公開されないのである。それがジョンソン大統領の表現にもあるような、「国家の安全が許す限りにおいて」という安全保障例外規定の原則である。このようにアメリカにおいて積極的な情報公開政策が進んでいる状況を可能にしている背景には、国家安全保障に関する機密情報を保護するシステムが前提として存在していることに注意しなければならない。積極的な情報公開制度には、国家機密保護制度の存在が不可欠なのである。

他にも、アメリカにおける政府とメディアの関係にかかわる重要な法制度として「防諜法（The Espionage Act of 1917）」がある。第一次世界大戦に参戦することを決定したトマス・ウッドロー・ウィルソン大統領は、参戦の準備のためにさまざまな法律を制定した。一九一七年には、戦争で使用する船舶を充実させるための船舶法を制定し、三〇歳までの男性を徴兵するための義務兵役制度法、そして戦争反対の世論を抑えるための翌一八年の煽動罪法などを整備した。このように戦争の準備という時代背景の中で制定されたのが、防諜法である。これはアメリカ国内における軍事機密の保護や諜報活動の禁止が目的である。第一次大戦という歴史的背景のもとに成立したものであったが、この防諜法によって、政府は戦争や軍事機密に関する報道に関して、新聞などのメディア報道を規制し、個人の言論の自由、表現の自由に制限を加えることが可能となった。アメリカの政権が非常に巧妙なところは、こうした制度を戦争などの国家の危機、国民の危機のタイミングで整備し、国民の支持を取り付けて、社会に定着させるところである。

このように、アメリカには防諜法が存在し、さらに公開例外規定を定めた上で、情報自由法等が運営されている。これらの条件は当然、メディアにも適用される。つまり、国家の安全を保護するための最低限の例外規定を担保した上で、自由な報道が認められているのである。こうした絶妙なバランスの上に、アメリカにおける政府とメディアは向かい合っている。

しかしながら、アメリカでは政府とメディアの間の報道にまつわる大事件が、ごくまれに発生することがある。ブッシュ政権の九・一一以降でいえば、二〇〇三年七月に発覚した、『ニューヨーク・タイムズ』のジュディス・ミラー記者によるＣＩＡ工作員身元漏洩事件などは、有名な事例である。ＣＩＡ工作員の身元はその業務上当然秘密であり、諜報員身元保護法により保護されている。にもかかわらず、ミラー記者は記事の中でそのＣＩＡ工作員の身元を公表したため、諜報員身元保護法違反として、収監された。このように、アメリカでは法制度の下に、メディアの報道の自由が保障されているかわりに、ジャーナリストがその法制度に抵触した場合には、法によって裁かれるという制度がある。ジャーナリズム活動は、このように民主主義システムと法体系の中で、非常に危ういバランスの中で発展してきた。アメリカにおける政府とメディア、ジャーナリズムにとっては、こうした緊張関係こそが、民主主義における重要な特徴であるともいえる。

(5) アメリカのメディアの勝利——メディアのブッシュ政権批判

二〇〇一年の九・一一以降、アフガニスタン戦争、イラク戦争と続く過程で、ブッシュ政権は、安全保障に関わる秘密を漏洩するメディア報道はテロ対策を妨げるものとして、記者、ジャーナリストに対する大規模な情報漏洩調査を展開してきたといわれている。イラクに大量破壊兵器が存在せず、イラク戦争には大義がなかったことが明らかになりつつあった頃から、アメリカのメディアはブッシュ政権批判を強めていった。その結果、メディアの調査報道によって、ブッシュ政権が行ってきたテロ対策の中に、違法性の高い活動が多く含まれることが発覚したのである。

二〇〇五年一二月五日の『ワシントン・ポスト』の報道によって、アメリカの秘密拘置所問題が発覚した。キューバにあるグアンタナモ米海軍基地のテロ容疑者拘置所において、アルカイダの関係者と思われる多数の容疑者が秘密裏に拘禁され、拷問が繰り返されていたことが、報道によって明らかになった。アメリカでは拘禁された容疑者が秘密の拘置所に入れられることは違法とされているにもかかわらず、このようなテロ容疑者の秘密拘置所がグアンタナモだけではなく、アフガニスタン、タイなど世界八カ国に存在することが判明したのである。さらに、このグアンタナモの施設における職員によるテロ容疑者への虐待、拷問の実態が発覚し、この存在はメディア報道によって世界中の知るところとなった。その結果、二〇〇六年には国連も拷問禁止委員会においてこれらの拘置所の閉鎖を要求した。オバマ大統領は、一連のテロ対策の中で、最初に、このグアンタナモ収容施設の閉鎖をあげたのは周知の事実であるが、これが、ブッシュ政権における対テロ政策の汚点のシンボルとなったことは間違いない。また、『ニューヨーク・タイムズ』は二〇〇五年一二月一六日付記事において、「ブッシュ大統領が裁判所の令状なしで電話の盗聴を実施」と報じ、大問題に発展したのは、先に紹介したとおりである。

アメリカには、このように戦争やテロリズムなど国家安全保障に関わる問題において、メディア、ジャーナリストと政府が対決してきた歴史がある。その歴史的事例として有名なのが、ペンタゴン・ペーパー事件である。一九七一年、ニクソン大統領政権下において、ロバート・マクナマラ国防長官を中心に国防総省がまとめた『アメリカのベトナム政策決定過程の歴史・一九四五―一九六七』という秘密報告書のコピーが部外に持ち出され、その六月に『ニューヨーク・タイムズ』と『ワシントン・ポスト』において連載形式で掲載されたという事件である。このいわゆるペンタゴン・ペーパーは、当時のベトナム戦争という国家安全保障に関わる最高レベルの機密文書である。ニクソン大統領はその報道の差し止めを裁判所に求めたが、両新聞社がともに勝訴するという結果となった。

七四年のウォーターゲート事件においても、『ワシントン・ポスト』の記事が重要な役割を果たした。ニクソン大統領は、次の大統領選挙で再選を果たすため、民主党本部に盗聴器を設置するなどの活動を実施させた。これはインテリジェンス活動の国内での悪用の事例である。これが、同紙のボブ・ウッドワード記者の調査報道により、大問題に発展した。七五年にはそのウォーターゲート事件におけるインテリジェンス活動の実態を調査するためのチャーチ委員会（Church Committee）が組織された。これはフランク・チャーチ委員長の名を取ったものであり、正式名称は「インテリジェンス活動に関する政府のオペレーションについての米国議会上院特別調査委員会」（United States Senate Select Committee to Study Governmental Operations with Respect to Intelligence Activities）である。この委員会の提言を受けて誕生したのが、外国情報活動監視法（ＦＩＳＡ）であった。

このように、アメリカのメディアは法制度によって縛られるだけではなく、メディアの自由を最大限に活用することによって、政府とも戦い、勝利することもある。筆者はこのようなアメリカの政府とメディアの関係を、イギリスにおける「協調・討議型モデル」と比較して、「対立・克服型モデル」と名づけている（福田、二〇〇九ａ）。このようなアメリカにおける政府とメディアの緊張関係は、民主主義を支える重要なシステムである。まさにこのアメリカという国家において、テロ対策やインテリジェンスなど安全保障に関わる問題が民主主義の原則と対立するジレンマであるように、メディア、そしてジャーナリズムが果たす報道の機能は、テロ対策やインテリジェンスなどの安全保障問題と対決するときそのジレンマに直面するのである。アメリカは、この安全保障に関わる問題を介して政府とメディアが対立を繰り返しながら、それを民主主義的プロセスで克服することで歴史的に進化を遂げてきたといえる。テロリズムとメディアの関係性の問題が未だにタブーであり、手つかずの状態である日本にとって、アメリカのメディアのあり方から学ぶべき点は多い。

二　テロリズムとインターネット

テレビなどの放送メディアとインターネットの垣根は、放送と通信の技術的な融合により消滅しつつある。新聞や雑誌などの活字メディアもすでにインターネット上で生き残るビジネス・モデルを模索し続けており、読者の多くも新聞社のニュースを、インターネットのサイト上で、もしくはキンドルのような電子ブックで読んでいる状態である。このようなメディア技術の変容は、新聞社やテレビ局のビジネス・モデルの変更を要求し、オーディエンスのメディア利用を変容させているが、それによって、これまで考察したようなジャーナリズムの重要性が損なわれるわけではない。ニュース記事やニュース映像がテレビで受容されるか、パソコンで受容されるか、iPhoneやブラックベリーなどの携帯電話で受容されるかは、まさにメディア＝伝送路の問題である。確かにその伝送路によってオーディエンスの生活習慣や、ジャーナリストによる報道スタイルの形式的側面は大きく影響を受ける。しかしながら、どのような伝送路が利用されたとしても、民主主義社会において、ジャーナリズムの活動の重要性は生き続ける。つまり、テレビや新聞がインターネットにとって代わられようとも、そのコンテンツの一つとして、ニュース報道とジャーナリズムの価値や重要性は変わらないのである。それは、テロ対策やインテリジェンスなどの安全保障問題においても同様である。

(1) アルカイダのインターネット利用

アルカイダなどのテロリストにとってインターネットは重要な道具である。とくにアルカイダのようなテロ・ネットワークにとっては、世界中に分散したグループとコミュニケーションしながら共闘する活動に、インターネットの属性は親和性が高い。一九九八年にオサマ・ビンラディンは、それを出せる立場にはないにもかかわらず、アメリカ人を殺すことがムスリムの義務だとするファトワを出したが、これはインターネットを通じて世界中に伝播された。アルカイダにとって、インターネットは自らの主張、メッセージを世界中に伝達し、アピールするための武器なのである。それによって活動資金を獲得したり、新たな志願者をリクルートするための道具として利用している。また二〇〇六年にビンラディンは、米軍の攻撃によって死亡したザルカウィの後任として、アル・ムハージェルをネット上で承認した。

こうしたイスラム・テロ・ネットワークの活動と、インターネットの親和性は、『*Leaderless Jihad*』の著者であるマーク・セイジマンによっても指摘されている（Sageman, 2008）。セイジマンによれば、インターネットの構造が指揮命令系統や上意下達の組織構造をもたない非中心的なイスラム・テロ・ネットワークに合致しており、そのインターネットこそがイスラム・テロ・ネットワークの情報交換や資金調達、リクルートを支えているライフラインなのである。まさにインターネットこそが、リーダーのない非中心的で並列分散的な現代のジハードを象徴している。他にもブリジット・ナコスも早くからテロリストのインターネット利用を指摘してきた（Nacos, 2007）。ガブリエル・ヴェイマンも『*Terror on the Internet*』の中で、インターネット上においてアルカイダを中心として世界中のテロ組織が、どのようにインターネットを活用し、どのようなメッセージが流されたかを具体的な事例で分析している（Weimann, 2006）。

現在、世界中のインターネット上にイスラム過激派系のウェブサイトが無数に存在している。これらを使ってテロリストは自分たちの主張を世界に発信している。二〇〇九年にオバマ政権が誕生した後でも、九月にはビンラディンがアフガニスタンに派兵しているヨーロッパ各国に向けて撤退を求める音声メッセージを発した。アフガニスタンへの米軍による空爆で多くの民間人の犠牲者が出ていることを非難した内容で、ヨーロッパ各国がアメリカに追従することをやめるよう要求した。九月二七日に実施されたドイツ総選挙をターゲットにしたメッセージで、音声メッセージにはドイツ語と英語の字幕画像がついていたといわれている。ドイツ政府はこれに対し、テロ警戒レベルを上げて厳戒態勢を敷いた。また、その五日前の二二日にはアルカイダのナンバー2である、アイマン・アル・ザワヒリがイスラム過激派系ウェブサイトで、一〇六分にわたるビデオ声明を発表した。オバマ政権は偽善的な体制であり、表面的には友好的な姿勢を見せながら、ブッシュ大統領と同じ強硬路線をとっていると批判し、イスラム勢力に対してオバマ大統領と連帯しないことを要求した。

これらのウェブサイトが誰によって発見されたかは報道においては明らかにされていない。しかし、これは政府のインテリジェンス機関によって発見される場合もあれば、メディアに対して何らかの通報がある場合もある。また、こうしたテロ情報分析を収集し、分析している企業もアメリカには存在している。例えば、ヴァージニア州でテロ情報分析を行うインテルセンター社は、テロ事件が発生するとしないとにかかわらず、インターネット上でテロ組織が一時的なサイトを立ち上げてそこでテクスト・メッセージや動画メッセージを発表する行為を探索して調査する団体である。これまでも世界中でテロ事件が発生する度に、このセンターが動画ビデオによる犯行声明を発見して、それがアメリカ政府や、世界中のメディアに流され、報道されてきた。このインテルセンターという団体については、一説にはCIAやDIAなどの機関がこの活動に関わっているといわれている。このようにインターネットは、それを道具として用いるテロリストやテロ組織と、それに対抗するために監視する国家の情報活動が激突する最前線の一つとなっているのである。

(2) サイバー・テロとサイバー・アシステッド・テロ

これまでも、インターネットなどのコンピュータ・ネットワークを利用して行われるテロリズム、サイバー・アタックは、「サイバー・テロ (cyber terrorism)」と呼ばれて、対策が進められてきた。サイバーテロにはさまざまな形態が存在する。一般的にはサイバー・テロとはネット上でのハッキング、不法アクセスによるサイトにおける情報の改ざん、データの窃盗や破壊、ネットワークの寸断などのネット内での物理的な破壊活動をする行為の総称である。他にもメールやブラウザ使用によるウィルス攻撃、特定のサイトへの大量集中アクセスなど、さまざまな妨害活動の形態がある。こうしたサイバー・テロは、政府・官庁の情報システムや軍事的施設などが攻撃対象となることが多く、その攻撃対象の活動を妨害することが目標である。アメリカの国防総省をはじめとする政府機関も日々世界中からのサイバー・アタックを受けているといわれている。

しかし、現代のネットワーク社会では、このサイバー・テロの攻撃はインターネット上の活動にとどまらない。現代社会は、高度にインターネットに依存したネットワーク社会であり、電気、通信、ガス、水道などのライフラインや、交通、金融、流通などのロジスティクス・ラインがコンピュータ・ネットワークに依存している。銀行のATMや、デパートやコンビニエンス・ストアのPOSシステムなど経済活動もネットワーク上に成り立っている。現代のサイバー・テロは、こうしたネットワーク攻撃によって、実際の社会におけるライフライン、ロジスティクスの諸活動をストップさせることが可能である。これも、現代のサイバー・テロなのである。コンピュータ、デジタル・メディア、ネットワークが社会に不可欠なライフラインとなったユビキタス社会において、ソフト面、ハード面の両方でサイバー・テロの監視、防止のためのシステム作りが必要である。

鶴木眞は、このような「サイバー・テロ」と「サイバー・アシステッド・テロ（cyber assisted terrorism）」を区別してテロ対策を実施すべきであると早くから指摘してきた。先にも触れたように、テロリストは多用な用途でインターネットを利用する。テロ事件に関連する犯行声明や、脅迫映像の配信などの情報発信のためにインターネットは利用され、テロリスト同士の暗号による情報交換にもネットは活用されている。また、テロリストや自爆犯のリクルートや、支持者の拡大、兵器や物資の調達や資金調達など、インターネットは多様な用途で利用されている。このように、インターネットによってテロ活動が支援されている状況のことを、「サイバー・アシステッド・テロ」と呼ぶ（鶴木、一九九八）。インターネットには、①情報発信源の秘匿、②空間的、時間的制約からの解放、③情報発信の容易性、④情報発信の開始と中止の簡便さ、⑤安価な設備投資などの特性があり、テロリストはこうした特性を全面的に活かし、インターネット上で独自のサイトを作成し、情報戦略を展開している。

インターネットなど情報通信技術の進化により、コミュニケーションはヴァーチャル化し、それによってよりテロ組織を地下に潜らせるという皮肉な結果となった。テロリストの活動の多くが不可視的なものになり、潜在化したのである。しかしながら、その反面でデジタル技術の進化により、こうしたネットワーク上での活動を技術的に監視する方法も誕生した。先に考察したように、アメリカ政府はＮＳＡによる監視活動や、エシュロンをはじめとするさまざまなシステムによって、ネット上のコミュニケーションを監視している。しかしながら、インターネットの技術的進化とともに政府とテロリストの間のイタチごっこの様相を呈しており、これらのシステムが完璧であり得ないことは、テロ事件が世界中でなくならないことが証明している。これから、インターネットや携帯電話などのメディアがさらに進化することによりもたらされるユビキタス社会において、テロリズムのあり方が変容し、テロ対策のあり方も変容せざるを得なくなるだろう。

（31） ボブ・ウッドワードのウォーターゲート事件に関する著作については、Woodward（2005）を参照のこと。

Woodward, B. (2005), *The Secret Man : The Story of Watergate's Deep Throat*, Simon & Schuster, Inc.（ボブ・ウッドワード（二〇〇五）『ディープ・スロート―大統領を葬った男』、伏見威蕃訳、文藝春秋。）

（32）　Hoffman, B. (1998), *Inside Terrorism*, Victor Gollancz Inc., London.（B・ホフマン（一九九九）『テロリズム―正義という名の邪悪な殺戮』上野元美訳、原書房。）一七七頁より引用。

（33）　メディアとテロリストの共生関係については、福田充（二〇〇九a）『メディアとテロリズム』（新潮新書）を参照されたい。

七章　オバマ政権の誕生

二〇〇八年一一月四日の大統領選挙で歴史的な勝利をおさめたバラク・オバマ候補は、二〇〇九年一月二〇日、第四四代アメリカ合衆国大統領に就任した。民主党大統領候補選をヒラリー・クリントン上院議員との激戦の末勝ち抜き、大統領選本戦で共和党のジョン・マケイン候補に圧勝した。歴史的規模の民主党大会を成功させ、選挙の勝利演説には地元シカゴに二〇万人を超える聴衆を集めた。オバマ大統領の勝利にはさまざまな要因がある。二〇〇七年に発生したサブプライム・ローン問題に発する経済不況、さらには二〇〇八年九月のリーマン・ショックによる世界的金融危機により、共和党ブッシュ政権とマケイン候補は窮地に立った。それ以外にも、テレビや新聞などメディアを味方につけたオバマ候補には、圧倒的な追い風があった。オバマ候補の熱狂的なファンであるいわゆる「オバマニア」や「オバマトン」が、オバマ候補のTシャツやバッジを身につけ街に溢れた。新しい現象としては、ネット選挙戦術の効果も指摘される。オバマ候補はインターネットのユーチューブ（YouTube）で演説映像を配信し、またフェイスブック（Facebook）などソーシャル・ネットワーキング・サービス（ＳＮＳ）を利用することで、インターネットのヘビーユーザーである若者の間に支持者層を拡大した。さらに、ネット上で小口献金を募り、そこから得られた莫大な資金をテレビなどのマスメディアでの選挙ＣＭに活用した。それによってテレビＣＭなどの選挙広告においても量的、質的にもマケイン候補を圧倒した。選挙直前のプライムタイムのテレビネットワーク数局を電波ジャックし、放送されたオバマ候補特別番組は「オバマーシャル」と呼ばれた。

しかし、オバマ候補の勝利に大きな影響を与えたのは、八年間続いたブッシュ政権によるテロ対策、「対テロ戦争」に対する世論の批判であった。米軍のイラク駐留は長引き、タリバンの復活したアフガニスタン情勢は混迷した。さらにはイラクのアブグレイブ刑務所問題、キューバのグアンタナモ米海軍基地におけるテロ容疑者収容所の問題が相次いで発覚した。国内のテロ対策、国土安全保障政策においても、ブッシュ政権による無許可の通信傍受、メディア・コントロールの問題等で、アメリカでは自由・人権と安全・安心の間のバランスをどうとるべきか、世論が二分した。こうした相次ぐ不祥事、社会問題によって、ブッシュ政権の支持率は低迷し、ブッシュ大統領の退陣時には、各種世論調査による支持率は二〇％前後まで落ちていた。こうしたブッシュ政権の安全保障政策、テロ対策に対する反対の意思表示が、オバマ候補に対する支持に結びついたともいえよう。

（1）オバマ政権の対テロ戦争

二〇〇九年一月に発足した第四四代バラク・オバマ大統領の新政権におけるテロ対策、安全保障政策では、それまでのブッシュ政権の路線との決別を印象づけるため、次の二点が強調された。それは、①イラクから米軍を早期撤退しアフガニスタンに増派することと、②キューバのグアンタナモ海軍基地テロ容疑者収容所の閉鎖である。

一点目の問題は、主に「テロとの戦い」「対テロ戦争」に関連する対外的テロ対策の問題である。大統領選に勝利したばかりの二〇〇八年一一月一六日の段階で、オバマ次期大統領は、オサマ・ビンラディン容疑者を逮捕しアルカイダを壊滅させることを表明した。そしてイラクからの米軍の早期撤退とアフガニスタンへの増派は、オバマ政権当初から迅速に進められた結果、現在はアフガニスタン、パキスタンへと対テロ戦争の主戦場は移行している状態である。二〇〇九年夏の段階で、アフガニスタンには約二万一、〇〇〇人の米兵が増派されている。「対テロ戦争」に関して形は変わるものの、本質的には前政権からオバマ政権に引き継がれたといってよい。二月の施政方針演説では「対テロ戦争」の表現を使わないなど、オバマ大統領はブッシュ流の「対テロ戦争」との決別を表明しているが、他方では、オバマ大統領なりの「テロとの戦い」についても継続することも別の場では明言している。むしろ、より効率的な「テロとの戦い」の遂行のために彼がとった政策が、米軍のイラクからの早期撤退、そしてアフガニスタンへの増派政策である。

「テロとの戦い」を継続させるオバマ大統領に対して、国際テロ・ネットワークは対決姿勢を表明している。オバマ大統領の就任直前の一月一四日のタイミングを狙って、アルカイダのオサマ・ビンラディン容疑者が、インターネット上で「聖戦への招待」というタイトルで、イスラエルによるガザ侵攻と、アメリカに対する批判の二二分にわたる音声メッセージを掲載した。また、アルカイダのナンバー2である、アイマン・アル・ザワヒリは、オバマ大統領の就任直前に、「失敗と犯罪の重い遺産が待ち受けている」と警告する音声メッセージをイスラム過激派系ウェブサイトに掲載した。一一分にわたるメッセージの中で、ザワヒリは、イラクからの早期撤退とアフガニスタン増派というオバマ政権の対テロ戦争政策を批判し、「アフガニスタンの犬たちは米兵の肉の味を覚えた。さらに何千もの兵を送るがいい」という挑発的なメッセージを発表した。さらに、イスラム教徒の父親を持つオバマ大統領に対して、イスラム教徒を裏切った敵と表現し、イスラム教徒に対して徹底抗戦を呼びかけている。さらには、二〇〇九年六月の大統領による中東歴訪に合わせて、ザワヒリと、オサマ・ビンラディンが続けてオバマ大統領の中東政策を非難し、アメリカとの対決を示唆する音声メッセージをインターネットのイスラム過激派系ウェブサイトにおいて発表した。イスラム過激派から見れば、ブッシュ政権からオバマ政権に代わったものの、対テロ戦争の対象がイラクからアフガニスタンに移っただけで、テロとの戦いの本質的意義は継承され、変わっていないのである。

九月には、アフガニスタン軍事作戦を現地で統括している駐留米軍のマクリスタル司令官が、非公開の報告書において米軍部隊の追加派遣がなければ任務が失敗する可能性があることを示し、増派を要求していたことを『ワシントン・ポスト』が報道して問題となった。国防総省のモレル報道官は、安全保障上の理由により報告書の内容を一部公表を差し控えるように要請したことが明らかになった。オバマ政権誕生後の方針により、アフガニスタン軍事作戦には、北大西洋条約機構（NATO）の国際治安支援部隊（ISAF）の中で、六万二、〇〇〇人規模の米軍部隊が駐留している。これに対して、九月の段階ではまだオバマ大統領は増派には慎重な姿勢を見せていた。

それというのも、オピニオン・リサーチ社の世論調査によれば、アフガニスタン軍事作戦に対するアメリカ国民の支持率が、九月の世論調査でこれまで最低の三九％にまで低下したのである。反対は賛成を大きく上回る五九％であった。時が経つにつれてアフガニスタン軍事作戦への支持率は低下している。その理由は、アフガニスタンにおける米兵の死者の増加である。とくに首都カブール周辺の都市部における爆弾テロによって、連日多くの米兵が死傷している。二〇〇九年に入って七月に四五名の死者、八月には四八名の死者と、最悪のペースで増加している状況である。これに対して、タリバンの最高指導者オマル師は九月一九日、タリバン系ウェブサイトに「外国部隊との戦いは勝利に近づいている」と宣言した。そしてさらに、ＩＳＡＦとの戦いを強化することをアフガニスタンにいる支持者たちに宣言した。このように、政権担当後の一年間のオバマ大統領によるアフガニスタン軍事作戦は、極めて厳しい状況にある。こうして、オバマ大統領は二〇〇九年一二月、アフガニスタンへの三万人の増派と二〇一一年夏からの米軍撤退開始からなる「アフガン新戦略」を発表した。これはアフガニスタンを「第二のベトナム」にしないための、オバマ大統領の苦渋の決断であったが、撤退の時期については政権内でも、クリントン国務長官やゲイツ国防長官らから異論が続出している状態である。そのような状態で、オバマ大統領は一二月、ノーベル平和賞を受賞したが、その受賞スピーチにおいても、アメリカにとって「テロとの戦い」「対テロ戦争」は平和のために必要な戦争であることを強調した。

他にも、アフガニスタン軍事作戦においては問題となっているトピックがいくつかある。オバマ政権は、アフガニスタンにおいて、アルカイダの殲滅のため、オサマ・ビンラディンが潜伏しているとされる要所や、アルカイダのメンバーを攻撃するため、プレデターと呼ばれる無人攻撃機（ＵＡＶ）による爆撃を実施している。これはデジタル地図に基づいたプログラムと遠隔操作によって無人機を飛ばし、目標施設をピンポイント爆撃する方法で、ブッシュ政権から引き継いだ手法であるが、米兵の無理な投入や作戦失敗による死者を減らすための方策であるとされる。この作戦を実行しているのがＣＩＡである。

しかしながらこの無人攻撃機による爆撃がメディアや世論から批判を浴びている。アルカイダやタリバンだけでなく、一般市民も巻き込んだ被害を出しているからである。ピンポイント爆撃であっても、一般市民は巻き込まれる。米兵の犠牲者が出ても国内世論の批判にさらされ、アフガニスタン人の民間人に犠牲者が出ても国際的な非難が発生する。これがアフガニスタン軍事作戦の難しさである。

もう一つ指摘される問題点は、軍事作戦のアウトソーシングの問題である。ティム・ワイナーは、アイゼンハワー大統領が作り出した軍産複合体に代わって、現代では諜報機関による諜報産業複合体が発生していることを指摘している。九・一一以後、国家安全保障への機密支出が膨張したことにより、また政府が民間企業へ軍事や諜報活動をアウトソーシングした結果、テロ対策の分野にも警備業などを中心に民間企業が多数参入した。その代表格は、ブラックウォーター社、ロッキード・マーチン社、トータル・インテリジェンス・ソリューションズ社などである。二〇〇四年にCIAがアルカイダ要人暗殺作戦をブラックウォーター社にアウトソーシングしたことを、二〇〇九年八月に『ニューヨーク・タイムズ』が明らかにして問題となった。ブラックウォーター社はイラクでも秘密工作や訓練業務を担当していたという。他にもブラックウォーター社は数々の問題を起こし、現在は社名をXe社と変更している。こうした事実はオバマ政権においてパネッタCIA長官が議会でも証言している。現在明らかになっている問題は、ブッシュ政権時代のものであるが、軍事作戦において多くの業務を民間企業にアウトソーシングせざるを得ない事情は、実はオバマ政権においても何ら変わっていない。

このような状況を見ても、オバマ大統領が進めるテロ対策は楽観視できる状態ではない。アルカイダを中心とする国際テロ・ネットワークとの戦いはこれからもさらに継続されるだろう。オバマ政権によるアフガニスタン軍事作戦も混迷の度合いを増し、長期化する可能性もある。

（2）合法的なテロ対策の時代へ

続いて二点目に関して、オバマ大統領は就任の二日後の一月二二日、就任前からの表明通り、キューバのグアンタナモ米海軍基地にあるテロ容疑者収容所を閉鎖する大統領令に署名した。収容されている二四〇人を超える容疑者に対する訴追の取り下げなどの措置をとり、さらにはＣＩＡによる秘密収容所の閉鎖も指示した。これは不法なテロ対策、合法的でないテロ対策は行わないという大統領の意思表明である。戦争状態などの有事でもない、平時に刑法で裁かれる通常犯罪でもない、ブッシュ政権において確立されたグレーゾーンの存在であったテロ対策は極力排除されるということである。あくまでも合法的なテロ対策、合法的な手続きを踏むテロ対策の時代へ移行すること、これがオバマ政権による変化である。

グアンタナモ米海軍基地のテロ容疑者収容所における拘束者は戦時の「捕虜」ではないという政策判断によって、テロ容疑者はジュネーブ条約の保護から外される。また、キューバに存在する収容所では、彼らには米国法での犯罪容疑者の刑事手続きも必要ない。つまり、インテリジェンスの問題と同じく、テロ対策には超法規的対応が必要であり、グレーゾーンを残すことが必要であるとしたテロ対策がブッシュ政権のものであった。本来、テロリズムは戦争とは本質的に異なる現象であり、平常時の一般社会に発生する非常事態という側面があるため、法的処置にもグレーゾーンが極めて多く残される現象である。そのため、社会的に合意されていない部分が数多く残されていることも確かである。しかし、オバマ大統領は、これを方針転換しようとしている。これらの問題は、テロを予防し、容疑者を逮捕するためのアメリカのインテリジェンス活動に大きく関わるものである。つまり、オバマ政権は、テロ対策のための合法的なインテリジェンス活動という課題を抱えているのである。

また、グアンタナモ米海軍基地のテロ容疑者収容所の容疑者は、アメリカ政府による世界各国への受け入れ要請によって、すでにベルギーやポルトガル、アイルランドなどのヨーロッパ諸国、サウジアラビアやイラクなどの中東地域、他にもバミューダ諸島やパラオなどが収容者の受け入れを表明し、移送の作業は着々と進みつつあるが、未だグアンタナモに残る収容者は二〇〇九年九月段階で二〇〇人を超え、オバマ大統領が設定した期限内のテロ容疑者収容所の閉鎖は、困難な状況である。しかし他方で、オバマ政権は九月、イラクにおいて武装勢力の逮捕者を収容するバスラ市の「キャンプ・ブッカ」を閉鎖した。米国イラク駐留協定による取り決めによって、約七五〇人を釈放しイラク政府に引き渡したと伝えられる。二〇一〇年には、バグダッド周辺に残る二カ所の収容キャンプをイラク側に移譲する予定である。こうして、イラクからの撤退の準備は進められつつある。

また、オバマ大統領は、ブッシュ政権におけるＣＩＡの違法尋問問題に関する捜査を指示し、それによってオバマ政権のエリック・ホルダー米司法長官は八月から、過酷な尋問方法が連邦法に違反しているかどうか、連邦検察官に予備捜査を指示した。これに対しては、ブッシュ政権下でのチェイニー前副大統領も批判し、ＣＩＡの歴代長官七名がその捜査の開始を中止するように要請した。これにはブッシュ政権下でのＣＩＡ長官であったヘイデン、ゴス、テネット元長官が含まれ、オバマ政権におけるパネッタＣＩＡ長官までもこの捜査に反対を表明している。今後のインテリジェンス活動の職務遂行に悪影響が発生するという理由からである。オバマ政権において、合法的なテロ対策のあり方が現在も模索されている。

テロ対策は、概念的に対外的テロ対策と、対内的テロ対策の二つに分けることができる。対外的テロ対策としては、テロリズムに対する外交政策、インテリジェンス、軍事的介入、戦争などが含まれるが、対内的テロ対策には、本書で考察してきたように幅広い国土安全保障のすべてが含まれる。空港の出入国管理やマネーロンダリング対策だけでなく、テロ事件の発生を未然に防ぐインテリジェンスや警報制度、テロ事件が発生した後の事後対策としての、避難、被害者保護、救急医療活動などの活動も国内テロ対策に含まれる。この国内テロ対策に関していえば、オバマ政権が方針転換するのは、この「合法的なテロ対策」という一点のみであって、それ以外の国土安全保障に関わる部分は大枠においてこれまでのシステムが維持されている。つまり、ブッシュ政権以降構築されてきた国土安全保障政策の多くは、オバマ政権においてもそのまま引き継がれたのである。また、アメリカ国内でも、オバマ大統領自身に対するテロを阻止するためにＦＢＩを中心に多大な予算規模の警備体制が敷かれている。

二〇〇九年一二月二五日のクリスマスの日、アメリカを震撼させるテロ未遂事件が発生した。ナイジェリア人のアブドゥル・ファルーク・アブドゥルムタラブ容疑者による、米ノースウエスト航空機爆破未遂事件である。アブドゥルムタラブ容疑者はノースウエスト機内でＰＥＴＮという高性能爆薬に点火したが、小規模な発火に終わり、容疑者はその場で捕らえられた。アルカイダ系のテロ組織「アラビア半島のアルカイダ」が二八日、このテロへの関与を認める声明をイスラム過激派のウェブサイトに掲載した。その後、アルカイダの指導者であるオサマ・ビンラディンがこの事件の関与を認めたとされる音声メッセージが、カタールの衛星テレビ局アルジャジーラによって二〇一〇年一月に放映されている。

こうして、万全だったはずのアメリカのテロ対策にも、まだ欠陥があったことが明らかになった。ナイジエリアの有名銀行の元会長であった容疑者の父親が、過激化した息子のことを、事件発生前から米大使館に通報し、その情報は国家テロ対策センター（ＮＣＴＣ）に伝えられていたことが調査で明らかとなったのである。にもかかわらず、この容疑者の情報はＣＩＡなどが持っていたものの、その他のインテリジェンス・コミュニティで共有されていなかったことが判明した。また、国土安全保障省（ＤＨＳ）のナポリターノ長官は、容疑者の情報がテロ監視対象者リストに加えられていたにもかかわらず、信頼性が不足していたため、アメリカへの航空機搭乗拒否リストには指定されていなかったと釈明した。こうしたインテリジェンス活動の失敗と、空港における搭乗者監視の失敗がメディア報道でも指摘され、オバマ大統領のテロ対策の甘さが批判の対象となった。

こうして、オバマ大統領は二〇一〇年一月七日、このテロに関するインテリジェンス活動の失敗と、航空機への搭乗拒否リスト登録の失敗を認め、この事件を受けたテロ監視体制改革を表明した。①優先度の高い脅威を担当する責任者を決定すること、②インテリジェンス・コミュニティにおける情報分析の全面的見直し、③航空機搭乗拒否リストやテロリスト監視リストの登録基準の強化・徹底、④新しい爆発物への対応と空港、旅客機の安全対策の強化などを、オバマ政権で実施することを表明した。さらにその後、国務省はこのテロに関与したとされるアルカイダ系テロ組織「アラビア半島のアルカイダ」を国際テロ組織に指定した。このように、オバマ政権においても、テロ対策とインテリジェンスは、現在進行形で強化が進められている。

アメリカにおけるテロリズムの時代はまだ終わっていない。むしろまだこれから新しい試練が待ちかまえているのである。そのような状況において、民主主義国家におけるテロ対策のあり方が、これからもアメリカを中心に模索されることになるだろう。

終章　日本における危機管理に向けて

本書では、これまで一章においてアメリカをテロ対策の時代に導いた九・一一の衝撃を振り返り、二章では諜報、インテリジェンス活動の問題を、三章ではテロ対策のための監視活動を、四章では警報システムを、五章ではテロ事件に対する事後対応を、六章ではテロリズムの問題の根本に関わるメディア報道の問題を考察してきた。

アメリカがこれらのテロ対策やインテリジェンス活動においてすべて成功しているというわけではなく、すでにこれまで指摘してきたとおり、問題は山積みの状態のまま現在進行形で改革は今も進められている。アメリカのテロ対策における長所からも、短所からも学ぶべき点は多い。アメリカのテロ対策とインテリジェンス活動には、民主主義が抱えるジレンマが横たわっており、それを克服するための政治的努力が、アメリカを歴史的に強大にしてきたという側面がある。日本も同じ民主主義国家として、このテロ対策とインテリジェンス活動が持つ民主主義的ジレンマを避けてタブー視するだけではなく、政治的課題として対決すべき時が来ている。

日本でもいくつかの省庁に分散する諜報機関をまとめて統合的に運用するための改革と活動はすでに内閣情報調査室（内調）などを中心に行われてきた。内閣情報調査室は内閣官房において内閣官房長官、内閣官房副長官のもとで運用されているが、その構成は主に総務部門、国内部門、国際部門、経済部門、内閣情報集約センター、内閣衛星情報センターからなる。内調のトップは内閣情報官で警察庁出身、内閣情報次官は外務省出身である。欧米諸国と比べれば非常にスリムでスマートな組織であるが、日本の人口、経済規模、安全保障環境を考慮すれば組織的に小規模で、大きな問題に対して同時並行的に対応しきれるだけの規模ではない。この規模で現在よくこなしていると考えることもできるが、反対に今後安全保障環境が激動する時代が到来した場合、人材の物量的、能力的問題として対応しきれなくなる可能性が高い。その他にも、日本のインテリジェンス・コミュニティには外務省の国際情報統括官組織、警察庁警備局、防衛省情報本部、公安調査庁などが各省庁に分散している。インテリジェンス・コミュニティの改革に関しては、アメリカのような複雑すぎる袋小路の状況に日本が陥っていないことは幸いであるが、しかしながら今後、日本のインテリジェンス・コミュニティをさらに強化する必要があり、そのためには諜報機関同士の効率的な情報共有や、情報分析活動の一元化は必要であろう。日本のインテリジェンス・コミュニティにおける組織改革と活動の効率化のためには、二章で考察したアメリカにおける国家情報長官（DNI）と国家テロ対策センター（NCTC）の活動やその今後の可能性については大いに参考になるはずである。日本のインテリジェンスにも、求心力を持った統合的な情報機関、諜報機関が必要である。しかしそれは、民主主義的原則に則って運営されなければならない。

また、四章で紹介したバイオウォッチ・プログラムやプロテクト・システムのような生物兵器探知機や、化学兵器探知機の開発、実験と研究の積み重ねは、技術大国である日本においても重要である。それがテロ予防のために日本全国に常時配備される必要性までは現段階では感じられないが、重要施設や重要イベントなどの限定された時間、空間におけるNBCテロの予防のためには重要な方策であることは確かであり、部分的な導入、実践投入は検討されてしかるべきである。日本ではごく一部の限られた研究機関でのみこうした技術開発の研究は行われているが、日本の技術力維持の面でも、さらにテロ対策を先の段階へと進めるためにも、それを後押しする政治的な決断が必要であろう。

また、DHSが運用しているテロ警報システム（HSAS）については、アメリカでもその有効性は疑問視されているため、現在のオバマ政権において見直しが検討される可能性はある。日本にはまだこのようなテロ対策のための警報システムは存在しない。日本においてもこうした平時におけるテロの危険性を示す予報システムは有益な面もあることは確かだが、アメリカの失敗を参考にして、テロリズムに対するどういう形の予報システムが有効であるか、慎重に検討する必要があるだろう。

一方で、FCCにおける緊急警報システム（EAS）や、ニューヨーク市などで一部検討されている住民へのモバイル・アラート・システムについては、アメリカが世界において特に進んでいるというわけではない。日本ではすでに消防庁を中心に全国瞬時警報システム（J-ALERT）が整備されつつある（福田、二〇〇八b）。このシステムは、二〇〇九年の北朝鮮ミサイル発射実験の際のメディア報道によって一気に世間に周知されたが、日本の自治体レベルでは普及率はまだ低く、実際の有事において有効に機能するかどうかはまだ疑問が残っている。多大な予算を投入してシステムを構築しても、自治体が加入しなければ意味がないのである。ゆえにアメリカのように、連邦、州、地方レベルにおいて隙のない緊急警報システムを構築するための法的根拠、制度面の対応が日本で引き続き求められる。日本全国の自治体の中でも福岡市の「防災メールまもる君」のような、モバイル・アラート・システムは徐々に浸透しつつある。また埼玉県をはじめ、日本全国の自治体が現在こうしたシステムの構築を進めている状況である。しかしながら、これらの日本のシステムは自然災害対策を中心にして構築されているため、具体的にテロ事件にどう対応できるか、そのレベルまで発展している段階ではないことも事実である。日本におけるこうした警報システムは、さらにテロ対策の側面に広げた形で発展させていく必要があるだろう。

日本政府は、日本国外にいる在外邦人に対しても、緊急メッセージ配信のサービスを行っている。外務省は、海外の在留邦人に対して登録者のデータベース化（在留届電子届出システム・ORRネット）を行い、それに登録した邦人に対して、緊急メール配信サービスを行っている。このサービスは登録制で、テロや自然災害、大規模事故等の危機事態が発生した場合、登録者の携帯電話やパソコンのメールアドレスに緊急メッセージが発信される仕組みとなっている。筆者が生活していたニューヨークにある在ニューヨーク日本総領事館では、二〇〇八年だけでも、タイムズ・スクエアにおける爆発事件、マンハッタンでのクレーン倒壊事故、暴徒化した抗議行動、テロ計画情報などのメッセージが登録者に発信され、二〇〇九年には新型インフルエンザ騒動の中で、このシステムが活躍した。また邦人の家族などの安否を、日本から確認することができる、全米・カナダ邦人安否確認システム（Emergency Information Service System）など、在留邦人の安否確認システムも構築されている。日本政府によるこうした危機に関する情報サービスは、日本国内の国民よりも、国外にいる日本人に対しての方が手厚い状況にある。それは国外にいる日本人の方がより危険に巻き込まれやすい環境の問題と、対象者数が少ないため運用しやすいという二つの面があるが、今後これが日本国内でも整備されていく必要があるだろう。

危機事態における警報や避難情報、安否情報などのメディア・システム構築は、テロ対策の部分において日本はやや遅れているものの、自然災害対策の分野では欧米よりもむしろ日本の政府や自治体の方がより進んでいる状況があるが、このようなシステムは危機管理における普遍的なグローバル・スタンダードとなりつつある。日本のこうしたシステムも、自然災害に限らず、アメリカのようにテロ事件などの国民保護事案に関わる危機に対しても緊急メッセージが発信されるシステムとして構築されることが望ましい。

五章で考察したテロ事件に対する事後対応のシステムは、日本にとっても大いに参考になる。アメリカにおける国家事案管理システム（ＮＩＭＳ）と事案指揮システム（ＩＣＳ）との関係は、まさに日本における中央の国民保護法制と地方自治体の国民保護計画の関係に相当するが、日本の国民保護計画がどういう方向性でさらに精緻化されるべきか、アメリカのシステムがそれを示している。日本政府の国民保護計画は、内閣官房における内閣安全保障・危機管理担当が中心となって運用されている。実際に内閣官房を中心に日本全国で国民保護訓練は実施され、その実績を重ねつつある。こうした実際の訓練の中で、中央の内閣官房安全保障・危機管理担当と、テロ事件の現場となる地方の自治体との情報共有、交流が進むのである。今後さらに多様な関係官庁や自治体、ファースト・レスポンダーやその他のアクターを取り込んだ実践的な訓練を実施するためには、アメリカのＴＯＰＯＦＦのような大規模な訓練が定期的に実施され、さらにそれらが国民への社会教育になる形でメディアとも協力することにより社会に幅広く宣伝される必要があるだろう。

さらに、カリフォルニア州の標準緊急事態管理システム（ＳＥＭＳ）を見てもわかるように、連邦制のアメリカにおける州や地方レベルの独自性、多様性はテロ対策においても幅広く、このことは、テロ対策のボトムアップ的、草の根的構築の必要性を示している。日本の地方自治体における国民保護計画においても、こうしたその地域ならではのテロ事件の可能性、対処法の独自性がさらに追求される必要があるだろう。また、そのアメリカの地域における多様性は、テロ事件に対する救急医療体制においても現れているが、五章で紹介したオクラホマシティにおけるＭＥＲＣシステムのような、救急医療における指揮システムの実践が日本においてもさらに検討される必要があるだろう。救急医療搬送の問題については、すでに日本でも横浜市のコールトリアージ・システムの導入など、一部で試みが開始されているが、問題点が多く残っていることも事実である。特に、自然災害、大規模事故、テロ事件などにおいて必要となる大規模救急搬送のために構築されている厚生労働省の広域災害救急医療情報システムが、実際の危機において有効に機能しない可能性が高いことは、中村・福田・森が実施した全国消防本部調査や、全国救急病院調査によってすでに明らかになっている（中村、福田、森、二〇〇五）。テロ事件が発生した段階において、その被害による死傷者の数を減らすことができるか、それは救急医療の現場、救急医療搬送のシステムにかかっているのである。日本にもこの救急医療搬送のより頑健なシステム構築が求められている。

六章で考察したようなテロリズムとメディアの問題は、アメリカだけでなく世界各国で普遍的な現象であり、当然、日本においてもそのままあてはまる。日本はすでに六〇年代、七〇年代から左翼過激派によるテロ活動を経験し、それが日本赤軍やよど号グループのように国際化していく過程において、または九五年のオウム真理教による地下鉄サリン事件など一連のテロ事件において、テロリズムとメディアの問題を十分経験してきた（福田、二〇〇九ａ）。民主主義社会において、メディアとジャーナリズム活動は生命線であり、必要不可欠なものである。テロリズムの問題においても、ジャーナリズムは重要であり、メディアの役割次第で、テロ事件の解決やテロ対策のあり方は大きく影響を受ける。「テロとメディアの共生関係」は日本にも存在するのである。

テロリズムや安全保障に関する情報をいかにして報道するか、日本の新聞社やテレビ局は欧米のメディアのように明確な報道ガイドラインを持っていない状態である。反対に、政府もテロリズムや安全保障、有事に関わるメディアの問題に対して、手をつけられないでいる。国民保護法制において、テレビ局などのメディアも関係機関として位置づけられ、テロリズムの緊急事態におけるメディアの役割は検討され始めたが、メディアの内部では実質的には何の作業も進まず、放置されているのが実態である。このままでは、国民がテロリズムなどの有事に巻き込まれたとき、政府とメディアがどのような協力関係を構築し、どのような対策を共にとれるか、これまでのように場当たり的な対応になる可能性がある。日本においても、このテーマは政府とメディアの両者が歩み寄って実質的な検討を行う必要がある。メディアにもテロ事件において、国民の生命の安全を守る義務がある。

そして同時に、このテロ対策における「安全・安心」と「自由・人権」のバランスをどうやって保つべきか、この問題は、日本においても同様に検討されなければならない。本書の三章で考察したような監視社会は、すでに日本にも到来している。日本でも民間企業は個人の消費行動をデジタル・ネットワークを通じて把握し、マーケティングに応用している。また、日本政府も犯罪捜査では容疑者の携帯電話やインターネットのログを利用し、自動車の交通を監視するNシステムを利用している。社会の安全を守るためにこれらの活動を日本人は容認している状態である。これがテロリズムの危機に対してどう機能するのか、日本でも考えておかねばならない。民主主義社会において、憲法で保証された国民の自由・人権を守りながら、国民の安全・安心を守ること、テロリズムが抱えるこの普遍的な問題に、日本も真正面から取り組むべきであろう。これらの問題が未解決である限り、日本におけるテロ対策の問題、テロリズムの問題は、未だ終わっていない。こうした問題を社会全体で理性的に考察し、検討できるのは、テロリズムや対テロ戦争の嵐が吹き荒れる非常時においてではなく、むしろ平時においてなのである。

バランスのとれた日本の危機管理、安全保障体制の構築のためには、本書で考察したテロ対策の問題、インテリジェンスの問題は避けて通れない課題である。日本における理性的で、健全なテロ対策、インテリジェンス構築の議論を引き続き続けてゆく必要があろう。

アメリカは決して理想郷ではない。しかしながら、アメリカが覇権国家として、また民主主義国家として経験しているさまざまなジレンマは、世界中の多くの民主主義国家が普遍的に抱えている本質的な問題である。インテリジェンス活動は、アメリカの民主主義を守るために、世界で非合法な活動を行うことを前提としているというパラドクスを抱えている。アメリカの国土安全保障は、国民の安全・安心を守るために、さまざまな監視活動によってその自由や人権を侵す可能性があるというジレンマに陥っている。テロ対策やインテリジェンスにかかわるメディアの報道は、国家権力を監視するために極めて重要な役割を持つが、その反対に国家と国民の安全保障のために、報道や表現の自由、情報公開が規制されるというジレンマも存在する。アメリカはこうしたジレンマの上で、常にバランスを左右に大きく傾けながら、綱渡りをしているかのようである。テロ対策とインテリジェンスの問題は、こうしたジレンマが顕在化する最先端の地平に存在する。私たちはこうしたアメリカのジレンマから学び、よりよい道を模索しなければならない。

あとがき

本書は私がこれまで行ってきたテロ対策に関する研究をまとめたものであり、その中でも特に二〇〇八年から二〇一〇年の二年間のアメリカでの研究生活の成果によるものが中心である。本書で紹介したアメリカのテロ対策、インテリジェンスに関する詳細は、以下のいくつかの調査研究の結果に基づくものである。アメリカ国務省が主催する「インターナショナル・ビジター・リーダーシップ・プログラム（International Visitor Leadership Program：IVLP）」に招待された筆者がアメリカ各地のテロ対策機関を二〇〇八年一月から二月にかけて訪問し、実際にテロ対策やインテリジェンスの専門家から現在のアメリカのテロ対策の実態について直接ヒアリング調査を実施して入手した情報も多く本書に含まれている。ここで出会ったアメリカのテロ対策専門家の方々との関係は今も続いている。また、二〇〇八年四月から日本大学長期海外派遣研究制度によって、アメリカ合衆国へ在外研究に赴任し、ニューヨークはコロンビア大学のザルツマン戦争と平和研究所（ＳＩＷＰＳ）の客員研究員として実際に現地で調査研究を行ったデータも利用している。本書の成果は、上記の二つの研究に負うところが大きく、アメリカ国務省をはじめ、アメリカ大使館、また訪問させていただいた諸機関の担当者の皆さんに謝意を表したい。特に、コロンビア大学戦争と平和研究所での二年間、アメリカの安全保障研究、インテリジェンス研究を代表するロバート・ジャービス教授やリチャード・ベッツ教授らのもとでアメリカのテロ対策研究、インテリジェンス研究の最前線に触れることができた。

本書を研究成果としてまとめることができたのは、この両教授から二年間にわたっていただいた指導のおかげである。

さらには、これまで約一〇年以上にわたって日本でのテロリズム対策研究をリードしてきた警察政策学会のテロ・安保問題研究部会のメンバーの方々にも感謝の意を表したい。筆者も発足当時からのこの学会の部会メンバーとして、日本におけるテロ対策研究の第一人者である鶴木眞教授や宮坂直史教授をはじめ大勢の先生方から多くのことを学ばせていただいた。この警察政策学会における部会のメンバーの皆さんには本書の中で研究者としてその名前が登場する方々も多く、日本のテロ対策研究を代表する重要人物として、日本のテロ対策の整備に寄与されてきた。

なお、本書執筆以前の筆者の二篇の論文が本書の骨組みとなっている。一つは財団法人公共政策調査会から二〇〇九年三月に刊行された筆者の報告書『アメリカ合衆国におけるテロ対策と危機管理体制』である。本書はこの報告書と同じテーマで執筆されたもので、同財団の許可を得て一部同一の資料やデータを使用している。その報告書を刊行するにあたって、同財団の野田健理事長や河本志朗研究室長をはじめスタッフの皆様に大変お世話になった。さらに快く出版をお認めいただいた同財団の皆様にお礼を申し上げたい。また、もう一つの論文、筆者が所属する日本大学法学部の紀要『政経研究』第四六巻第二号所載の「米国におけるテロ対策のためのインテリジェンス改革」（二〇〇九年一二月発行）も本書と同じ資料やデータをもとに執筆したものであり、その内容は一部重複している。この論文は、日本大学法学部における長期海外派遣制度によって実現したニューヨークでの二年間の在外研究の成果であり、改めてこうした機会を与えてくださった日本大学法学部の当時の坂田桂三学部長や、黒川貢三郎教授をはじめ日本大学の教職員の皆様に感謝の意を申し上げたい。本書はこうした恵まれた環境において進んだ研究の総体として生まれたものである。
最後にこのような研究成果を世に出す場を与えてくださった慶應義塾大学出版会の皆様にもこの場を借りてお礼申し上げたい。特に編集担当者の乗みどり氏には、本書の企画から執筆、改稿、校正作業を経て完成に至るまでの間、大局的かつ本質的な視点から指導をいただいただけでなく、微に入り細に入り本書のために尽力をいただいた。こうしたテロ対策やインテリジェンスに関する研究は日本ではまだ始まったばかりであるが、日本においてはまだまだ地味でタブー視されがちなこうしたテーマに焦点を当て社会に発信し続けている慶應義塾大学出版会の皆様の活動に対して、尊敬の念を抱きつつペンをおきたい。こうしたたくさんの人々の努力と願いが、日本そして世界の安全と平和につながることを祈るばかりである。

二〇一〇年二月

福田　充

財団法人公共政策調査会編（2007）『国際テロに関する国別報告書 2005 －米国務省報告書』財団法人公共政策調査会.
財団法人公共政策調査会編（2008）『国際テロに関する国別報告書 2006 －米国務省報告書』財団法人公共政策調査会.

参考サイト

CIA：https://www.cia.gov/
DHS：http://www.dhs.gov/index.shtm
FBI：http://www.fbi.gov/
FCC：http://www.fcc.gov/
FEMA：http://www.fema.gov/
NCTC：http://www.nctc.gov/
NIMS online.com：http://www.nimsonline.com/download_center/index.htm#forms
Notify NYC：http://www.nyc.gov/html/notifynyc/html/home/home.shtml
NSA：http://www.nsa.gov/

塾大学出版会 .
北岡元（2006）『インテリジェンスの歴史―水晶玉を覗こうとする者たち』慶應義塾大学出版会 .
小谷賢編（2007）『世界のインテリジェンス―21 世紀の情報戦争を読む』ＰＨＰ研究所 .
宮坂直史（2002）『国際テロリズム論』芦書房.
宮坂直史（2003）「対テロ戦争における米国の情報体制と市民社会」, 日本国際問題研究所『米国の情報体制と市民社会に関する調査』, pp.15-29.
宮坂直史（2006）「テロ対策における外交の役割」, テロ対策を考える会編『テロ対策入門―偏在する危機への対処法』亜紀書房, pp.172-193.
中村功・福田充・森康俊（2005）「災害医療システムにおける通信の役割―消防本部における通信メディアの利用に関する全国調査」『災害情報調査研究レポート』, 2005,Vol.4, pp.1-62.
中村功・森康俊・福田充（2006）「災害医療における情報システムの現状と課題」『災害情報』日本災害情報学会誌, No.4, p.72-82.
落合浩太郎（2005）『ＣＩＡ　失敗の研究』文春新書。
落合浩太郎（2007）「アメリカ―インテリジェンス一流国への挑戦」, 小谷賢編（2007）『世界のインテリジェンス―21 世紀の情報戦争を読む』ＰＨＰ研究所 , pp.23-46.
小川原正道（2006）「テロ資金とその規制」, テロリズムを考える会編『テロ対策入門―偏在する危機への対処法』亜紀書房 , pp.148-171.
坂本まゆみ（2006）「国際法とテロリズム」, テロリズムを考える会編『テロ対策入門―偏在する危機への対処法』亜紀書房 , pp.237-261.
テロ対策を考える会編（2006）『テロ対策入門―偏在する危機への対処法』（宮坂直史責任編集）亜紀書房.
土屋大洋（2007a）『情報による安全保障―ネットワーク時代のインテリジェンス・コミュニティ』慶應義塾大学出版会.
土屋大洋（2007b）『ネットワーク・パワー―情報時代の国際政治』ＮＴＴ出版.
鶴木眞（1998）「高度情報化時代のディレンマ―サイバーテロリズムの可能性をとおして見る社会的危機管理」『東京大学社会情報研究所紀要』, 56 号 , pp.1-26.
鶴木眞（1999）「高度情報化社会におけるテロリズムとその対応への基本的枠組み」『警察政策』警察政策学会, 第 1 巻, 第 1 号, pp.110-131.
鶴木眞（2002）『情報政治学』三嶺書房.
財団法人公共政策調査会編（2006）『国際テロに関する国別報告書 2004』財団法人公共政策調査会.

編『テロ対策入門―偏在する危機への対処法』亜紀書房, pp.63-90.
福田充（2007a）「危機事態：テロリズムとメディア」, 日本大学法学部新聞学科編『メディアの変貌と未来』八千代出版, pp.113-128.
福田充（2007b）「イスラムはどう語られたか？―国際テロ報道におけるイスラム解説の談話分析」『メディア・コミュニケーション』慶應義塾大学メディア・コミュニケーション研究所紀要 ,57 号 , pp.109-128.
福田充（2008a）「リスク社会における現代人の犯罪不安意識―テロリズムを中心とした犯罪へのリスク・コミュニケーション的アプローチ」『警察政策』2008 年, 第 10 巻 , pp.209-228.
福田充（2008b）「テロリズム等の危機事態における警報、避難行動、救急搬送の諸問題」『消防防災』25 号, 2008 年夏季号, 東京法令出版 , pp.54-62.
福田充（2009a）『メディアとテロリズム』新潮新書.
福田充（2009b）『アメリカ合衆国におけるテロ対策と危機管理体制』財団法人公共政策調査会.
福田充（2009c）「米国におけるテロ対策のためのインテリジェンス改革―ブッシュ政権からオバマ政権への移行を契機として」『政経研究』日本大学法学会, 第 46 巻第 2 号, pp.169-196.
福田充編（2005）『リスクメッセージを含む広告表現とその受容に関する実証研究』財団法人吉田秀雄記念事業財団・助成研究報告書.
福田充・久山立能（1999）「ライフラインに対するテロの脅威」『警察時報』12 月号, pp.24-30.
板橋功（2006）「テロリズムの変遷とネットワーク構造」, テロリズムを考える会編『テロ対策入門―偏在する危機への対処法』亜紀書房 , pp.38-62.
板橋功（2006）「大量破壊兵器テロへの対応」, テロリズムを考える会編『テロ対策入門―偏在する危機への対処法』亜紀書房 , pp.213-236.
片山善雄（2005）「テロ対策における軍の役割」『国際安全保障』, 第 32 巻 4 号, pp.9-30.
片山善雄（2006）「テロ対策の軍事的側面」, テロリズムを考える会編『テロ対策入門―偏在する危機への対処法』亜紀書房 , pp.194-212.
河本志朗（2005）「国務省テロ報告書と米国の国際テロ対策」『国際情勢』社団法人国際情勢研究会 ,75 号.
河本志朗（2006）「テロ対策としての法執行活動」, テロリズムを考える会編『テロ対策入門―偏在する危機への対処法』亜紀書房 , pp.93-120.
警察政策学会情報通信研究部会編（2009）『米国の緊急事態対応と情報通信システム』警察政策学会.
北岡元（2003）『インテリジェンス入門―利益を実現する知識の創造』慶應義

since 1947, Center for the Study of Intelligence.
Waters, F.B.（2005）"Local, State, and Federal Intergovernmental Relations and Their Effects on Emergency Preparedness: Lessons from Charlotte - Mecklenburg, North Carolina", Ledlow, G.R., Johnson, J.A. & Jones, W.J.（eds.)（2005）*Community Preparedness and Response to Terrorism 1: The Terrorist Threat and Community Response,* PRAEGER PERSPECTIVES, pp.31-58.
Weiner, T.（2008）*Legacy of Ashes: The History of the CIA,* The Robins Office Inc., New York,（ティム・ワイナー（2008）『ＣＩＡ秘録―その誕生から今日まで（上・下）』文藝春秋）.
Weimann, G.（2006）*Terror on the Internet: The New Arena, the New Challenges,* United States Institute of Peace Press.
Wilkinson, P.（1997）"The media and the terrorism: the reassessment", *Terrorism and Political Violence,* Vol.9, No.2, 51-64.（P・ウィルキンソン（1997）「メディアとテロリズム」田中俊恵訳,『警察学論集』第50巻，第３号，pp.13-34）.
Woodward, B.（2002）*Bush at War,* Simon & Schuster, Inc.（ボブ・ウッドワード（2003）『ブッシュの戦争』, 伏見威蕃訳, 日本経済新聞社）.
Woodward, B.（2004）*Plan of Attack,* Simon & Schuster, Inc.（ボブ・ウッドワード（2004）『攻撃計画―ブッシュのイラク戦争』, 伏見威蕃訳, 日本経済新聞社）.
Woodward, B.（2005）*The Secret Man: The Story of Watergate's Deep Throat,* Simon & Schuster, Inc.（ボブ・ウッドワード（2005）『ディープ・スロート―大統領を葬った男』，伏見威蕃訳，文藝春秋）.
Woodward, B.（2006）*State of Denial: Bush at War, Part Ⅲ ,* Simon & Schuster, Inc.（ボブ・ウッドワード（2007）『ブッシュのホワイトハウス（上・下）』伏見威蕃訳, 日本経済新聞社）.

邦　文

青木冨貴子（2002）『ＦＢＩはなぜテロリストに敗北したのか』新潮社.
福田充（2001）「災害対策における情報マネージメントの諸問題」『警察政策』警察政策学会, 第３巻，第１号, pp.145-164.
福田充（2004）「社会安全・危機管理に対する意識と社会教育・マスコミ報道に関する調査研究」『社会安全』財団法人社会安全研究財団、2004年４月号, No.52,pp.24-36.
福田充（2005）「イギリスのＤＡノーティスと報道規制―戦争、テロ等の国家安全保障におけるマスコミ報道規制の問題」『*Sophia Journalism Studies*』１号, pp.93-112.
福田充（2006）「テロリズムとマスコミ報道・メディア」，テロ対策を考える会

data bases, and literature. Amsterdam: North-Holland.

Schmid,A.P.（1989）“Terrorism and the media: The ethics of publicity”, *Journal of Terrorism and Political Violence.* Vol.1, 539-565.

Scott, J.M. & Rosati, J.A.（2007）“Such Other Functions and Duties: Covert Action and American Intelligence Policy”, Johnson, L.K.（ed.）*Strategic Intelligence, Vol.3: Covert Action,* Praeger Security International, pp.83-105.

Shapiro, J.N. & Cohen D.K.（2007）“Color Bind: Lessons from the Failed Homeland Security Advisory System”, *International Security,* Vol.32, No.2, pp.121-154.

State of California, Governor's Offce of Emergency Services（2007）*Emergency Management of California.*

Stewart, P.A., McLean, W.P. & Huckaby, M. K.（2006）“Knowledge of the Homeland Security Advisory System: Inattention in the Heartland”, Forest, J.J.F（ed.）（2006）*Homeland Security: Protecting America's Targets, Volume2, Public Spaces and Social Institution,* Praeger Security International, pp.365-382.

Strozier, C.B.（2008）“The Global War on Terror, Sliced Four Ways”, *World Policy Journal,* World Policy Institute, winter 2007/08, pp.90-98.

Taylor, S.A.（2007）“Definitions and Theories of Counterintelligence”, Johnson, L.K.（ed.）*Strategic Intelligence, Vol.4: Counterintelligence and Counterterrorism,* Praeger Security International, pp.1-13.

The 9/11 Commission（2004）*The 9/11 Commission Report: Final Report of The National Commission on Terrorist Attacks upon The United States,* W.W.Norton & Company, Inc.（同時多発テロに関する独立調査委員会（2008）『9/11 委員会レポートダイジェスト—同時多発テロに関する独立調査委員会報告書、その衝撃の事実』, 松本利秋・ステファン丹沢・永田喜文訳, WAVE 出版）.

Tomlinson, J.（1991）*Cultural Imperialism: A Critical Introduction,* London: Pinter Publishers.（J. トムリンソン（1993）『文化帝国主義』片岡信訳, 青土社）.

Turner, M.A.（2006）*Why Secret Intelligence Fails,* Potomac Books, Inc.

Turner, M.A.（2007）“Covert Action: An Appraisal of the Effect of Secret Propaganda”, Johnson, L.K.（ed.）*Strategic Intelligence, Vol.3: Covert Action,* Praeger Security International, pp.107-117.

Von Lubits, D.K.F.E. & Lary, M.F.（2005）“Bioterrorism, Medical Readiness, and Distributed Simulation Training of First Responders”, Johnson, J.A., Kennedy, M.H. & Delener, N.（eds.）（2005）*Community Preparedness and Response to Terrorism 2: The Role of Community Organization and Business,* PRAEGER PERSPECTIVES, pp.267-312.

Warner, M. & McDonald, J.K.（2005）*US Intelligence Community Reform Studies*

Nacos, B. L.（2007）*Mass-Mediated Terrorism: The Central Role of The Media in Terrorism and Counterterrorism,* Rowman & Littlefirld.
Nacos, B.L.（2008）*Terrorism and Counterterrorism: Understanding Threats and Responses in The Post-911 World,* Pearson Longman.
NCTC（2007）*2007 NCTC Report on Incidents of Terrorism,* National Counterterrorism Center.
Orwell, G. (1949) *1984,* London, Secker and Warburg.（ジョージ・オーウェル(1972)『1984 年』新庄哲夫訳 , 早川書房）.
O'Hair, H., Heath, R.L. & Ledlow, G.R.（eds.）（2005）*Community Preparedness and Response to Terrorism 3: Communication and the Media,* PRAEGER PERSPECTIVES.
Picciotto, R. with Paisner, D.（2002）*Last Man Down,* Trident Media Group L.L.C..（リチャード・ピッチョート&ダニエル・ペイズナー（2001）『九月一一日の英雄たち―世界貿易センタービルに最後まで残った消防士の手記』春日井晶子訳，早川書房）.
Poster, M.（1990）*The Mode of Information: Poststructuralism and Social Context.* Cambridge Polity Press.（マーク・ポスター（1991）『情報様式論』室井尚・吉岡洋訳，岩波書店）.
Ransom, H.H.（1958）*Centeral Intelligence and National Security,* Harvard University Press.
Richelson, J.T.（2008）*The US Intelligence Community,* Fifth Edition, Westview Press.
Ridge, T. (2009) *The Test of Our Times: America Under Siege...And How We Can Be Safe Again,* Thomas Dunne Books.
Risen, J.（2006）*State of War: The Secret History of the CIA and the Bush Administration,* New York, Free Press,（ジェームズ・ライゼン（2006）『戦争大統領―ＣＩＡとブッシュ政権の秘密』伏見威蕃訳，毎日新聞社）.
Russell, R.L.（2007）"The Intelligence War against Global Terrorism", Johnson, L.K.（ed.）*Strategic Intelligence, Vol.4: Counterintelligence and Counterterrorism,* PRAEGER SECURITY INTERNATIONAL, pp.127-138.
Ryan, M.（2002）"Inventing the 'Axis of Evil' : The Myth and Reality of US Intelligence and Policy-Making After 911", *Intelligence and National Security,* Vol.17, No.4, pp.55-76.
Sageman, M.（2004）*Understanding Terror Network,* University of Pennsylvania Press.
Sageman, M.（2008）*Leaderless Jihad: Terror Network in The Twenty-First Century,* University of Pennsylvania Press.
Schmid,A.P.（1984）*Political terrorism: A research guide to concepts, theories,*

LaTourrette, T., Peterson, D.J., Bartis, J.T., Jackson, B.A., Houser, A.（2003）*Protecting Emergency Responders Vol.2: Community Views of Safety and Health Risks and Personal Protection Needs,* Rand Corporation.

Lance, P.（2007）*Triple Cross,* REGAN/Harper Collins.

Landau, E.（2001）*Osama bin Laden: A War Against the West,* Susan Schulman Literary Agency, Inc.（エレーン・ランドー（2001）『オサマ・ビンラディン』松本利秋監訳，大野悟訳，竹書房）.

Ledlow,G.R.（2005）"Community Terrorism Preparedness, Deterrence, and Response: Systematic Model", Ledlow, G.R., Johnson, J.A. & Jones, W.J.（eds.）（2005）*Community Preparedness and Response to Terrorism 1: The terrorist Threat and Community Response,* PRAEGER PERSPECTIVES, pp.95-116.

Ledlow, G.R., Johnson, J.A. & Jones, W.J.（eds.）（2005）*Community Preparedness and Response to Terrorism 1: The terrorist Threat and Community Response,* PRAEGER PERSPECTIVES.

Lowenthal, M.M.（2006）*Intelligence: From Secrets to Policy,* Third Edition, CQ Press.

Lyman, E.S. & Lockbaum, D.（2006）"Protecting Vital Targets: Nuclear Power Plants", Forest, J.J.F.（ed.）（2006）*Homeland Security: Protecting America's Targets, Volume3, Critical Infrastructure,* Praeger Security International, pp.157-173.

Lyon, D.（2001）*Surveillance Society: Monitorling Everyday Life,* Open University Press（デイヴィッド・ライアン（2002）『監視社会』河村一郎訳，青土社）.

Lyon, D.（2003）*Surveillance after September 11,* Blackwell Publishing Ltd., Oxford.（デイヴィッド・ライアン（2004）『911以後の監視―〈監視社会〉と〈自由〉』田島泰彦監修・清水知子訳，明石書店）.

McNeil, P.P.（1996）"The Evolution of the U.S. Intelligence Communitiy: An Historical Overview", The Aspin-Brown Commission. *Preparing for the 21st Century: An Appraisal of U.S. Intelligence,* Report of the Commission on the Role and Capabilities of the United States Intelligence Community, U.S. Government Printing Office.

Meyers, L.M.（2006）"Agriculture and Food Defense", Forest, J.J.F（ed.）（2006）*Homeland Security: Protecting America's Targets, Volume3, Critical Infrastructure,* PRAEGER SECURITY INTERNATIONAL, pp.174-191.

MIPT（2006）*The MIPT Terrorism Annual 2006,* Memorial Institute for the Prevention of Terrorism.

Nacos, B. L.（1994）*Terrorism and the media: From the Iran hostage crisis to the World Trade Center bombing.* New York: Columbia University Press.

Huntington, S.P.（1996）*The Clash of Civilizations and The Remarking of World Order,* Simon & Schuster.（サミュエル・ハンチントン（1998）『文明の衝突』鈴木主税訳，集英社）.

Jackson, B.A., Baker, J.C., Ridgely, M.S., Bartis, J.T., Linn, H.I.（2004）*Protecting Emergency Responders Vol.3: Safety Management in Disaster and Terrorism Response,* Rand Corporation.

Jeffreys-Jsones,R.（2007）*The FBI: a History,* Yale University Press.

Jenkins, B. M.（1974）"International Terrorism : A New Mode of Conflict". David Carlton & Carlo Schaerf（eds.）*International Terrorism and World Security.* London, Croom Helm.

Jenkins, B.M.（2008）*Will Terrorists Go Nuclear?* Prometheus Books.

Jervis, R.（2005）*American Foreign Policy in a New Era,* Routledge Taylor & Francis Groupe.

Jervis, R.（2006）"Reports, Politics, and Intelligence Failures: The Case of Iraq", *The Journal of Strategic Studies,* Vol.29, No.1, pp.3-52.

Jervis, R.（2007）"Intelligence, Civil – Intelligence Relations, and Democracy", Bruneau, Thomas C. & Boraz Steven C.（eds.）*Reforming Intelligence: Obstacles to Democratic Control and Effectiveness,* University of Texas Press, pp. v -xix.

Johnson, J.A., Kennedy, M.H. & Delener, N.（eds.）（2005）*Community Preparedness and Response to Terrorism 2: The Role of Community Organization and Business,* PRAEGER PERSPECTIVES.

Johnson, L.K.（ed.）（2007）"*Strategic Intelligence*" Vol.1, 2, 3, 4, 5, PRAEGER SECURITY INTERNATIONAL.

Johnson, L.K. & Wirtz, J.J.（2004）*Strategic Intelligence: Windows into a Secret World*, Roxbury Publishing Company.

Kent, S.（1949）*Strategic Intelligence for American World Policy.* Princeton University Press.

Kessler, R.（2007）*The Terrorist Watch: Inside the Desperate Race to Stop the Next Attack,* Crown Forum.

Khalil Lydia（2006）"Public Perception and Homeland Security", Forest, J.J.F（ed.）（2006）*Homeland Security: Protecting America's Targets, Volume2, Public Spaces and Social Institution,* PRAEGER SECURITY INTERNATIONAL, pp.303-332.

Knudsen, D.E.（2005）"Community Preparedness", Johnson, J.A., Kennedy, M.H. & Delener, N.（eds.）（2005）*Community Preparedness and Response to Terrorism 2: The Role of Community Organization and Business,* PRAEGER PERSPECTIVES, pp.125-146.

FEMA（2005）*ICS-100: Basic ICS/ Single Resources and Initial Action Incidents: Student Manual,* The Department of Homeland Security.
FEMA（2005）*ICS-200: Basic ICS/ Single Resources and Initial Action Incidents: Student Manual,* The Department of Homeland Security.
Fos, P.F., McNeill, K.M. & Amy, B.W.（2005）"Coordination for Terrorism: A State-Level Perspective", Ledlow, G.R., Johnson, J.A. & Jones, W.J.（eds.）（2005）*Community Preparedness and Response to Terrorism 1: The terrorist Threat and Community Response,* PRAEGER PERSPECTIVES, pp.61-76.
Foucault, M. (1975) *Surveiller et punir: Naissance de la prison*, Paris, NRF Gallimard.（ミシェル・フーコー (1977)『監獄の誕生―監視と処罰』田村俶訳 , 新潮社）.
GiuLiani, R.W.（2002）*Leadership*, Miramax Books. ルドルフ・ジュリアーニ（2003）『リーダーシップ』楡井浩一訳，講談社.
Goodman, M.A.（2003）"911: The Failure of Strategic Intelligence", *Intelligence and National Security,* Vol.18, No.4, pp.59-71.
Hager, N. (1996) *Secret Power: New Zealand's Role in the International Spy Network*, Craig Potton Publishing.
Hanley, B. & Borup, B. (2006) "Bioterrorism and Biodefense for America's Public Space and Cities", Forest, J.J.F. (ed.) (2006) *Homeland Security: Protecting America's Targets, Volume2, Public Spaces and Social Institution*, PRAEGER SECURITY INTERNATIONAL, pp.254-282.
Herman, M.（1996）*Intelligence Power in Peace and War,* Cambridge University Press.
Herman, M.（2003）"Counter-Terrorism, Information Technology and Intelligence Change", *Intelligence and National Security,* Vol.18, No.4, pp.40-58.
Hoffman, B.（1998）*Inside Terrorism,* Victor Gollancz Inc., London. B. ホフマン（1999）（『テロリズム―正義という名の邪悪な殺戮』上野元美訳，原書房）.
Holland, C.L.（2005）"911: A Personal Reflection, My Role, and Responsibilities", Johnson, J.A., Kennedy, M.H. & Delener, N.（eds.）（2005）*Community Preparedness and Response to Terrorism 2: The Role of Community Organization and Business,* PRAEGER PERSPECTIVES, pp.181-198.
Holst, A.M.（2006）"Drinking Water and Homeland Security", Forest, J.J.F.（ed.）（2006）*Homeland Security: Protecting America's Targets, Volume3, Critical Infrastructure,* Praeger Security International, pp.192-207.
Huntington, S.P.（1957）*The Soldier and The State: The Theory and Politics of Civil - Military Relations,* The Belknap Press of Harvard University Press. サミュエル・ハンチントン（2008）『軍人と国家（上・下)』市川良一訳，原書房.

Suhrkamp Verlag.（ウルリッヒ・ベック (2003)『世界リスク社会論―テロ、戦争、自然破壊』島村賢一訳，平凡社）.

Bell, J.B. (1978) "Terrorist Scripts and Live-action Spectaculars", *Columbia Journalism Review*, vol.17, no.1, pp.47-50.

Bell, J.B. (1978) *Time of Terror : How Democratic Societies Respond to Revolutionary Violence.* Basic Books.

Betts, R.K.（2002）"Fixing Intelligence", *Foreign Affairs,* January-February 2002, pp.43-59.

Betts, R.K.（2007）*Enemies of Intelligence: Knowledge & Power in American National Security,* Columbia University Press.

Brown,C. & O'Keefe,F.（2005）"Counterterrorism Training in the Public Sector", Johnson, J.A., Kennedy, M.H. & Delener, N.（eds.）（2005）*Community Preparedness and Response to Terrorism 2: The Role of Community Organization and Business,* PRAEGER PERSPECTIVES, pp.15-40.

Cole D. & Dempsey X.J.（2002）*Terrorism and Constitution: Sacrificing Civil Liberties in the Name of National Security,* The New Press.

DHS（2007）*DHS' Management of Biowatch Program,* The Department of Homeland Security.

DHS（2004）*National Incident Management System,* The Department of Homeland Security.

DHS（2009）*National Infrastructure Protection Plan 2009,* The Department of Homeland Security.

DHS（2008）*National Infrastructure Protection Plan 2008,* The Department of Homeland Security.

DHS（2007）*National Infrastructure Protection Plan 2007,* The Department of Homeland Security.

DHS（2006）*National Infrastructure Protection Plan 2006,* The Department of Homeland Security.

Doute,P. & Green,G.（2005）" Incident Management System Network: Integrating Voice, Data, and Video Communications", O'Hair, H., Heath, R.L. & Ledlow, G.R.（eds.）（2005）*Community Preparedness and Response to Terrorism 3: Communication and the Media,* PRAEGER PERSPECTIVES, pp.227-242.

Downes,F.P. & Rudrik,T.（2005）"Laboratory Response Network: Critical Screening and Identification System", Ledlow, G.R., Johnson, J.A. & Jones, W.J.（eds.）（2005）*Community Preparedness and Response to Terrorism 1: The terrorist Threat and Community Response,* PRAEGER PERSPECTIVES, pp.161-168.

【参考文献】

欧　文

Acton, L.K. & Ledlow, G.R.（2005）“Bioterrorism: Is the Nation's Healthcare System Prepared? ”, Johnson, J.A., Kennedy, M.H. & Delener, N.（eds.）（2005）*Community Preparedness and Response to Terrorism 2: The Role of Community Organization and Business,* PRAEGER PERSPECTIVES, pp.105-123.

Aid, M.M.（2003）“All Glory is Fleeting: Sigint and the Fight against International Terrorism”, *Intelligence and National Security,* Vol.18, No.4, pp.72-120.

Aid, M.M.（2007）“Prometheus Embattled: A Post-911 Report Card on the National Security Agency”, Johnson, L.K.（ed.）*Strategic Intelligence, Vol.2: The Intelligence Cycle,* Praeger Security International, pp.41-59.

Allison, G.（2004）*Nuclear Terrorism: The Ultimate Preventable Catastrophe,* Henri Holt.（グレアム・アリソン（2006）『核テロ―今ここにある恐怖のシナリオ』秋山信将・戸崎洋史・堀部純子訳，日本経済新聞社）.

Bamford, J. (1983) *The Puzzle Palace: Inside the National Security Agency, America's Most Secret Intelligence Organization,* Penguin.（ジェイムズ・バムフォード (1986)『パズル・パレス―超スパイ機関NSAの全貌』滝沢一郎訳，早川書房）.

Bamford, J.（2001）*Body of Secrets: Anatomy of the Ultra-Secret National Security Agency: from the Cold War through the Dawn of a New Century,* Doubleday Broadway Group.（ジェイムズ・バムフォード（2003）『すべては傍受されている―米国国家安全保障局の正体』瀧澤一郎訳，角川書店）.

Barber, B.R.（2003）*Fear's Empire: War, Terrorism, and Democracy,* W.W.Norton & Company, Inc.（ベンジャミン・R・バーバー（2004）『予防戦争という論理―アメリカはなぜテロとの戦いで苦戦するのか』鈴木主税・浅岡政子訳，阪急コミュニケーションズ）.

Barbisch, D.（2005）“Regional Responses to Terrorism and Other Medical Disasters: Developing Sustainable Surge Capacity” , Ledlow, G.R., Johnson, J.A. & Jones, W.J.（eds.）（2005）*Community Preparedness and Response to Terrorism 1: The terrorist Threat and Community Response,* PRAEGER PERSPECTIVES, pp.77-88.

Beck, U. (1986) *Risko Gesellschaft,* Frankfurt, Suhrkamp Verlag.（ウルリヒ・ベック (1998)『危険社会』東廉・伊藤美登里訳，法政大学出版局）.

Beck, U. (2002) *Das Schweigen der Worrer : Uber Terror and Krieg.* Frankfurt,

ワ行

ナ行

ハ行

マ行

ヤ行

ラ行

人名索引

わ行

A行

C行

F行

I行

N行

S行

T行

ま行

や行

ら行

な行

は行

た行

さ行

事項索引

福田 充（ふくだ みつる）
1969年兵庫県生まれ。日本大学法学部准教授。コロンビア大学客員研究員。東京大学大学院人文社会系研究科社会文化研究専攻博士課程単位取得退学。専門はメディア社会学、テロや災害の危機管理研究。内閣官房委員会、埼玉県危機・防災懇話会等で委員を歴任。第3回吉田秀雄賞受賞。主要著作に、『メディアとテロリズム』（新潮新書、2009年）、（共著）『テロ対策入門』（亜紀書房、2006年）、（共著）『テレビニュースの世界像』（勁草書房、2007年）、（共訳）『ニュースはどのように理解されるか—メディアフレームと政治的意味の構築』（慶應義塾大学出版会、2008年）、ほか。

テロとインテリジェンス
——覇権国家アメリカのジレンマ

2010年4月15日　初版第1刷発行

著　者———福田　充
発行者———坂上　弘
発行所———慶應義塾大学出版会株式会社
〒108-8346　東京都港区三田2-19-30
TEL〔編集部〕03-3451-0931
TEL〔営業部〕03-3451-3584〈ご注文〉
〃　03-3451-6926
FAX〔営業部〕03-3451-3122
振替　00190-8-155497
http://www.keio-up.co.jp/
装　丁———廣田清子（写真・福田　充）
印刷・製本——中央精版印刷株式会社
カバー印刷——株式会社太平印刷社

Printed in Japan　ISBN 978-4-7664-1731-9